当代中国公务员考试权的
运行与控制研究

王文成 著

中国社会科学出版社

图书在版编目(CIP)数据

当代中国公务员考试权的运行与控制研究/王文成著. —北京：中国社会科学出版社，2017.1

ISBN 978 – 7 – 5161 – 9777 – 6

Ⅰ.①当… Ⅱ.①王… Ⅲ.①公务员—招聘—考试—研究—中国 Ⅳ.①D630.3

中国版本图书馆 CIP 数据核字(2017)第 018804 号

出 版 人	赵剑英
责任编辑	姜阿平
责任校对	胡新芳
责任印制	张雪娇

出　版	中国社会科学出版社
社　址	北京鼓楼西大街甲 158 号
邮　编	100720
网　址	http://www.csspw.cn
发 行 部	010 – 84083685
门 市 部	010 – 84029450
经　销	新华书店及其他书店
印　刷	北京君升印刷有限公司
装　订	廊坊市广阳区广增装订厂
版　次	2017 年 1 月第 1 版
印　次	2017 年 1 月第 1 次印刷
开　本	710×1000　1/16
印　张	19.5
插　页	2
字　数	280 千字
定　价	73.00 元

凡购买中国社会科学出版社图书，如有质量问题请与本社营销中心联系调换
电话：010 – 84083683
版权所有　侵权必究

目 录

前言 ·· (1)

引论 ·· (1)
  一 问题提出及研究意义 ··· (1)
    (一)研究背景 ·· (1)
    (二)问题提出 ·· (2)
    (三)研究意义 ·· (7)
  二 研究概述 ··· (7)
    (一)国外关于公务员考试权的相关研究 ··························· (8)
    (二)国内关于公务员考试权问题的研究 ·························· (13)
  三 研究目标和研究方法 ·· (16)
    (一)思维路径 ··· (16)
    (二)创新点与难点 ··· (17)
    (三)研究方法与分析工具 ····································· (17)

第一章 公务员考试权的基本理论 ································· (21)
  一 考试权的概念 ·· (21)
    (一)考试关系与考试权 ······································· (23)
    (二)考试权的内涵与特点 ····································· (24)
  二 公务员考试权的概念 ·· (28)
    (一)公务员考试制度与公务员考试权 ··························· (28)
    (二)公务员考试权的内涵 ····································· (30)

（三）公务员考试权的性质 …………………………………（35）
　三　公务员考试权的特征与功能 …………………………………（38）
　　（一）公务员考试权的价值目标 …………………………………（38）
　　（二）公务员考试权的特征 …………………………………（40）
　　（三）公务员考试权的功能 …………………………………（42）

第二章　公务员考试权的发育及"话语流变" …………………（49）
　一　根基：科举考试制度 …………………………………（49）
　　（一）科举前身 …………………………………………（50）
　　（二）科举考试制度的历史沿革 …………………………（52）
　　（三）科举考试权的基本内核 …………………………（55）
　　（四）科举考试权对当代中国公务员考试权的借鉴
　　　　　意义 ………………………………………………（57）
　二　发育：孙中山考试权独立思想与实践 ………………（62）
　　（一）考试权独立思想的特定意涵 ……………………（62）
　　（二）权能分立论下考试权独立的价值理想 …………（65）
　　（三）考试权独立思想的实践遭遇 ……………………（67）
　　（四）考试权独立思想与实践对我国公务员考试权
　　　　　确立的现实观照 …………………………………（69）
　三　催化：西方文官考试制度 …………………………（70）
　　（一）西方文官考试制度的主要内容 …………………（71）
　　（二）西方文官考试权运行的基本特点 ………………（74）
　　（三）对我国公务员考试权确立的启示 ………………（75）
　四　重塑：中国公务员考试权的确立 …………………（78）
　　（一）公务员考试权的萌芽（1982—1988年） ………（79）
　　（二）公务员考试权的探索（1989—1992年） ………（80）
　　（三）公务员考试权的确立（1993—2005年） ………（81）
　　（四）公务员考试权的完善（2006年至今） …………（82）

目 录

第三章 中国公务员考试权理论探析的多维视角 (83)
一 政治学视角：公务员考试权的信用契约理论 (83)
（一）公务员考试信用契约的政治理论分析 (83)
（二）公务员考试权运行的政治属性 (85)
（三）公务员考试信用的政治契约逻辑 (86)

二 法学视角：公务员考试权的法治化治理 (88)
（一）立法为据 (88)
（二）执法治理 (89)
（三）司法护航 (90)

三 社会学视角：作为社会设置的公务员考试制度 (91)
（一）价值系统 (91)
（二）规范系统 (92)
（三）人事系统 (93)
（四）设置系统 (93)

四 文化学视角：公务员考试权的文化解构 (94)
（一）公务员考试文化及特征 (94)
（二）公务员考试文化的构成 (95)
（三）公务员考试文化的功能 (96)

第四章 中国公务员考试权运行机制的现实批判 (98)
一 我国公务员考试录用制度的现状 (99)
（一）成绩与经验 (99)
（二）问题与局限 (101)

二 公务员考试权运行的制度缺陷概述 (110)
（一）行使主体混乱 (111)
（二）权责范围不清 (112)
（三）技术规范不一 (112)
（四）法律责任不严 (112)

三 公务员考试权运行的承载主体 (113)
（一）笔试理想效应与现实问题 (113)

（二）面试理想效应与现实问题 …………………………（116）

第五章　中国公务员考试权运行的现实域境 ……………（119）
　一　考试与社会环境的一般关系探讨 ……………………（119）
　　（一）考试社会环境的概念 ………………………………（120）
　　（二）考试社会环境的组成要素 …………………………（120）
　　（三）考试社会环境对考试权的制约 ……………………（121）
　二　中国公务员考试权运行的多重域境 …………………（123）
　　（一）经济环境的影响 ……………………………………（123）
　　（二）政治环境的影响 ……………………………………（129）
　　（三）文化环境的影响 ……………………………………（133）
　　（四）社会环境的影响 ……………………………………（135）
　　（五）法制环境的影响 ……………………………………（141）
　三　我国公务员考试的糟粕式微与精华复归 ……………（150）
　　（一）宏观层面 ……………………………………………（150）
　　（二）微观层面 ……………………………………………（152）

第六章　中国公务员考试运行机制的阻滞渊源 ……………（154）
　一　政府职能二重性的内在紧张 …………………………（155）
　二　政府行为自利性与公共性的冲突 ……………………（163）
　三　政府的委托代理问题 …………………………………（171）
　四　政府行为的内部性 ……………………………………（185）
　五　政府主考能力的缺位 …………………………………（189）
　　（一）政府主考、办考能力需提升 ………………………（189）
　　（二）体制性根源：职能转型格局中的主考、办考界限
　　　　　不清 ………………………………………………（197）

第七章　中国公务员考试权运行的政治逻辑和控制原理 ……（201）
　一　我国公务员考试权运行的政治逻辑 …………………（201）
　　（一）有限政府：公务员考试权力主体的合理分置 ……（201）

（二）法治政府：以法治考的制度保障 …………………（203）
　　（三）民主政府：考试权力约束机制的理性构建 ………（215）
　　（四）责任政府：考试主体之间责任的明晰化分工 ……（216）
　二　我国公务员考试权运行的控制原理 ……………………（218）
　　（一）人本原理 ………………………………………………（219）
　　（二）控制原理 ………………………………………………（219）
　　（三）差异原理 ………………………………………………（220）
　　（四）责任原理 ………………………………………………（221）

第八章　当代社会价值诉求中公务员考试权的体制重构 ……（224）
　一　公务员考试管理者结构重塑：主办考分离，
　　　主考多元化 …………………………………………………（224）
　　（一）主办考分离 ……………………………………………（224）
　　（二）办考主体多元化 ………………………………………（227）
　二　公务员考试涉及者角色调整：考生参与和社会
　　　监督 …………………………………………………………（234）
　　（一）健全内部和外部监督 …………………………………（234）
　　（二）加强社会监督 …………………………………………（235）
　三　公务员考试程序的规划完善 ……………………………（236）
　　（一）考试设计权控制 ………………………………………（237）
　　（二）考试实施权控制 ………………………………………（245）
　　（三）考试评分权控制 ………………………………………（248）

第九章　公务员考试权运行的环境保障 ……………………（259）
　一　经济环境保障 ……………………………………………（259）
　　（一）市场审视角度下鼓励多元主体治理创新 …………（260）
　　（二）用网络技术改善信用制度的经济生态 ……………（260）
　二　政治环境保障 ……………………………………………（261）
　　（一）"法理社会理论"的法制要求 ………………………（261）
　　（二）防止"权力寻租"滋生 ………………………………（262）

（三）"社会公仆"的时代践行 …………………………………（262）
　三　文化环境保障 ……………………………………………………（263）
　　（一）端正思想理念 ………………………………………………（263）
　　（二）重构价值理念 ………………………………………………（264）
　　（三）传承教育理念 ………………………………………………（265）
　四　社会环境建设 ……………………………………………………（265）
　　（一）传统风俗新功能 ……………………………………………（265）
　　（二）信息公开重监督 ……………………………………………（266）
　五　法制环境保障 ……………………………………………………（266）
　　（一）明确权利 ……………………………………………………（267）
　　（二）行政救济 ……………………………………………………（268）
　　（三）司法救济 ……………………………………………………（269）
　六　信用环境保障 ……………………………………………………（276）
　　（一）优化考试系统自身的信用功能 ……………………………（276）
　　（二）强化考试心理契约的信用机制 ……………………………（277）
　　（三）完善考试制度契约的信用机制 ……………………………（278）
　　（四）提升考试社会契约的信用机制 ……………………………（278）

基本结论 ………………………………………………………………（280）

参考文献 ………………………………………………………………（285）

前　言

党的十八大尤其是十八届三中全会以来，中央多次提出要深化干部人事制度改革，建设高素质执政骨干队伍。坚持和发展中国特色社会主义，关键在于建设一支政治坚定、能力过硬、作风优良、奋发有为的执政骨干队伍。要坚持党管干部原则，坚持五湖四海任人唯贤，坚持德才兼备以德为先，坚持注重实绩群众公认，深化干部人事制度改革，使各方面优秀干部充分涌现、各尽其能、才尽其用。全面准确贯彻民主、公开、竞争、择优方针，扩大干部工作民主，提高民主质量，完善竞争性选拔干部方式，提高选人用人公信度，不让老实人吃亏，不让投机钻营者得利。完善公务员考核评价机制，促进公务员树立正确的政绩观，健全管理体制，从严管理监督干部，加强党政正职和关键岗位干部培养选拔，进一步完善公务员制度……这些，既是我国公务员考试制度改革的指针，又对公务员考试活动提出了很高的要求。

政府管理人才的识别、选拔和使用，是古今中外执政者始终力求解决的重大问题。随着党和国家政治体制改革的逐步深入，公务员考试制度成为推动人事制度改革的突破口。近年来，公务员考试已在全国各省市和中央国家机关各部委广泛推行，成为党政人才选拔任用的重要方式，对拓宽选人用人视野，扩大管理工作中的民主，促进优秀人才脱颖而出，防止和克服选人用人上的不正之风都起到了积极作用。但公务员考试也出现了许多问题。

从目前检索到的资料来看，有关公务员考试制度保障方面的研究成果，大多是关于公务员考试制度和考试活动科学化方面的研究；这些研究成果大都采用工具理性的研究方法，探讨关于公务员考试制度的历史渊源，古今中外公务员考试的对比，考试过程中的命题、监考、评分等微观操作层面的问题，考试信用危机的对策和实践。公务员考试信用制度建设研究，的确需要着力研究上述具体问题，但仅仅站在这个高度研究是远远不够的。公务员考试信用研究及其制度化建设，必须建立在对公务员考试权运行机制的深度揭示，对公务员考试权内在规定性分析，对考试失信行为的内部性思考，对公务员考试权运行的政治生态、经济生态、文化生态、社会生态，以及法制生态的有机互动分析的基础上。

　　考试权问题是公务员考试的根本性问题。公务员考试权的规范运行，既是公务员考试活动贯彻公开平等、竞争择优原则，客观公正选拔人才的本质要求，也是落实党的德才兼备的干部标准、提高国家治理效能的现实需求。受转型期政治、经济、文化等因素的影响，政府把公务员考试的决定、实施和监督三权集于一身，严重制约了公务员考试权的运行。然而，学术界对此问题的研究过多地集中在录用制度层面，对考试权这个中心问题关注不够。鉴于此，本书以当代中国公务员考试权为研究对象，遵承着眼宏观、切入微观的研究原则，在对公务员考试权运行失范的因素进行深刻制度剖析和社会环境梳理的基础上，对公务员考试权运行的体制重构和控制路径做了探寻努力。

　　考试权是考试主体依法拥有的实施国家考试活动的资格及权能。在考试权运行过程中，考试的决定权由公务员考试权的政府主管部门行使，其在考试权中处于核心地位；考试执行权由相应的业务承担组织行使，考试监督权一般由纪检监察、政府主管部门和相关方面的代表行使。建构在公平公正基础之上的公务员考试权，具有强化国家意志、促进社会公正，优化人员结构、提高行政效能，控制用人质量、严防徇私腐败，促进社会流动、维护社会稳定的价值和功能。从公务员考试权的历史考察发现，伴随着科举考试合理内核的西渐与东传，我国公务员考试权经过了一个较长时期的历史演绎，其确立既有科举考试制度历史养分的滋养，又有对孙中山考试权独立思想的批判与继承，还有对西方文官考试制度合理成分的借鉴与创新，更有改革开放以来我国干部选拔制度变迁的强基与固本。《公务员法》的颁布实施，标志着经过了萌芽与探索期的中国当代公务员考试权得以完全确立并进入发展、完善的新时期。

政府既是我国公务员考试权行使的主体，又是公务员录用考试制度的提供者。因此，对公务员考试权运行失范的制度分析，必须从政府的行为开始：首先是政府职能二重性的内在紧张。政府负有政治统治与社会管理和服务的双重职能，在现代宪政体制下，任何一个统治集团为了巩固统治秩序的合法性基础，总会把既有的统治秩序归为公众意志的体现或公共利益，实现两种职能的统一。但是，受阶级性的制约，政府公共职能的履行、公共服务的提供，必须以不损害统治集团的利益、不破坏现有的政治统治秩序为前提。政府职能二重性的内在紧张，使公务员考试程序公平性的现实诉求要超过考试内容科学性的内在追求，这致使我国公务员录用考试模式单一，笔试和面试的试题质量无人监控，考试权的功能难以充分发挥。其次是政府的内部性和行为自利性与公共性的冲突。地方政府作为相对独立的行为主体，追求政府内部效用最大化和本级政府利益最大化的努力，导致其行为偏离整个国家的公共效用最大化轨道。政府作为公务员考试权力主体，其行为的自利性主要体现为报考条件和资格设置随意，主考、办考主体权责不清，以考试保密为名剥夺考生知情权、侵犯考生合法权益，滥收考试费用、考试费用使用去向不明等问题，甚至会出现主考单位舞弊的丑闻。再次是政府的委托代理问题。这一问题主要表现在委托与代理双方信息严重失衡造成权力失控和角色与地位的双重倒置。在公务员考试中，考试的内容选择、科目设置、笔试和面试的质量状况、考试程序的设定等考试权力的行使状况，都与委托—代理问题有关。最后是政府主考能力的缺位。受全能型思维的影响，政府垄断了公务员考试从设计、执行到监督的所有权力，相对于公务员考试的专业化、技术化、现代化的现实需求而言，行政办考的模式难以满足；同时又扼杀了市场机制下考试服务机构的成长，造成公务员考试水平的提高缺乏外部动力。

　　公务员考试权的运行，离不开一定的社会环境；而其赖以存在的社会环境，又制约公务员考试权的运行。经济环境对公务员考试权的影响，首先是造成了市场经济与考试关系的嬗变。政府作为考试主体与考生之间原本是管理与服务关系，但在有些地方悄然变成了经济利益关系，考试成了人们追求经济效益的国家手段，直接导致公务员考试权终极目标的异化，也导致了"公开平等，竞争择优"精神的异化。在此种状况下，公务员职位成了商品，职位选择在供求机制的作用下，既影响了公务员考试权的规范运行，对进入公务员队伍的个体行为更可能引发方向性偏误。在政治环境中，传统政治思想的灰色影响、二元制体制下的家族主义、血缘关系，为公务员考试录用中的腐败行为提供有利借口，导致在公务员考录中"走后门，找关系"、暗箱操作等不正之风在某些地区不断蔓延。在文化领域，"学而优则仕"思想所孕育的公务员考试冲动，高等教育大众化所造成的就业压力，考试文化市场的非健康发展等因素，掀起了高校毕业生猛烈的公务员考试狂潮，这与社会上公务员考试大潮的叠加，使公务员考试权运行的终极价值退居高等教育就业"蓄水池"之后，考生个人的"理性选择"与国家举办公务员考试的"理想选择"发生了强烈冲突。在公务员考试的立法缺位、执法缺位和管理主义支配下的立法积弊的情况下，在我国熟人社会的消解中，公务员考试权的运行不仅得不到法制保障，而且考试权也成了权力寻租的新载体。

　　上述问题的解决，既要求公务员考试权运行的体制变革，更要求对考试权的运行予以科学控制。根植于中国本土特色，借鉴西方发达国家公务员考试经验，解决转型期公务员考试权运行的制度缺陷的路径，在于重构我国公务员考试权的运行体制，控制公务员考试的设计权、实施权和评分权，并对考生的权利进行有效救济。在体制重构上，要使公务员考试主管部门转换职能，实现"掌舵"与"划桨"职能的体制性脱钩，正确处理公务员考试主管部门与所属考试中心的关系，实现主考权和办考权的分离。从组织建构上讲，两权分离的实现必须引入第三部门,按照"多中心主义"的思想培育社会性考试业务组织,形成充分、良性竞争的市场格局,推动考试质量的不断提高。而这一体制变革的实现和对考试权运行的分权控制,必须建立在有限、法治、民主、责任的政治逻辑之上,并依循人本、控制、差异、责任四大原理深入推进。

引　论

一　问题提出及研究意义

（一）研究背景

十七届四中全会以来，党和国家对于如何完善公务员考试权的运行与控制提出了明确要求。党的十八大提出，要"深化干部人事制度改革，建设高素质执政骨干队伍""全面准确贯彻民主、公开、竞争、择优方针，扩大干部工作民主，提高民主质量，完善竞争性选拔干部方式，提高选人用人公信度"。十八届三中全会提出，要"坚持党管干部原则，深化干部人事制度改革，构建有效管用、简便易行的选人用人机制，使各方面优秀干部充分涌现""改进竞争性选拔干部办法，改进优秀年轻干部培养选拔机制，区分实施选任制和委任制干部选拔方式，坚决纠正唯票取人、唯分取人等现象，用好各年龄段干部，真正把信念坚定、为民服务、勤政务实、敢于担当、清正廉洁的好干部选拔出来。"习近平总书记在2013年全国组织工作会议上指出，要科学设置资格条件和考试方法，干得好的才能考得好，考出干部真水平、真本事。公务员考试是新时期促进优秀人才脱颖而出的重要机制之一，考试测评是公务员考试的重要环节，只有找准公务员考试权运行存在的主要问题，切实克服以分取人、唯票取人等不良现象，才能不断提高考试测评规范性和科学性，把优秀人才选拔出来，打造一支高素质执政骨干队伍。

回顾党的历史，中国共产党在公务员考试权的运行与控制方面，积累了很多丰富的历史经验，也有丰厚的成果。中国共产党始终"坚持任人唯贤的干部路线,坚持德才兼备、以德为先的标准,努力实现干部队伍的革命化、年轻化、知识化、专业化"。近年来,公开选拔、竞争上岗成为竞争性选拔党政领导干部的主要方式,选拔出大批领导干部。据不完全统计,从2008年到2011年,全国公开选拔竞争上岗的干部有32.8万人,较5年前增长56.2%。2011年各省区市通过竞争性选拔的厅处级干部,占提拔干部总数的30.7%,中央的部委办达到46%。从以上数据可以看出,以公开选拔、竞争上岗这两种方式选拔干部的整体趋势是,参与的干部人数越来越多,选拔出的党政领导干部的职位层级越来越高。大批通过考试选拔走上各级党政领导岗位的干部,在工作实践中,经受住了实践的检验,展示出了自身才华,取得了优异的成绩,获得了公众的广泛认可。公务员考试为优秀人才的脱颖而出创造了有利条件,促进了人才资源的合理配置。在全面推行公务员考试制度的崭新阶段,确保考试制度更加科学化、规范化和信用化已成为现实的迫切要求。如果不能针对整个公务员考试权的运作与控制提出符合客观实际需要的科学对策,那么公务员相关制度就难以进一步顺利实施、推行和完善,政治体制改革的进程也会受到很大影响。

(二) 问题提出

"为政之道,首重得人""将行美政,必先择人"。选用什么样的人从事国家行政管理,直接影响着国家机器的正常运行和行政效率,关系着党和政府在人民群众中的形象,关系着国家各项事业的兴与衰、成与败,也关系着政府工作人员的勤与廉。因此,世界各国特别是发达国家,都把考试作为公务员录用的重要环节,都十分重视考试录用制度的建立和完善,也都比较关注考试录用制度对公务员制度的作用和影响。党的十一届三中全会以来,在认真总结古今中外经验的基础上,我国于1993年建立了国家公务员制度。党政机关坚持"凡进必考"原则,录用了一大批优秀人才,优化了公务员结构,提高了公务员队伍素质。我国《公务员法》的颁布实施,以法律形式确定了"凡进必考"的原则,考试成为公务员录用的重要环节。因此，对公务员考试录用制度的研究，对公务员录用考试方法、技术、原则的研究，迅即成为学术界、考试界研究的焦点问题。应该说，这是一个喜人现象。然而，问题在于，公务员考试录用的制度研究、规程研究、方法研究、技术研究，多游离于中心议题之外，制度研究应该围绕什么中心来展开？规程、方法、技术研究要解决的根本问题是什么？对公务员考试诸多问题的研究阈限究竟是多大？

之所以把当代中国公务员考试权问题从上述众多问题中提炼出来，进行专门研究，主要缘由如下。

1. 从公务员考试及其研究现状看

（1）考试权问题是公务员考试的根本性问题。公务员录用考试属于成文法规考试，由国家主办，属政府行为。公务员考试要顺利举行，其质量要得以保证，其功能要正常发挥，其目的要能够实现，必然要求考试权力主体合理设置考试目标，科学设置考试标准，按照规范进行命题、施测、评定成绩、报告结果、确定录用人选；必然要求考试权利主体即考生自主报考、积极备考、规范应考，得到公正合理的结果评价与录用对待。认识论决定方法论，方法论决定实践论，在此逻辑起点的基础上，才有公务员考试录用制度的构建，才有考试录用标准、操作规程的制定，才有考试技术的研发，才有考试方法的改进与优化。然而在目前有关公务员录用考试的诸多研究中，对于公务员考试权的探讨十分鲜见。

（2）公务员考试已有研究的视域狭隘。由于对公务员考试诸多问题的研究游离了中心问题，在诸多子问题的研究上就事论事，自我确证，陷于孤立。主要体现为把公务员考试从政治学、公共行政学、管理学、法学、社会学和自然科学中剥离出来，作为一个单独的研究对象进行探讨，不能从国家治理的高度审视公务员考试在干部考选中的应有位置，无法从政府治理的视角发挥公务员考试的应有价值，难以从依法治考的层面控制考试权力、维护考试权利，致使车载斗量的研究成果流于一般论说，囿于方法技巧，限于点滴改进，突破小、操作性差。

(3) 现行研究方法单一，分析工具落后。受研究视域狭隘的影响，现有公务员考试问题的研究多用文献法、调查法和比较法等传统方法，很少使用制度分析法、系统分析法、新制度经济学分析法、数理分析法、法治主义分析法和实证主义研究法等工具，致使研究成果的理论深度不够，论述不透、缺乏数据和实证支撑。

2. 从公务员考试的社会效用看

（1）对公务员考试权的研究，有助于匡扶社会公平正义。伴随着我国公务员考录的超常规发展，考录工作暴露出越来越多的矛盾和问题，虽说明确了"公开、平等、竞争、择优"原则，在制度和操作等方面一直朝着公正公平的方向努力，但仍存在着诸多问题，致使公务员考试权难以正常运行。一是制度准备局限，影响考试录用制度的公正性。主要表现在依法办事、凡进必考的观念还没真正形成；关于考录的立法层次较低，立法还不够具体；立法的管理主义和工具主义问题突出，谁起草法律谁就超然于法律之上成为执法的主体；制度在合法性和公正性方面还存有诸多局限等。二是技术保障不足，影响考录制度的科学性。主要表现在笔试、面试、考察等环节的科学性不足，现代测评技术、多元统计技术等不能有效应用。三是实践执行缺位，影响考录制度执行的公正性。这些问题的存在，不利于我国公务员考录制度的健康发展，难以保证考录制度的科学性、公正性和有效性，从而无法最大效率地实现为国家选拔更多优秀人才的目标。同时，由于我国考试录用公务员处于深刻的社会转轨背景下，其现状、效果、完善程度、改进方法等，备受政府部门和广大人民群众关注。更重要的是，这项制度关系到公务员队伍的素质和稳定，牵涉社会公平和正义，影响整个社会的就业形势。运行过程中涉及的令人深恶痛绝的官僚主义和不公正现象把人们引向了对公共政策道德化的伦理思考。因此，对我国公务员考试权进行研究，更具理论价值和现实意义。

（2）对公务员考试权的研究，有助于全面落实德才兼备干部标准。考试录用公务员包括三个主要环节，一是笔试，二是面试，三是考察。笔试侧重于考查应试者的基础知识和基本理论素养、行政职业潜能和分析解决政务工作实际问题的能力；面试侧重于考查应试者的口头言语表达能力、反应能力、逻辑思维能力以及实际工作需要的其他各种能力；考察主要侧重于了解考试合格者的政治态度、工作实绩，同时，对道德品质以及其他方面的表现也要做出客观评价。考试权的正确行使，有利于发挥笔试、面试和考核考察的功能，把一个人的德和才、革命化和专业化统一起来，从而在公务员的入口环节，能全面地贯彻落实党的德才兼备干部标准。

(3) 对公务员考试权的研究，有助于增强国家治理能力。建立市场经济体制，要求政府精简机构，转变职能，构建服务型政府；要求公务员必须具有较高的政治素质和较强的治国理政能力。公务员考试权的健康运行，拓宽了公共部门的选才视野，克服了过去本单位自己推荐选调人员的局限性，给社会上有知识、有能力、志愿成为公务员的同志提供了一个在平等基础上凭真才实学竞争的平台，促进大批优秀人才脱颖而出。据统计，2006年中央国家机关共97个部门8662个职位面向社会公开招考，全国报考人数接近100万，很多职位的竞争程度激烈，录取比例至近千人比一。优中选优的高强度竞争型选拔，从机制上保证了新录用的国家公务员具有良好的综合素质，由此形成了一支高效、廉洁、精干的公务员队伍，增强了公共部门的活力，有利于卓有成效地管理国家行政事务，进一步加强国家政权建设。

(4) 对公务员考试权的研究，有助于促进公务员系统的良性代谢。公务员系统是一个能够进行新陈代谢的自我更新系统。这种更新既有自然的更新，如辞职、辞退、退休等，又有素质的更新，考试录用是素质更新的重要途径。考试录用的更新作用表现在，通过公平竞争，实行优胜劣汰，使高素质的人进入公务员系统，从而优化了公务员队伍。考试录用极大地调动了在职公务员自觉加强道德修养、学习和更新知识、认真钻研业务和努力做好本职工作的积极性，激励广大公务员努力向学，勤奋工作，不断提高自身素质，从而营造出一个积极进取、奋发向上的氛围，逐步消除少数公务员安于现状、不思进取、无所作为的消极心态和工作懈怠甚至惯于惰性的不良作风。

（5）对公务员考试权的研究，有助于有效防止用人上的不正之风。用人谋私是一种危害大、影响坏、群众强烈不满的腐败现象。广大群众对公共部门进人中出现的"递条子""拉关系""走门子""说人情"等不正之风非常反感，这些不正之风已损害了党政群机关的形象。科学控制公务员考试权力，合理保护考生权利，促进考试的科学性，这些不仅是拓宽公务员来源渠道、选拔优秀人才的问题，从深层次讲，也是政务公开、民主监督、廉政建设的需要，对加强公共部门的廉政建设，杜绝用人上的不正之风，密切政府机关和广大人民群众的联系，促进改革、发展和稳定，具有重要的现实意义和深远的政治意义。实行公开招考，通过采取各种公开和监督的措施，将选人置于社会、群众和舆论的监督之下，提高了选人的透明度，考生按照公开的条件、程序进行公平竞争，进而从制度和机制上防止了进人上的不正之风。

3. 从笔者自身已有的研究基础看

在硕士和博士学习阶段，笔者对当代中国公务员考试权问题研究一直兴趣浓厚，始终关注本选题领域的研究动态和前沿问题，并做了较为充分的资料准备工作，尤其是通过承担河南、山东、湖南等省十多个地市、县区30余次的公务员录用考试办考任务，从招考公告起草、考试大纲制定到命题、施测、结果评定、成绩报告等环节的亲身实践，和从事近3年来的中央国家机关公务员录用考试试题质量研究、河南省2007年公务员考试质量分析，以及参与中组部"公开选拔党政领导干部笔试研究"等相关课题的研究，掌握了当代中国公务员考试权运行过程中的实际问题，在主考、办考、研究方法和研究能力方面，受到了较严格、系统的训练。笔者深刻认识到，对公务员考试的权力控制是一个系统工程，在理论依据、考试权运行的内外生态分析、路径选择和模式构建等方面还面临着不少待解难题，深入研究实有必要。

(三) 研究意义

由于高等教育大众化、大学生就业难和考试录用公务员力度加大，如今的公务员考试已经当仁不让地从昔日被誉为"千军万马过独木桥"的高考和考研那里，接过了"中国竞争最激烈的考试"的接力棒，成为我国"天下第一考"。因此，系统探讨公务员考试权科学运行的基本理论和运作模式，具有十分重要的理论意义与实践价值。

其理论意义在于：其一，可深化对公务员考试权的理性认识，为推进公务员考试权从管理向控制转变，增强对国家公务员考试权力的控制能力、维护考生的正当权利和利益提供理论支持；其二，有利于从国家治理、公共行政、依法治考等视角分析公务员考试权运行的内外生态，揭示公务员考试权与考试质量提高、政府行政效能建设、社会主义市场经济建设、社会分层和社会流动、公务员考试测评功能的关联机制，进而丰富公务员考试理论，促进考试科学理论体系的完善；其三，有利于强化公务员考试权理论的指导，缓解公务员考试权理论建设严重滞后于公务员考试实践发展需求的矛盾。

其实践意义在于：其一，公务员考试权力控制的理论和考试管理体制、运作模式的构建，能提高对公务员考试权运行控制的能力，加快公务员考试的科学化进程；其二，可为推动公务员考试权的科学运行提供理论、方法和技术支持，增强公务员考试成绩的真实性和选才依据的可靠性；其三，可为改进公务员考试标准设定、报考条件设置、试题编制、施测、评分及命题管理等提供依据。

二 研究概述

考试是一种活动，它可以存在于任何国家、任何形态的社会制度中。但它的作用能发挥到什么程度，则与一定社会的政治、经济制度密切相关，国家考试权问题更是如此。我国现阶段的公务员考试录用制度就是随着新中国政治经济制度的发展、完善而逐步确立的。截至目前,相对于公务员考试的全面推行,我国的公务员考试理论研究相对滞后,而对公务员考试权问题进行系统研究,在考试研究界还是一个有待开拓的领域。公务员考试虽然有自身职能与目的的特殊,但就考试权而言,与作为同属于国家考试的国外高级文官考试、我国古代科举考试和现行的公选考试、高等学校统一入学考试,又有性质上的相同之处。因此,近现代以来中外学者有关上述考试权研究的成果,对本选题的研究又有借鉴意义。迄今为止,中外学者对该领域相关问题的研究集中分述于如下方面。

(一) 国外关于公务员考试权的相关研究

虽然公务员考试制度较普遍运行于西方国家,但从公务员考试制度较成熟的几个主要西方国家来看,明确提出公务员考试权并进行专题研究的观点和成果却极为少见,研究较多的是制度本身。

1. 关于西方文官考任制度的形成研究

学术界比较一致的观点是,西方文官考试制度源于中国的科举制度。黄达强等著的《各国公务员制度比较研究》,康乃美、蔡炽昌等著的《中外考试制度比较研究》,苏廷林的《社会主义市场经济与公务员制度》和 D. F. 拉希的《欧洲形成之时的亚洲》等著作认为,19世纪中叶以后,科举考试"公开平等、竞争择优"的内核,适应了西方工业革命和思想革命背景下资本主义经济和民主政治发展的要求,在西方经历了探索、认同和发展的演变。中国科举考试制度首先驻足于英国,创建了文官考试制度,继而影响法国、德国等西方各国。英国于1854年提出了著名的诺斯科特—屈维廉报告,建议通过公开竞争考试录用优秀年轻人为政府服务,奠定了英国现代文官制度的基础。1855年,英国政府颁布了第一个有关文官制度的命令,即《关于录用王国政府文官的枢密院令》,决定成立三人文官委员会,负责文官的考试录用事宜。1870年英国颁布了第二个枢密院令,规定"凡未经考试并持有合格证书者,一律不得任事务官职",对文官的考试、录用、等级结构等重要原则做了进一步的确立和完善。此后，常务次官以下的文官，都必须经过考试才能录用，考试录用制成为英国文官制的主要内容。美国于1853年和1855年模仿英国文官制度，规定了文官考试录用原则。到1883年，国会通过了《彭德尔顿法》，确立了竞争择优原则，其主要内容是：①政府文职人员必须通过公开竞争考试，择优录用；②凡是通过文官考试被录用的人员，不得因政党关系等原因被革除职务；③政府文官在政治上必须保持中立，禁止参加竞选等政治活动；④考试内容应着重于实际工作需要的才能和知识；⑤考取后应当有一定的试用期，称职后才正式任用；⑥文官委员会每年应自动进行文官制度的考查并提出改进建议。依照该法，美国建立了由两党成员组成的文官事务委员会，由其负责对联邦文官实行统一管理，目前，美国联邦文官中有90%是通过公开竞争考试的方式录用的。第二次世界大战后，西方其他各国也相继采用了考试录用制度。1946年，法国从本国国情出发，仿效英、美制定了法国《公务员总章程》，规定凡适用本章程的公务员，必须通过公开竞争考试才能录用，任用程序必须以考试成绩高低为顺序。1947年，日本制定的《国家公务员法》规定："一切职员的任用，都应依照本法律和人事院规则的规定，根据其考试成绩以及能力的其他实证来进行"，并明确指出，"考试的目的在于判断是否具备执行职务的能力"。德意志联邦共和国制定的公务员制度，也把考试录用制作为公务员任用的主要形式，规定录用公务员的考试，根据报考职责和职级分别进行。

2. 关于公务员考试标准设定研究

刘嘉林的《国家公务员考试录用教程》、周志忍的《当代国外行政改革比较研究》、杨柏华等的《外国人事制度》等文献指出，在实行职位分类的国家，考试标准是根据分类后拟定的职位说明书进行设计，可分为以英国为代表的"通才"标准和以美国为代表的"专才"标准。英美等西方国家已开始意识到，无论是"通才"标准还是"专才"标准，都有它的片面性和局限性；以"通才"标准选择的人员往往缺乏从事专门性工作的技能和经验，领导难以深人；以"专才"标准选拔出的人员虽堪称某个领域内的专家，但他们的知识面狭而不博，偏于一隅，统筹兼顾的能力较差，特别是缺乏行政管理方面的知识和能力，因此也不能成为一个好的领导者。随着现代科学发展的日新月异，自然科学和社会科学日益互相渗透，政府工作也日益走向专业化和综合化的道路，行政管理科学已经从一门单纯学科变为一门复合学科，这就要求各级文官，特别是中局级文官既懂管理，又懂专业。闫建、黄登攀在《西方各国公务员录用制度之比较》一文中指出，英国从1968年开始改造"通才"结构，增加"专才"在文官结构中的比重。到1978年，英国文官队伍中的专家人数已达40500人，比1968年增加了一倍。美国在第二次世界大战后十分重视各级官员行政管理知识的培训，从20世纪60年代起加紧寻求"通才"型的人才。

3. 关于考试内容和方式研究

各国政府考录用公务员的目的不同，其内容侧重及方式也随之不同。主要有两种情况：第一种，以判定执行职务的能力为考试内容。如日本的《国家公务员法》对此做了明确规定，因而考试科目与内容同拟任职务有着极其密切的关系，凡考试及格者均能胜任拟任的职务工作。菲律宾以测验执行工作所需的才能与适应性为主，其情形与日本相似。第二种，以未来发展能力为考试内容。其理论假设为：执行职务所需要的学识、技能及经验，可于日后在工作上或训练中学习，不需要事先具备。如德国的公务员考试以测验将来发展能力为主；英国的考试内容则以一般的能力与学识为主，法国与之相类似；美国近年来对公务员的考试，亦渐渐注重于一般能力、性向、人格与情绪，即除考试职务所需的学识外，又要注意人事心理方面的测验，以预测将来发展的潜能，以期所选用的人员，不但可以胜任工作，在将来还可获得晋升和发展。

西方国家录用公务员的考试方式，大多都是凡初次录用的公务员，均采用笔试的方式，但对部分初选录用人员的考试，为求慎重亦有在笔试之前先做资格审查，于笔试之后再做口试或调查访问，对技术操作等学识才能采取实地考试方式，以期运用多种考试方式增加考试的可靠性。美国、英国采用若干种考试方式，对于升任考试，除资格审查外，通常再加口试，笔试多被免除。

4. 关于考试录用的保障制度研究

为防止公务员考试录用过程中发生徇私舞弊、弄虚作假，保证择优录用的可靠性，维护考试公平，很多国家在考试安全制度性保障方面进行了有益探索，主要体现在两个层面：一是法律层面。首先是制度预设防范，在立法上为考试的顺利进行提供法律依据，堵住可能干扰考试正常运行、破坏考试公平公正的制度漏洞。日本公务员法规定任何人不得在考试、选择、任用和人事记录方法上搞虚伪或不正当的陈述、记录、证明、评分、裁决或报告；考试机关人员或其他工作人员不得妨碍报考和任用；不得提供对报考或任用产生不良影响的特别情报或秘密情报。其次是专职专责监控，在司法上设置特定机构，随时监督控制考试和择优录用的实施。如法国行政法院，英国考选委员会等都兼有这种监督、裁决和处罚的权限和职责。再次是设立个人申诉程序，保障应试人的合法地位。美国政府规定，考生如认为对个人评判不公或发现他人的舞弊现象，可向监试委员会提出申诉或控告，直接提交联邦最高法院裁决。监试委员会和联邦最高法院对个人的申诉和控告应积极调查，做出公正的判定。二是技术层面。为使拟用考试方法和所选内容客观、公正，提高考试的信度和效度，要求考前对考试方法和内容进行技术测定。如美国法律规定：一旦有人指控考试不公正，法院则要求考试机关提供进行过技术测定的证据，否则本次考试将失去法律依据。美国的技术测定又称有效性试验，它包括两项主要内容：首先要测试考试内容的相关性，要求命题内容与报考职位的工作内容呈正相关，且比例适当；要求命题内容与应试人将担任工作的职级呈正相关，以保障考试的效度。其次要测试考试标准的有效性，要求考试评分标准的截止点落在工作能力较强者的范围内，分数和工作能力呈正相关。

5. 关于考试录用的原则研究

其一，机会均等原则。对公民一视同仁，无论其性别、年龄、婚姻状况、家庭出身、宗教信仰、民族种类，只要具备了任职所需要的文化程度和工作能力，都有平等的权利和均等的机会。美国各级政府都规定具有美国国籍是报考公务员的前提条件之一，将报考公务员的学历资格限定为大学毕业；联邦政府对公务员报考资格没有最高年龄限制。日本《国家公务员法》第29条规定："国民不分种族、信仰、性别、社会身份、家庭出身、政治见解和政治所属关系，在本法面前一律平等。"违反本法规定，要处一年以下徒刑或三万日元以下罚款。其二，考试公开原则。发达国家的绝大部分公务员的选拔任用，都是经过公开考试，按考试成绩（包括笔试和口试），并参考个人资历、学历、品行和健康情况，鉴别优劣，择优录用。日本规定所有公务员的考试都要公开进行，招考公告要在报纸和电视上以及其他场合公开，考试要在全国各地考场公开举行，考试合格者名单由人事院公开发布，合格通知书由人事院发给应考者本人。其三，功绩原则。功绩原则就是"严格考核、论功行赏"。英、美等国都普遍重视工作成绩和实践能力，把工作成绩的大小、好坏作为公务员升降的主要依据，被称为"功绩制"。大多数公务员依据自身的能力和功绩得到录用和提拔，公务员自身的工作能力、知识和技能决定能否升任。其四，"政治中立"原则。公务员不得参与党派斗争和竞选活动，不得以党派偏见影响决策。凡不愿遵守这一规定的人均不得成为公务员，公务员如参加党派竞争，必须先辞职。

  上述研究成果虽是对公务员考试录用制度层面的研究，从不同视角对公务员考试权的运行进行了探讨，但大多成果都撇开了考试权是什么及其运行规律这个核心问题，出现了体用倒置的研究偏误，致使既有研究成果对提高公务员考试质量的作用有限，因而在公务员考试权科学运行的内外影响因素分析的全面性和深入性上，还须进一步加强研究；另外，因国外文官录用考试所依存的经济模式、政治条件、文化背景等与我国公务员考试的生态环境差异较大，所以对我国公务员考试权的运行模式、运行机制只具有一定的参考价值。

(二) 国内关于公务员考试权问题的研究

我国的公务员录用考试制度始于党的十一届三中全会以后，大致经历了四个发展时期：从1982年到1988年为试验起步阶段，从1989年到1992年为探索改进阶段，从1993年至2005年为发展完善阶段，2006年至今为制度推进阶段。虽然我国公务员录用考试起步较晚，但由于历史根基深厚、西方模式借鉴、干部考选需求和交叉学科的滋养，关于公务员考试权问题的制度研究成果浩如烟海，从侧面说明了我国关于公务员考试权问题的研究也主要是停留在制度层面，在制度研究的同时涉及了对公务员考试权的问题的讨论。现综述如下。

1. 关于考试权的概念界定研究

考选国家文官的宪政制度设计，是孙中山先生法治思想体系中最有特色的部分之一。在五权宪法的政权与治权理论框架下，考试权第一次被独立出来，与立法、行政、司法大权一起，在国家治理和权力结构中发挥着独特的作用。当然，这种政治学意义上的考试权，显然不是本选题的主要研究范畴。随着高考、研究生考试、公务员考试、公选考试和职业资格考试如雨后春笋般蓬勃兴起，考试权概念的探讨与考试权问题的研究被提到重要日程，其研究成果主要有三类。一是国家权力说。许崇德主编的《中华法学大辞典·宪法学卷》中，把考试权性质表述为："国家考选、任用、铨叙各级公职人员，依法应领取证书的专职与专业技术人员的人事权力。"[①] 二是公民权利说。汪进元、冯家亮在《〈国家教育考试法〉：落实考试权的宪法保护》一文中从侧重保障考生考试权利的角度入手，指出：考试权既是一种权力，也是一种权利。作为一种权力，是指国家通过考试选拔人才的一种招考权；作为一种权利，既可以指社会组织通过考试选拔人才的一种招考权，也可以指公民参加招生、招干、

---

① 许崇德主编：《中华法学大辞典·宪法学卷》，中国检察出版社1995年版，第319页。

求职、晋级、晋职等考试的应试权。① 虽然他们把考试权分为国家权力和公民权利，但从全文来看，作者所持的观点倾向于使用考试处分社会某方面稀缺资源权利。三是两权统一说。尚武在《考试权的法律解读》一文中，对考试权的内涵进行了解析，他认为从法治的视野解读"考试权"，它是一个具有双重属性的概念，即"考试权力"和"考试权利"的统一。并把"考试权力"界定为权力机关依法拥有的实施国家考试管理活动的资格及权能，把"考试权利"界定为应试者依法参加国家考试的权利，是宪法中受教育权所派生出来的一项权利。② 覃红霞在《高校招生考试法治研究》一书中也涉及了这个观点。上述观点对于理解考试权的概念、明确考试权的内涵，无疑是一个重大突破。但问题在于：这些对考试权概念和内涵的研究主要是从教育考试的视角来认识，而没有涉及公务员这个特定对象的考试权规定性，对于国家权力行驶主体主考与办考层次没有区分，更没有涉及考试权运行的原理、原则、机制和模式。

2. 关于公务员考试权的历史渊源研究

在诸多的研究成果中，绝大多数都对公务员考试权的渊源进行了探讨：安邑江、蒋兰杰在《国家公务员考录历史现状与对策》一文中指出，现行的国家公务员考试录用制度是对我国传统科举制度的继承、扬弃和发展，它既吸纳了科举制度的合理内核，又在新的意义上有所借鉴、创新、突破、发展。很多成果还将科举考试与公务员录用考试进行了比较研究，从中找出了公务员考试的可资借鉴之处。刘润璞的《中、英公务员考录制度比较》，对比我国情况介绍西方公务员考试录用制度，探索借鉴与改革的方向，全面分析比较了中、英两国公务员考录制度的成因与作用、内容与形式的异同，在完善我国公务员考录制度的科学化、规范化、权威性等方面进行了思考。

3. 关于公务员考试权所存在的问题研究

从现有研究成果来看，都对我国公务员录用考试权运行进行了

---

① 汪进元、冯家亮：《〈国家教育考试法〉：落实考试权的宪法保护》，《湖北招生考试》2004年12月下半月号，第9页。
② 尚武：《考试权的法律解读》，《中国考试》2007年第3期。

分析和反思，所梳理出的问题主要集中在以下几个方面。一是考录的管理机构不科学，主要体现在由政府人事部门与用人单位共同负责的"二元"模式管理体制，易使考试的公平性与有效性遭到损坏，不利于选拔人才。二是试题的科学性有待提高。表现为取消公共基础知识考查，导致公务员的政治理论水平和政策法规素养降低；申论的作答难以摆脱公式化的框架，选拔能力降低；面试的命题技术亟待突破，考官水平亟待提高。三是没有执掌考试权的权威机构，办考的专业化、职业化水平较低，全国大多数省市人事主管部门既是主考主体，又是办考主体，无法进行客观务实的考试评价；考试业务性工作与考试事务性工作杂糅，"专门化的公务员考录服务机构在全国范围内还是刚刚起步"，① 公务员考试服务的社会化、市场化远没有形成。四是法规体系欠完善，体现为公务员考试的法律法规结果欠合理，只有《公务员法》，而第二、第三层次的操作性法规欠缺；在考试法规的制定上，"管理论"思想处于支配地位，过于强调行政主体的权威，使考试管理部门以执法者的身份超然于法规之上，容易导致权力膨胀，侵犯行政相对人的权益，有悖于法律正义。② 五是报考条件设置随意。因需设考，以便于本单位内部人员通过考试而设置报名资格；受地方保护主义影响，考试设置户籍、学历、年龄等人为性限制。这些因素都违背了"公开平等，竞争择优"的原则，严重影响了考试权的正常运行。六是考试管理亟待加强。刘湘玉的《我国推行公务员考试录用制度探析》、徐中奇的《浅议我国公务员考试录用中存在的问题》等文献，全面评析了我国公务员考录管理中存在的问题，对我国公务员考录实践环节各个程序组织管理中存在的问题提出质疑，并力图寻找改革的方向和改善的方案。

4. 关于公务员考试权问题的研究方法探索

谭功荣、伍俊臣的《公务员考试录用制度：价值分析》对公务员

---

① 王强、周建国：《论我国录用公务员考试体系》，《理论学刊》2005 年第 4 期。
② 吴宏：《考试法：是"管理法"还是"控权法"》，《检察日报》2007 年 11 月 30 日。

考录制度进行了价值分析,认为考录制度为公共行政注入了新的价值观念,即竞争激励观、平等参与观、公平效率观和民主法制观。陈社育的《江苏省录用国家公务员部分面试结果研究报告》和黄石卫的《国家公务员考试面试评分者可信度的研究》对面试进行了探讨,王文成的《笔试主观性试题评分误差及其控制研究》等文献,都采用了数理统计的研究方法,通过采样、利用统计学方法或运用统计分析软件①进行分析等技术,对公务员考录制度中的某一问题进行理论分析,有针对性地提出了解决方案。这种研究方式体现了与国际接轨和社会科学研究数理化、科学化的方向。需要指出的是,这种数理性分析工具很难从公务员考试权运行的内部要素和外部关系上,厘清对国家治理的贡献因子与脉络联系,对于控权与维权更是无从论及。

通过对国内外公务员考试权研究成果的综合分析,可以看出,有关公务员考试录用制度、操作规程、原则方法的研究成果虽然很丰富,但针对公务员考试权运行的核心成果则较单薄,且多数成果都限于一般性论说或是技巧性推介,对于公务员考试权的内在规定性分析,对于考试权运行失范的内部性思考,对于考试权运行的政治生态、经济生态、文化生态、社会生态以及法制生态的有机互动更是无力企及。因此,综合运用新制度经济学分析工具、法治主义分析工具和政府治理理论、实证分析法对公务员考试权问题进行不同维度的透析,既是具有中国特色的干部选拔活动的历史必然,也是公务员考试录用制度发展的逻辑要求。

三 研究目标和研究方法

(一) 思维路径

本书以探寻符合中国特色的公务员考试权运行的科学路径和模式构建为研究目标,以公务员考试录用制度为研究范畴,以制度分析为研究主线,综合运用新制度经济学、政府治理理论、法治主义

---

① 如多元统计与 SPSS 软件等。

理论对当代中国考试权问题进行多层次、多维度分析。首先从基本概念和一般理论探析切入，对中外公务员考试权的历史变迁进行系统考察，在此基础上分析公务员考试权运行的内外生态，找出公务员考试中国家考试权力的控点和考生正当权利的护点，从而探讨实现公务员考试权科学运行的路径。

（二）创新点与难点

1. 创新点

（1）理论观点新。本书首次运用政治学原理和公共行政学理论、考试学原理对公务员考试权进行界定，并明确权力主体，匡定国家考试权力和考生合法权利的要素范畴。

（2）研究方法新。一改以往对公务员考试权问题单纯进行制度研究的思维范式，综合运用新制度经济学、政府治理理论和实证分析法，对公务员考试权问题进行多视角的分析。

（3）研究结论新。针对我国公务员考试的现实状况，提出了主考、办考相分离的分权体制和办考主体多元化的多中心模式，有利于从体制和机制上保证考试权的科学运行，提高考试质量。

2. 难点

（1）国内外直接研究公务员考试权的可参考文献不多，因而对本研究构成了严峻的挑战；另外，公务员考试数据属于国家秘密，在实证分析时，时间、地点等标志性信息不能公开，这将影响数据资料的公信度。

（2）灵活、综合运用多种分析工具，对笔者而言是一个挑战。

（三）研究方法与分析工具

1. 研究方法

（1）新制度经济学分析法。制度是社会发展的软件，与新古典经济学相比，新制度经济学关于人的假设更接近现实中的人。理性人追求自身利益，既是经济繁荣的强大动力，也是经济衰败的主要源泉。无论结果成与败，均依赖于社会制度结构。新制度经济学的兴起与大批国家经济转型及其需求密切关联，其实质在于研究制度的变迁或制度的创新。公务员考试权及其运行质量的优劣，实际上是国家政治、经济、文化、社会制度变革与创新在公务员选拔活动中的反映，正因为如此，对考试权问题的研究必然要以制度研究为手段。考试权的运行本身就受制于并反映整个国家治理制度的安排与变迁，因此，制度分析法对于研究我国转型期的公务员考试录用制度很有必要而且非常重要。

（2）政府治理理论。按照政府治理的合法性、透明性、责任性、法治性、回应性、有效性六大要素，政府要牢固树立"公民权利本位，政府义务本位"的思想，以公众的需求为导向，为公众提供无差别的政府服务，形成公平的市场竞争环境。同时，要以法律为准绳，在谋取公共利益的最大化的同时，树立风险成本意识，追求高效，强调依法。公务员考试权的科学运行，应以控制公共权力膨胀，实现政府治理的合法性、透明性、责任性、法治性、回应性、有效性为原则，计算行政成本，维护考生的合法权益。

（3）实证分析法。考试是我国公务员录用的关键环节，公务员考试权科学运行的终极目的是提高考试质量，选拔优秀人才，提高国家治理的效能。而考试质量是否提高，既要运用理论论证，更需要数理模型和数据分析来实证。在本书中，将运用大量的考试质量分析数据和与公务员考试权问题有关的大量案例来证明路径选择的正确性。

2. 分析工具

（1）公共选择理论。该理论首先认为现实世界根本不存在以公共利益最大化为目标的理想政府，政府行为的各种主体，包括政府机构与政府官员，与市场主体一样，都是追求自身利益最大化的"经济人"。个人利益、部门利益、官僚群体的利益总是被他们摆在比公共利益更为重要的位置上予以考虑，成为政府行为日益偏离政府应负职能的逻辑起点。戴维·奥斯本和特德·盖布勒所著的《改革政府：企业精神如何改革着公营部门》，一度被誉为新公共管理改革实践的圣经。这一理论对于审视政府在行使公务员考试权过程的种种失范行为，提供了借鉴性的视角。

（2）"治理"或"善治"理论。作为公共管理改革的延续，"治理"或"善治"理论成为20世纪90年代以来的西方国家有效公共管理模式探索实践中运用得最为广泛的概念。"更少的统治，更多的治理"成为当前一些国家公共事务管理模式改革的宣言。"治理"理论的主要内容，概而言之是："不再是监督，而是合同包工；不再是中央集权，而是权力分散；不再是由国家进行再分配，而是国家只负责管理；不再是行政部门的管理，而是根据市场的管理；不再是由国家'指导'，而是由国家和私营部门合作。"①"善治"则是通过政府和民间组织、公共部门和私人部门之间的伙伴型合作关系，促进社会利益最大化。合法性、法治、透明性、回应性、参与、有效、廉洁、公正等是其主要的衡量标准。"治理"理论突出强调了政府并非唯一的权力中心，主张建立政府、民间组织及公民多元互动的治理结构。因此，"治理"或"善治"实际上是"国家的权力向社会的回归，善治的过程就是一个还政于民的过程。善治表示国家与社会或者说政府与公民之间的良好合作，从全社会的范围看，善治离不开政府，但更离不开公民"②。因此，实现善治的过程，是传统政府管理模式的解构过程，是借助多元主体的合作增强有效治理，实现政权、治权本位回归的过程。这一理论对于构建主考办考分离、实现办考主体多中心，制约政府考试权力的扩张，具有重大意义。

（3）法治理论。法治理论是一种民主政治理论，就其实质而言，乃是一种对政府设防的学说。它与行政监督具有紧密的逻辑相关性，法治理论逻辑要求对政府进行行政监督，也只有加强对政府的行政监督，才能造就一个真正意义上的法治社会。所谓法治，是指由统治者通过强制的法律来治国理政。柏拉图在法学专著《法律篇》中主张改变人治，重点强调遵守法律的重要性，强调官吏必须

---

① ［美］弗朗索瓦—格扎维尔·梅理安：《治理问题与现代福利国家》，《国际社会科学》（中文版）1999年第2期。

② 俞可平：《治理与善治》，社会科学文献出版社2000年版，第8页。

服从法律，认为统治者应不受个人感情影响，而且法律权威至高无上，开创了西方法治理论的先河。亚里士多德全面论证了法治问题，系统批驳人治观念，阐明法治优越性，并说明了法治的两重意义："已成立的法律获得普遍的服从，而大家所服从的法律又应该本身是制定得良好的法律"①，即良法与守法的结合。亚里士多德的"法治"理论，对以后的思想家、法学家及其法学名著产生了深远影响。之后的西塞罗认为"官员是说话的法律，法律是不说话的官员"，②即国家法律需要合格的官员去执行，权力不得滥用。形式法治强调要保障个人自由免受干预，对公民自由最严重的破坏来自权力的滥用，只有在权力不被滥用的地方，公民才有安全的自由。而依法治国是治理国家、治理社会的良好方法，只有一切个人或机构都处在法律统治之下，受事先制定的法律规则的约束，才能制约权力的滥用，而为确保所有机构和个人都受法律约束，就必须实行政府分权制衡原则。对此，孟德斯鸠有"要防止滥用权力，就必须以权力约束权力"③的论断，卢梭也把法律比喻为纯金来突出法律的权威性。

从西方国家的法治实践看，法治理论的基本精神在于：①政府的权力运作必须有相应的法律根据，法无授权政府不得作为；②即便是有法律根据的政府行为也必须遵循法定程序，程序违法，行为同样无效；③政府与社会组织及公民之间的行政纠纷由公正的法庭通过独立的审判进行处理；④政府的一切行为不仅要在法律的意义上合法，更要受制于预设的一般规则并合于社会公认的正义。而所有这一切，都只有通过极广泛的行政监督才能实现。可以说，法治与行政监督是一个事物的两个方面，两者须臾不可分离，没有健全有力的行政监督，所谓法治终归是一句空话。

---

① ［古希腊］亚里士多德：《政治学》，吴寿彭译，商务印书馆1981年版，第199页。
② ［古罗马］西塞罗：《论共和国论法律》，王焕生译，中国政法大学出版社1997年版，第255页。
③ Walker G. de Q., *The Rule of Law: Foundation of Constitutional Democracy*, Melbourne University Press, 1998, p.154.

第一章 公务员考试权的基本理论

从权力的产生来说，权力内生于一定的价值系统之中，是否拥有某种权力有赖于一定的价值评判，这种价值评判通过制度化而成为一种权力秩序。而制度是"是一个社会中的一些游戏规则，或者更正式地说，制度是人类设计出来用于调节人类相互关系的一些约束条件"①。由此可见，制度本身就是人们设计出来用于调节主体权力关系的一种社会机制，而权力关系异化的根本原因就在于制度的不合理或不完善。随着我国干部人事制度改革的深入推进，各社会阶层、各团体和各权力主体之间的利益关系得到了凸显，同时也产生了权力异化。这种权力异化在公务员考试领域也得到了体现，并对公务员考试制度产生了深刻影响。从权力和制度的关系分析看，公务员考试权是我国公务员考试制度的核心所在。因而，公务员考试权的维护与正确行使，是我国公务员考试录用制度改革的核心问题。

一　考试权的概念

"考试"一词是由"考"和"试"两个字复合而成。古语"考"原是敲打的意思，后引申为查核；"试"本义为用，后引申

---

① ［美］道格拉斯·诺思：《制度、制度变迁与经济绩效》，刘守英译，上海人民出版社1994年版，第3页。

为检验。因而，考试一词合起来即为"查核检验"的意思。关于考试的定义，不同时期、不同行业领域对其有着不同的理解，先后有"工具说"①"方法说"②"手段说"③和"测量说"④等，都在一定层面上对考试的概念和本质进行了一定程度的揭示。在现代测量学上，考试是指通过一定测量方法，对人的知识、能力和专业水平等方面进行评判的手段和方法。从哲学意义上讲，考试"是一定组织中的考试主体根据考试目的的需要，选择运用有关资源，对考试客体某方面或诸方面的素质水平进行测度、甄别和评价的一种活动"⑤。从操作意义上讲，即狭义的考试，"是由主试者根据一定社会的要求，在一定的场所，采取一定的方式方法，选择适当的内容，对应试者的德学才识体（诸方面或某方面）所进行的有组织、有目的的测度或甄别活动"⑥。但无论从哪

---

① 三国时期魏人王昶指出"考试犹准绳也"，西晋傅玄提出了"考试乃量才之衡石"的观点。盛奇秀据此在所著《中国古代考试制度史》中，将考试界定为"是测定人的学识的准绳和衡石"，而"准绳是测定物体平直的器具，衡石是测定物体重量的器具"。参见刘肃毅《面试教程》，北京农业大学出版社1992年版，第2页。《教育大辞典》也指出考试"是教育测量的工具之一"。参见顾明远《教育大辞典》第一卷，上海教育出版社1990年版，第215页。

② 《中国大百科全书（教育）》将考试释义为"学校检查学生学业成绩和教学效果的一种方法"。转引自中国大百科全书总编辑委员会（教育）编委会《中国大百科全书（教育）》，中国大百科全书出版社1985年版，第202页。辞海也将考试定义为"检查学生学习情况和教学效果的重要方法"。转引自辞海编辑委员会《辞海》（缩印本），上海辞书出版社1993年版，第1393页。徐玖平认为"考试是一种严格而又庄严的科学鉴别方法"。转引自徐玖平《考试学》，成都科技大学出版社1989年版，第1页。

③ 《中国劳动人事百科全书》认为考试是"通过书面答卷或口头询问等形式鉴别人的思想素质、知识水平、能力高低的一种手段"。转引自中国劳动人事百科全书编委会《中国劳动人事百科全书》，经济日报出版社1989年版，第519页。日本学者梶田睿一在《现代教育评价论》中持此观点。

④ 美国学者Max A. Eckstein等对考试的界定是"由认识考生的成人所主持及评分之非竞争性的知识或技能测试"。转引自［美］Max A. Eckstein等《迈向大学之路——各国考试政策与实务》，心理出版社1996年版，第4页。于信凤在其《考试学引论》中认为考试"是对被测人的知识、智力和技能的一种测量"。转引自于信凤《考试学引论》，辽宁人民出版社1987年版，第21页。

⑤ 廖平胜：《考试学原理》，华中师范大学出版社2003年版，第60页。

⑥ 廖平胜：《考试学》，华中师范大学出版社1988年版，第46页。

个视角理解，凡考试都有四个基本要素：主试、被试、测试内容和结果。特别需要指出的是，本书所研究的考试特指成文法规考试[①]，上述四个要素之间的作用和联系，构成了考试权作为一种权力及其运行的基本范畴。

（一）考试关系与考试权

1. 考试主体

如同大千世界的其他社会现象一样，考试以系统的方式存在着，公务员考试亦如此。在考试系统中，考试主体、考试客体和考试中介是决定考试运行状态和功效的实体性因素。在考试活动中，这三大要素围绕着考试目的的实现，遵循一定原则和规程所开展的活动，即形成了考试关系。其中，就考试主体而言，具有主持考试事务能力、拥有相应责任和权力，从事考试活动的管理、设计、实施、监督的个人、群体与组织机构，即考试活动的主持者、设计者、实施者和监督者。从职能上讲，其是考试活动的决定主体、执行主体、监督主体。因此，考试主体必须具备两个要件：一是考试主体必须具备相应的主考能力。主考能力主要包括主考者对考试的认识能力、决策能力、设计能力、组织实施能力和监督控制能力等，是考试活动效率的决定性因素，事关考试活动成败全局。二是考试主体必须经过国家认证。具备了主考能力，就具备了成为考试主体的可能性。作为国家成文法规考试，要成为现实的考试主体，还必须经过一定的法律程序进行认定，通过法律、行政、决议、协商、委托、授权等手段，赋予考试主体相应的职责和权力。

[①] 所谓成文法规考试，是指以体现国家意志的成文规章为考试行为规范准则，由国家规定的部门主持实施的考试。参见廖平胜《考试学原理》，华中师范大学出版社2003年版，第75页。

2. 考试客体

考试的客体即考生，是考试主体的作用对象和行为的承受者。考试是一种主被试之间交互的对象性活动。虽然考生是考试主体的对象性活动的存在物，其言行要受到考试活动规范的制约，但其应试活动毕竟是主体意识支配下的自主活动，根据自己的目的、需要决定是否进入考试活动领域。为取得竞争状态下的活动成效，考生在充分地发挥着自己的能动性与创造性，实现自己的考试目的。因此，考试主体必须提高自己的主考能力，认真履行职责，积极维护考生的合法权益，主被试之间才能真正实现积极交互，考试的目的才能真正实现。

3. 考试权

基于对"考试"含义的上述界定和对考试主体权能的探讨，本书所要论述的"考试权"是指，考试主体依法拥有的实施国家考试活动的资格及其权能。考试活动中，政府考试机构代表国家，基于考试法律规范赋予的法定职权，在公开、公平、公正的程序下，依据特定的标准对应试者进行测评，分配人力资源、教育机会、就业机会等社会资源，进而对应试者权利义务产生间接或直接影响的公共性行为。这种公共性行为的过程，就是考试权运行的过程。

（二）考试权的内涵与特点

1. 考试权的基本内涵与表达形式

考试主体系统包括考试决定系统、执行系统和监督系统，相应地，考试主体的具体权能大致可以划分为考试决定权、考试执行权和考试监督权。

考试决定权，由负有考试决策责任的政府主管部门行使，主要职能是确定考试目标、制订考试计划、实施宏观控制等，即制定考试的方针、政策、规程，确定考试标准、内容、方式、方法，决定考试的科目、时间、地点和参加考试的资格，确定考试结果的生成方式和使用原则等。考试决定权在考试权中处于核心地位。

考试执行权，又称考试组织实施权，也叫办考权。由具备考试设计①、考试实施②、考试运作管理、业务培训、试卷评阅与结果处理等权责的个人和机构行使，因而可分为考试设计权、考试施测权和阅卷评分权。具体包括制订考试实施计划、考试大纲、各类考务规则及实施细则与规程，组织考试报名，负责考场设置，组织命题、制卷、施测、阅卷评分和成绩处理，开展考试研究及对外考试文化交流，改进考试方法与技术手段改革，遴选并培训考试设计、施测、阅卷、考试评价、考试管理等方面的人员以及与考试权力运行过程相关的业务人员、技术人员，负责权限内的考试业务问题的咨询，协助考试决定主体就考试违纪问题开展调查与处理等。

考试监督权，由对考试活动参与人员负有监督权责的个人或组织承担，考试监督权的行使主体一般由纪检、监察机关、政府主管部门和相关方面的代表组成。主要内容是依照职责权限对考试决定和考试计划的实施进行监督，并向考试决定主体和执行主体及时反馈决策执行的情况和考试运行过程中出现的问题，以便于考试决定主体、执行主体进行调控，严防与考试无关因素的干扰，保证考试活动公平公正、规范运行，实现考试目的。

上述权能体现了国家对考试的控制，具有支配力和强制力，属于公共权力，是国家权力的重要组成部分。需要指出的是，在考试

---

① 考试设计是考试工作的首要环节。在考试学上考试设计有广义和狭义之分。广义的考试设计是指绘制考试活动运行蓝图和创设考试活动交互中介，包括制订考试计划、规定考试目标、确定考试内容和考试标准、选择考试方法和考试类型及考试命题等方面的工作。狭义的考试设计就是试卷编制，也叫测评工具的制作。参见梁其健、葛为民等《考试管理的理论与技术》，华中师范大学出版社2002年版，第205页。本书中的"考试设计"使用的是狭义考试设计的概念。

② 考试实施是考试活动的主体工程和中心环节，是指一次考试的实际运作过程，从确立考试目的到处理考试结果统称为考试实施。但由于在考试命题环节、考试施测环节和考试结果处理即评卷环节，考试实施的主体未必相同，因而考试实施可以分为考试设计阶段、考试施测阶段和考试结果处理阶段。本书中的考试实施的概念，特指"考试施测"，即考试主被试彼此交互的施测环节。

活动中，一方面上述三种权能应相互独立，否则会出现职能交叉、管理无序，使考试权运行失范；另一方面又密切联系，不可彼此割裂，否则会出现考试的不同环节不能有机衔接，造成考试行为的多向度发散，同样会招致考试权运行失范，为各种与考试无关因素的干扰提供了可乘之机，影响考试目的的实现。

2. 考试权的特点

（1）考试权是公权力。关于权力，不同学科从不同角度研究，对权力的理解也不一致。马克斯·韦伯认为，"权力意味着在一种社会关系中，自己的意志即使遇到反对也能贯彻的任何机会，而不管这些机会建立在什么基础上"[①]。法学家对权力的理解往往与强制、服从和惩罚相联系，"以合法的强制力做后盾的一个行为主体支配其他行为主体的能力"[②]。所以，权力本身是与影响主体的强制力并存的，"大多数分析家还是承认，'权力'基本上是指一个行为者或机构影响其他行为者或机构的态度和行为的能力"[③]。权力有公权力和私权力之分，其差别在于权力的来源、行使的目的、实现的保障等方面。公权力是指在一定范围内受公众委托，为公共利益而行使的权力。成文法规考试"其实质上是为统治阶级服务的阶级考试，自其产生后就是国家上层建筑的有机组成部分，并以行政或法律手段予以推行和维护，是国家培植、甄选、任使、管理人才的重要措施"[④]。从这个意义上理解，考试权是由国家强制力作为其权力实现的保障，显然具有公权力的属性。

（2）考试权行使主体的权威有赖国家保障。考试权属于公权力，其行使主体必然是国家。从考试权的来源上看，教育考试权来

[①] ［德］马克斯·韦伯：《社会学的基本概念》，胡景北译，上海人民出版社2000年版，第85页。
[②] 喻中：《法律文化视野中的权利》，山东人民出版社2004年版，第41页。
[③] ［英］戴维·米勒、韦农·博格丹诺：《布莱克维尔政治学百科全书》，邓正来译，中国政法大学出版社1992年版，第594—595页。
[④] 廖平胜：《考试学原理》，华中师范大学出版社2003年版，第76页。

源于国家教育权①，来源于社会公众的委托和授予，是为保障高校选拔合格新生、维护社会公平的一种权力；公务员考试权是由国家法律——《中华人民共和国公务员法》授予："中央机关及其直属机构公务员的录用，由中央公务员主管部门负责组织。地方各级机关公务员的录用，由省级公务员主管部门负责组织，必要时省级公务员主管部门可以授权设区的市级公务员主管部门组织。"② 从成文法规考试权运行的内在需求上看，对社会成员取得从事某项特定业务的资格通过考试来甄别或认定，牵涉社会有限优质资源的分配，考试主办方必须具有足够的权威。正是出于这种权威性的要求，考试权的运行必须依靠国家保障，以保证国家和社会的公共利益，维护考试的公平、公正与正义。

（3）考试权必须依法申请并经审核后行使。虽然考试权属于国家权力，由国家强制力保证实施，但考试权并不是对所有的社会成员都有约束力，有其特定的行使范围；考试权也不是作用于一定范围之内的每个成员，而是对形成考试关系、进入考试系统中的考试主体、考试客体发生作用。从考试主体的角度，考试机构就举办某次考试活动进行申请，申请经过批准后才有合法的考试活动，有了合法的考试活动，才有考试权；如果没有合法的考试活动，离开了考试实践即使具有考试管理的职能，这种职能也是停留在静态理论的状态，也就无所谓什么考试权。从考试客体的角度，社会成员行使考试权必须是依据该成员的自愿申请，并经有关国家机关或授权单位依据法定标准和资格条件审查合格，才能进入考试系统，成为考试活动的作用对象，才可行使考试权。

（4）考试权的行使必须有特定的范围。考试是一种对象性活动。"考试系统是考试主体、考试客体和考试中介三大实体要素

---

① 国家教育权是社会教育权在逻辑发展过程中的一种权能分解，是社会教育权的分解物。参见秦惠民《走入教育法制的深处——论教育权的演变》，中国人民公安大学出版社 1998 年版，第 176 页。

② 参见《中华人民共和国公务员法》第二十二条，2005 年 4 月 27 日第十届全国人民代表大会常务委员会第十五次会议通过。

的有机整合。"① 在考试系统里，考试主体在与考试客体建立对象性关系的基础上，借助考试中介这一中间环节，才能与考试客体形成现实的对象性活动，在对象性活动的过程中，实现考试的目的。作为一种特定国家权力的考试权，必须在特定的时间和空间里进行活动，才会使一定组织中的考试主体根据考试目的需要，选择运用相关资源，对考试客体相关方面的素质水平进行测度、甄别和评价。如果超出了考试权活动的空间，离开了考试客体，不能正确选择使用合适的考试中介，考试权就无法行使，考试权的功能就无从发挥。所以，考试权的行使范围有其特定的时空要素。

二 公务员考试权的概念

公务员考试属于成文法规考试的范畴，因此，公务员考试权在内涵、特点、性质等方面都有着考试权属概念的一般特性。但作为考试权的种概念，公务员考试权在内涵、性质、特点、功能等方面又有着自身的特殊之处。

（一）公务员考试制度与公务员考试权

权力是通过支配人们环境而追逐和达到目标的能力，可以分为权威性权力和弥散性权力。② 权威性权力是合法化的权力，实际上是集团或制度以意志力造成的，它是由明确的命令和有意识的服从组成的。制度作为一种强制性的规定，是与公平、公正、透明化及规则化等含义相联系的。由于权力本身是与影响效应的支配性和强制力同时存在，权力本身具有一种潜在的侵犯性，"这一主题不仅把人们引向怀疑论，而且使人们认为权力是邪恶的根源。权力可能

---

① 廖平胜：《考试学原理》，华中师范大学出版社2003年版，第126页。
② ［英］迈克儿·曼：《社会权力的来源》，刘北成、李少军译，上海人民出版社2002年版，第8—11页。

是社会的罪恶，也是社会的基础"①。因而，权力与制度总是紧密相连，既以制度约束权力的行使，又以制度保障权力运行。基于此，对公务员考试权的理解，必须从公务员考试制度开始，在对公务员考试制度的分析中把握。

1. 公务员考试制度

公务员来自英文"Civil Servant"，原意为"文职服务员""公职人员"或"文官"，是指代表国家从事公共事务管理，行使行政职权的国家行政机关中的文职办事工作人员（相对于武官、法官、政务官而言），英国称"文职人员"，法国称"职员"或"官员"，美国称"政府雇员"。2005年4月27日，第十届全国人民代表大会常务委员会第十五次会议通过的《中华人民共和国公务员法》（以下简称《公务员法》），对公务员的含义做出了界定："指依法履行公职、纳入国家行政编制、由国家财政负担工资福利的工作人员。"基于此，本书研究的公务员考试权所指的考试，包括两个方面：一方面是公务员录用考试，另一方面是公务员升迁考试，即公开选拔领导干部考试，本书研究的侧重点是公务员录用考试。

因此，公务员考试制度包括公务员录用考试制度和领导干部公开选拔和竞争上岗考试制度。公务员考试录用制度是指国家机关为补充担任主任科员以下非领导职务的公务员，按照规定的条件和程序，采用考试和考核的方法，从社会上选拔优秀人才到政府机关工作的一种人事管理制度。它包括三个方面的基本含义：一是录用的适用范围只限于补充担任主任科员以下非领导职务的公务员；二是录用公务员，必须采用公开考试和严格考核的办法，择优录用；三是录用公务员，必须按照规定的条件和程序进行。这里所指的规定条件，既有对报考人员的条件要求，也有对用人单位的条件要求。领导干部公开选拔和竞争上岗考试制度，是根据《党政领导干部选拔任用工作条例》和《公开选拔党政领导干部工作暂行规定》《党

---

① [美] 约翰·肯尼斯·加尔布雷斯：《权力的分析》，陶远华、苏世军译，河北人民出版社1988年版，第11页。

政机关竞争上岗工作暂行规定》以及中组部《党政领导干部公开选拔和竞争上岗考试大纲》的有关规定，对于领导干部的选拔，按照规定的条件和程序，采用考试和考核的方法，选拔优秀人才担任政府机关领导干部的一种人事管理制度。

2. 公务员考试权

公务员考试权是指政府考试机构基于公务员考试法律规范赋予的法定职权，代表国家对公务员考试所进行的计划、组织、指挥、监督和协调，保证考试在公开、公平、公正的程序下，依据规定的标准对应试者进行科学的测度、甄别和评价，进而对应试者权利义务产生间接或直接影响，实现为国家机构选拔优秀人才的公务性行为。

（二）公务员考试权的内涵

1. 确定考试录用的范围

世界各国公务员的录用范围主要有两种，一是所有职位，不论是领导职位还是非领导职位，出现空缺时，都采取公开录用的方式来补充。如法国，其公务员经考试录用的比例高达99.9%。二是低级职位采取公开录用的方式，高级职位采取内升或其他方式。考虑到高级职位，特别是领导职位上的公务员需要有丰富的工作经验、领导才能和敏锐的政治头脑，这些素质需要在有关实际工作中长期的积累才能具备，采取考试的方式从社会上录用，一般很难达到要求。因此，我国公务员录用的范围采用了第二种方式，规定只限于担任主任科员以下非领导职务的公务员。

我国《公务员法》第十五条规定，国家根据公务员职位类别设置公务员职务序列；第十六条又规定："公务员职务分为领导职务和非领导职务"，领导职务层次又分为国家级正职、国家级副职、省部级正职、省部级副职、厅局级正职、厅局级副职、县处级正职、县处级副职、乡科级正职、乡科级副职。非领导职务层次在厅局级以下设置，综合管理类的非领导职务分为巡视员、副巡视员、调研员、副调研员、主任科员、副主任科员、科员、办事员。根据《公务员法》第二十一条"录用担任主任科员以下及其他相当职务层次的非领导职务公务员"的规定，我国公务员考试录用的范围主要包括主任科员、副主任科员、科员和办事员。对于主任科员及以上的领导职务和非领导职务，主要通过委任或选任的方式来进行补充；对于主任科员以下的领导职务，则主要通过选任方式进行补充。

2. 录用计划编制权

招考人数要在编制限额内按照所需空位的要求来确定，国家行政机关都有法定的职位员额编制，录用人员时必须有职位空缺，不得超过规定的编制录用人员。国家组织部、人事部门分别对党群机关、国家行政机关及其所属机关申报的录用计划情况、人员编制情况及职位要求的资格条件等内容进行审核、汇总，并确定各部门的录用计划。

3. 考试录用的程序决定权

中央、国家机关公务员考试录用的程序，一般分为制订录用计划、发布招考公告、报名与资格审查、笔试、面试、体检和考察、公示、备案等8个步骤，录用特殊职位的国家公务员，可以简化程序或采取其他测评办法。特殊职位主要包括以下几种：①因职位特殊不宜公开招考的，如安全、公安部门的某些职位；②因职位特殊，需要专门测量报考者水平的；③因职位所需要的专业知识特殊，难以形成竞争的；④录用考试主管机关规定的其他情况。以上特殊职位的具体范围、录用的简化程序及所需要采取测量办法，由录用考试的主管机关规定，并在组织考试之前，报国务院人事部门或者省级人民政府部门批准。

4. 招考公告发布权

发布招考公告是为广大公民了解情况，并让报考者有所准备。因而，招考公告应在考试前一段时间，通过报纸、刊物或其他新闻媒体向社会发布。其内容一般应包括：①拟录用人员数量、报考的资格条件；②报名的日期、地点和报名手续；③考试的科目、程序和考试日期、地点以及区域划分；④公布《考试录用公务员和机关工作人员招考简章》和《考试录用公务员和机关工作人员公共科目考试大纲》；等等。

5. 报考资格设定权

各个职位都根据职位分类的原则确定了任职资格条件，录用公务员必须符合拟任职位所要求的资格条件，以做到因事求人，合理使用人才。公务员的录用要面向社会公开进行，但是并不意味着所有的人都可以来当公务员，特别是现代社会发展对政府工作人员的素质要求也越来越高，执行国家公务的人员必须有一定要求。规定报考资格条件，通过对基本资格条件的审查，把不具备担任公务员基本条件的加以排除。这样，可以保证报考者的基本素质，同时还可以减少录用考试的工作量，节省国家行政开支。

报考国家公务员的资格条件，是指国家和主考机关规定的成为某个职位上的公务员时不可缺少的起码条件。一般包括基本条件和特别条件。基本条件又可分为权利条件、品质条件和能力条件。权利条件是指在法律上享有公民权利的资格，如国籍、公民的政治权利等；品质条件是指道德品质，如是否忠诚、廉洁、作风是否正派，有无不良的行为和习惯等；能力条件是指依法行使国家行政权力、执行国家公务的基本能力。如身体健康状况、文化水平、年龄等。特别条件是报考某种职位所要求的条件，如专业知识、专业技能、实践经验等。

从条件的内容看，可分为积极条件和消极条件。积极条件是从正面对报考公务员所需要的条件加以规定；消极条件是从反面对报考公务员不应有的条件加以限制或排除。

《公务员法》第十一条规定了报考公务员积极的资格条件：①具有中华人民共和国国籍；②年满十八周岁；③拥护中华人民共和国宪法；④具有良好的品质；⑤具有正常履行职责的身体条件；⑥具有符合职位要求的文化程度和工作能力；⑦法律规定的其他条件。第二十三条规定，报考公务员，除了要具备第十一条规定的条件外，还应当具备省级以上公务员主管部门规定的拟任职位所要求的资格条件。这一条件包括三层含义：首先，必须是省级以上公务员主管部门才有权规定；其次，规定的资格条件必须是拟任职位所必要的，比如专业要求、学历要求、工作经历等，但不能规定一些歧视性的资格条件；再次，规定的条件不得与《公务员法》明确规定的条件相冲突。

同时，《公务员法》在第二十四条又列出了不得录用为公务员的资格条件，即公务员资格的消极条件：①曾因犯罪受过刑事处罚的；②曾被开除公职的；③有法律规定不得录用为公务员的其他情形的。

招考职位明确要求有基层工作经历的，报考者必须具备相应的基层工作经历。基层工作经历，是指在地市以下（不含副省级城市）党政机关、事业单位、社团组织，各类中小企业和非公有制单位及农村工作的经历。自谋职业、个体经营的人员，视为具有基层工作经历。

6. 考生资格审查权

主要是了解报考者是否具备公务员的基本条件和所要报考职位特别要求的条件。基本条件由国家法律或法规做出统一规定；职位所特别要求的条件，不同的职位有不同的要求，一般由用人单位提出，考试主管机关批准。符合规定资格条件者方可发给准考证，参加考试。资格审查工作由政府人事部门和用人部门共同负责。

近年来，随着电子政务的发展，公务员报名逐步采取网上报名缴费的方式，这极大地方便了考生，减轻了考生的压力；同时也降低了公务员资格审查机关的工作强度，极大地提高了公务员招考的工作效率。

7. 考试设计权

根据公务员具体职位，进行工作分析，确定公务员职位履职必需的素质和能力等条件，在此基础上制定考试大纲。考试大纲确定后，按照大纲的规定制定各科目试题的评分双向细目表，绘制命题蓝图，组织命题人员命制试题。考试设计的另一层含义，是主考、办考机构对命题、施测、阅卷、成绩报告、考试质量评价等环节的工作制定实施方案。

8. 考试施测权

随着考试制度的发展，考试的方法也呈现出多样性。目前我国主要采取笔试和面试两种。笔试的目的是测评报考者的基础知识和专业知识水平以及适应职位要求的业务素质,通过让报考者用纸笔解答有关问题,以测量其文化和专业知识水平、写作能力和思维能力等。内容分为公共科目和专业科目。公共科目的考试由国务院人事部门确定,由政府人事部门按照管理权限组织实施;专业科目的考试由国务院人事部门和省级人事部门分别确定,可由政府人事部门组织实施,也可委托用人部门组织实施。

面试主要测评应试人员适合职位要求的基本素质和实际工作能力,包括与拟任职位有关的知识、经验、能力、性格和价值观等基本情况。面试测试的内容主要包括应试者的分析能力、言语表达能力、应变能力、计划组织协调能力、人际交往的意识和技巧、自我情绪控制能力、求职动机与拟任职位的匹配性、举止仪表和专业能力。面试测评多采用结构化面试方法。结构化面试由多名考官按照事先设计好的题目向应试者提问,根据应试者的回答,给出应试者在各个测评要素上的得分,各个测评要素得分的总和就是应试者结构化面试的最后成绩。成绩的高低根据应试者在回答中反映出来的综合分析能力、语言表达能力、应变能力等要素测评结果来决定。结构化面试的标准和评定方法经过严格规定,不能变动。组织实施工作可由政府人事部门进行,也可委托用人部门进行。笔试面试的成绩按一定比例加权合成后,进入录用环节。

9. 阅卷评分权

"阅卷是公务员考试工作的重要环节,阅卷工作质量如何,会直接影响到考试的信度和声誉"①,因此,试卷评阅权是公务员考试权的重要组成部分。无论是客观性试题还是主观性试题,要保证笔试试卷评阅权的正常行使,必须做好如下几项工作:组织阅卷队伍,培训评卷人员,准备阅卷必需的物品与计算工具,阅卷评分,合分、登分、计分和分析考试质量等。控制评分误差是笔试试卷评

---

① 梁其健、葛为民:《考试管理的理论与技术》,华中师范大学出版社 2003 年版,第 266 页。

阅权的中心任务，为此，必须做到评分客观、登分无误、计分准确、分析可靠，这既是控制评分误差的基本要求，也是防止公务员考试权在阅卷评分环节运行失范的可靠保证。

（三）公务员考试权的性质

1. 公务员考试权的主要行使主体是政府

政府及其职能部门被确定为公务员考试权的主要行使主体，既是公务员考试活动的本质体现，也是公务员考试社会功能实现的客观需要。

（1）国家考试是国家意志和政府行为的体现。改革开放以来，我国的国家考试实行由国家机关有关部门代表国家进行管理的体制。比如国家教育统一考试就是"由国务院教育行政部门确定种类，并由国家批准的实施教育考试的机构承办"[①]，公务员考试亦是如此："中央机关及其直属机构公务员的录用，由中央公务员主管部门负责组织。地方各级机关公务员的录用，由省级公务员主管部门负责组织，必要时省级公务员主管部门可以授权设区的市级公务员主管部门组织。"[②] 因此，国家考试的概念至少包含两方面的内容：国家考试是国家授权给国家有关行政管理部门确定种类和政府批准的考试机构组织的考试；国家考试体现了国家意志，是政府行为。在我国，考试权是国家最高权力机关通过立法授予的，本质上属于专有权，不具备可转让性和随意处置性，理所当然是政府行为或者是由政府主导、社会有关方面参与的行为。从历史上看，我国一千多年的科举考试从来就是政府组考，而且有一整套极为严格的管理制度和运行机制，因而具有极高的权威性。再从中华人民共和国成立60多年组织国家考试的实践看，也没有哪一次全国性的统一考试不是由政府组织的。就中国的老百姓和广大参考人员长期以来所形成的心理分析，都认为只有政府出面组织的考试才是信得

[①] 《中华人民共和国教育法》第二十条，1993年3月15日。
[②] 《中华人民共和国公务员法》第二十二条，2005年4月27日第十届全国人民代表大会常务委员会第十五次会议通过。

过的，才是最权威的。公务员录用考试应和高考一样，"是为国家科学、公正选拔人才服务的一项重要工作，是国家意志和政府行为的体现"①。

（2）政府居于国家考试的主体地位。从考试行为的法律关系来分析，国家考试法律关系的主体包括考试管理主体和参考人员，但是在这种法律关系中，双方主体的法律地位和权利义务是不平等的。这是因为，国家考试实行的是强制性标准，即考试范围、考试科目由国家考试主管部门确定，考试的难易程度由考试主管部门颁布的考试大纲调控，参考人员的报考条件由考试主管部门规定，参考人员只能遵从，而无权改变，这就与民事行为强调民事法律关系主体双方的平等和合意有明显的区别，从而进一步说明了国家考试是以考试机构为主体，以参考人员为相对人的行使国家考试权的行为。

就我国的现实情况看，考试管理机构（无论其属于政府机构，还是负有一定行政职能的事业单位）在考试过程中体现出来的考试决定权、评价权、监督权、处罚权（统一称之为考试权）体现了国家对考试的控制，具有支配力和强制力，属于行政公权，是国家权力的重要组成部分。孙中山早在1924年《国民政府建国大纲》中就提出考试权是五种国家权力之一。他认为："考试权必须独立，与行政、立法、司法等部门处于平等地位。"至今我国台湾地区仍然设置"考试院"，只是其主要职能是公务员管理，高等学校的招生入学考试则由"大学入学考试中心"负责组织和实施。

（3）建设诚信的考试环境需要政府发挥主导作用。"国无法不立，人无信不诚"。诚实守信是社会的要求，是做人的根本，也是中华民族的传统美德。但是我们同样看到，在国家考试中屡屡发生的违纪、作弊等诚信缺失的现象，不仅损害了广大参考人员的利益，也恶化了社会的诚信环境。由于建设诚信社会是一个长期的历史过程，在这一历史进程中，社会和广大参考人员是不放心完全由

---

① 原国家教育委员会：《关于进一步加强普通、成人高等学校招生全国统一考试管理工作的意见》，1995年2月23日。

市场行为来主导国家考试的。

2. 公务员考试权属于人事权力

从与教育的关系上讲，公务员考试权是教育权的后续环节，当属教育权的范畴；但从公务员考试的制度安排和社会功用上讲，则是人事权的前设环节，具有较强的人事权的属性。它实际上是介于教育和人事之间、横跨和联系两者的一种权力。但究其本质而言，公务员考试权的设置虽然具有教育功能和体现教育对社会资源分配的功能，但这两大功能最终却是通过人事安排的途径实现的，其直接解决的是人事问题。因此，公务员考试权与其说属于教育权的范畴，不如说可以归入人事权的范畴，是保障人员通过教育进入公务员录用和晋升高一级职位的准入权。

这一结论有着坚实的历史根基。中国习惯上把科举考试誉为"国家的抡才大典"。我国台湾学者李华民先生对这个问题的表述是："考试系国家选拔人才之正途，乃为中外人士所公认"[1]，直接将考试视为一种人事制度。中国检察出版社1995年版《中华法学大辞典·宪法学卷》对考试权性质的表述为："国家考选、任用、铨叙各级公职人员，依法应领取证书的专职与专业技术人员的人事权力"[2]。可见将考试权定性为人事权力，应当是看待这个问题的主流观点。该权力的具体运作方式是：政府考试机构代表国家，基于考试法律规范赋予的法定职权，在公开、公平、公正的程序下，依据确定的标准对应试者进行测评，分配人力资源、教育机会、就业机会等社会资源，进而对应试者权利义务产生间接或直接影响的公务性行政行为。中国自古就有重视教育的优良传统，但考试制度及考试权的设置，在古代是被作为一种政治制度加以规定的，不仅仅是教育制度。所以，虽然科举考试制度不知让多少代的国人魂牵梦绕，但是在堂皇的历代正史中，从来就没有过专门记述教育和考试的《学校志》或《教育志》。究其原因，在于这方面的内容与科

---

[1] 李华民：《中国考铨制度》（第二版），台湾省五南图书出版公司1986年版，第91页。

[2] 许崇德：《中华法学大辞典·宪法学卷》，中国检察出版社1995年版，第319页。

举考试制度一起，都隶属于《选举志》——正史的这种结构安排典型地反映了中国古代对考试权的认识。

三 公务员考试权的特征与功能

如何实现公平与效率的统一，是考试科学领域极具现实意义的问题。在哲学意义上，价值是指"客体的存在、作用以及它们的变化对于一定主体需要及其发展的某种适合、接近或一致"①，亦即客体对主体的满足程度，或被理解为"事物同一定主体发生关系时所产生的作用、效果的特定质态"②。由此可以理解，公务员考试权的价值是考试权的存在、属性、作用及其运行对满足考试主体和考试客体需要的实际意义。

（一）公务员考试权的价值目标

公平与效率及其二者之间的博弈，是人类活动的永恒主题。有人将公正与效率的关系比喻为"蛋糕分割"现象，效率是"蛋糕的大小"，即在多大程度上达到了考试录用政策的人才效果和社会效应；公正则意味着"如何分割这块蛋糕"，即让最优秀、最具竞争力、最合适的人获得公务员资格。因此公务员考试权既要追求效率的目标——使蛋糕做得又大又好，又要追求公正的目标——使蛋糕合理地分配。效率所追求的是以最优的方式来实现公正的目标，公正的获取是在具有效率的前提下实现，如果没有效率这块"蛋糕"，也就无法对"蛋糕"进行分割，公正也就无法实现。公平价值的选择体现在公务员考试权运行中，应是以社会各阶层均享有竞争公务员职位的机会均等、公平竞争、受到平等的结果对待等方面。

在行政管理过程中，涉及效率与公平选择的环节，我们强调

---

① 谭鑫田等：《西方哲学辞典》，山东人民出版社1991年版，第212页。
② 李德顺：《普遍价值及其客观基础》，《中国社会科学》1998年第6期。

"效率优先、兼顾公平"原则。但是在公务员考试中，就要二分地看问题：把公务员职位考试当作社会稀缺资源，就需要效率或最优状态，达到帕累托最优，即任何偏离该状态的方案都不可能使一部分人受益而其他人利益不受损。而在公务员条件选择上，不能一味强调效率优先，而使一部分有权利考试的人失去平等竞争的机会。参加考试是公民的一项政治权利，站在考生的立场上，在考试权利行使领域，讲求公平比讲求效率更有价值，即应坚持"公平优先、兼顾效率"的原则。因为考试分数的差距只是竞争的结果，而出发点必须是公平的，"在一定意义上，公平是效率的基础和条件，没有它，效率就会因公平的缺乏而减低或停滞"[1]。所以，公平是公务员考试权运行的重要价值导向。具体来讲，应从以下三个方面把握。

1. 把公平原则作为公务员考试权运行的价值基础

公务员考试权的运行要靠政策来推动，也要靠政策来保证。在公共政策不公平的情况下，是不可能有公正的公共政策执行后果的。人们追求的政策公平首先应是制定公共政策的价值原则及公共政策本身的公平，因为政策执行的公平是由政策本身的价值公平所派生出来的。因此在制定考试政策的时候，要把公平作为首要的价值准则，使公务员考试权的运行建构在公平的根基之上。

2. 把公平原则作为公务员考试权运行的价值导向

即在公务员考试实践中，从考试设计到考试实施、考试结果与处理、考试质量分析的各个环节，都应当遵循公平原则。"公平则带有明显的'工具性'，它所强调的是衡量标准的'同一个尺度'，用以防止社会对待中的双重（或多重）标准问题。"[2] 公平理念使考试权行使主体更加明确考试政策的责任和意义，在执行考试政策过程中画出一条相对明朗的基线，为考试政策的合理化提供一个价值尺度。因此，在公务员考试的实践过程中，坚持把公平原则作为

---

[1] 滕长宏：《试论大学生就业协议的违约金条款的缺陷、根源及对策》，《民商法网刊》2008年第6期总第30期。

[2] 吴忠民：《关于公正、公平、平等的差异之辨析》，《中共中央党校学报》2003年第4期，转引自人民网（http://opinion.people.com.cn/GB/8213/56588/56589/3949611.html）。

考试权运行的价值导向，可以保证公务员考试价值目标和考试目的的实现。

3. 把公平原则作为公务员考试权运行的价值评估准则

价值评估是在企业管理与运营过程中比较常见的概念。企业的目标是价值创造最大化。价值创造是能动性的、连绵不断的，只有追求持续的价值创造，才能使企业之树常青。企业价值评估就是通过科学的评估方法，对企业的公平市场价值进行分析和衡量。价值创造是目的，价值评估是基础，因此两者密不可分。同样，在考试领域，同样需要对考试的价值进行评估。考试价值是"考试主体与考试客体相统一的一种'特定质态'，而并非某种考试实体'单方面的存在或属性'"[1]，考试主观价值取决于考试功能对考试主体需要的满足，是考试主体对考试客体价值的主观认同；考试的客观价值，是从考试客体对考试主体作用的角度审视考试客体的价值，它是考试客体"给予主体提供利益或效益的一种描述"[2]，体现为考试功能对于考试主体所具有的实效。但无论是考试的主观价值还是客观价值，对其大小的评估，必须以公平为准则。公务员考试权的良性运行，其价值目标是有效地把优秀人才录用到公务员队伍中，而这一价值目标的实现，有赖于公务员考试质量的不断提高。因此，在对公务员考试质量进行评估时，必须把公平的原则贯穿于全过程，不断提高考试的质量。

（二）公务员考试权的特征

基于公务员考试权的性质和价值分析，或者从考试权设置的初衷与自身属性的要求考察，考试权具有以下特征。

1. 权威性

公务员考试权的权威性特征主要体现在三个方面：一是行使主体权威，有权组织考试的主体是国家，政府公务员考试主管部门代

---

[1] 廖平胜：《考试学原理》，华中师范大学出版社2003年版，第137页。
[2] 张华夏：《主观价值和客观价值的概念及其在经济学中的应用》，《中国社会科学》2001年第6期。

表国家行使考试权。其他任何单位、组织和个人都不能行使，如果其他任何单位、组织和个人行使考试权，则必须具备相应的资质，并且经政府公务员考试主管部门授权或者委托。二是考试命题权威，参与考试命题的人员应当是该考试科目领域内公认的学术权威群体，并且熟知考试科学规律，能够把学科知识与公务员必备的能力素质要求结合起来，在题型安排和考题设计方面，应当体现科学性，确保考试的信度和效度。三是试卷评审权威，对试题应当由命题人员采用该科目领域的学术通识，拟定清楚明确的参考答案和评分标准、评审要求；阅卷人员应当具备相应的资格，能够严格按照标准答案和评审要求进行客观评判，尽可能地减少评分误差，保证考试结果权威。

2. 公正性

公务员考试的价值基础是公平公正，所以，公正性是公务员考试权的重要特性，主要体现在：一是参加考试机会的公平性。凡是由国家行使考试权范围所组织的考试，在报名方面原则上都应当向全体社会成员开放，对于报考资格除了有消极性条件的规定外，不得有性别、出身、职业、民族、宗教信仰、财产状况等限制。二是考试实施的公正性。为保证公务员考试权的规范运行，必须有一整套切实可行的规章制度和技术规范来保证考试的公正举行。三是违纪处理的公正性。应建立健全包括行政责任和刑事责任在内的、关于考试违章处理的处罚体系，切实做到"有法可依、有法必依、执法必严、违法必究"；对于违反考试制度、超越权限、弄虚作假、徇私舞弊的行为，坚决予以查处，并按照相关规定严惩不贷，真正把依法治考落到实处，以保证考试公正。四是结果使用的公正。考试成绩是对考生自身能力与素质的数字化评价，是考生能否进入公务员队伍的重要依据。所以在考试结果的使用上要做到分数面前人人平等，不论出身、资历、学历，按照划定的分数线确定人选。

3. 程序性

必要的正当程序是保证考试权合法性的前提，如果可以随意或任性，考试权的行使就会陷入不严肃状态，其权威性、公正性和有效性就难以得到保障。因此公务员考试权必须严格按照法定程序进行运作,不能违反。从招考、公告、报名、命题、考试、批阅、结果公布、录取,每个环节都应当是事先确定的,并且每个环节的工作要求都应当是具体明确的,不容省却和简化,不能更改和违背,不得随意扩大或缩小。由此而言,考试权的规范行使从某种意义上讲就是要强调对考试权的行使程序进行规范,使考试权得以在法定的程序轨道上有序运行,保证公务员考试活动有序推进。

(三) 公务员考试权的功能

价值与功能虽然有着显著的差别,但在社会意义上联系密切。作为一种国家选才制度框架下运行的特殊权力,公务员考试权价值目标的实现过程,实际上是考试权运行所产生社会功能的外显性表达,主要体现在以下几方面。

1. 支持公平竞争,促进社会公正

公正、公平和平等是现代社会中具有支撑意义的理念,虽然公正和公平有很多相一致之处,但二者之间还有着不小的差别。其最重要的分野在于,公正带有明显的"价值取向",它所侧重的是社会的"基本价值取向",并且强调这种价值取向的正当性;而公平则带有明显的"工具性",它所强调的是衡量标准的"同一个尺度"。显然,工具理性要以价值理性的实现为目标。罗尔斯著名的"公平的正义"的命题实际上也说明了二者之间的这一关系。为了确立一种真正的、没有任何偏见的、不受任何群体利益左右的社会正义、社会公正的理念,罗尔斯设定了一种纯粹的、纯净的背景条件——"无知之幕"(veilofignorance)[①]。罗尔斯指出,所谓无知之幕,是"假定各方不知道某些特殊事实。首先,没有人知道他在社会中的地位,他的阶级出身,他也不知道他的天生资质和自然能力的程度,不知道他的理智和力量等情形。其次,也没有人知道他的

[①] John Rawls, *A Theory of Justice*, Cambridge, Massachusetts: The Belknap Press of Harvard University Press, 1971, pp. 136 – 137.

善的观念，他的合理生活计划的特殊性，甚至不知道他的心理特征……再次，假定各方不知道这一社会的经济或政治状况，或者它能达到的文明和文化水平"。罗尔斯试图通过这种方式，"旨在建立一种公平的程序，以使任何被一致同意的原则都将是正义的"。由此而产生的正义、公正的理念就是"公平的正义"。

考试权的设定，最明显的价值取向是追求公平公正的选才原则。首先，在选才范围上，考试权的行使面向全体社会成员，只要符合报考的一般条件，可以不受性别、出身、职业、民族、宗教信仰、财产状况等情况的限制，都能通过自愿报名参加公务员考试。因此考试权的设定，体现了罗尔斯"无知之幕"的思想，在选才范围上，人们必须处于"无知之幕"的背后，即不应该知道有关考生个人及其社会背景的任何特殊事实，将所有能够影响公正选才的事实、知识和信息都过滤出去。被"无知之幕"遮住的东西有：每个人的社会地位、阶级出身、天生资质、理智能力等；每个人自己关于善的观念、合理的生活计划以及心理特征等；每个人存在于其中的社会之政治和经济状况，以及这个社会所能达到的文明程度和文化水平等。由此保证了在参与的广泛性方面体现了对全体社会成员的公平对待，没有任何的门户偏见，实现了机会平等。其次，在试卷的评阅方面，公务员考试权行使所适用的标准是一致的，所有的试卷都是依据参考答案和评分标准，尤其是公务员录用考试的《行政职业能力测验》科目，即使给定的标准答案不准确，但是对所有应考人都是统一适用而没有例外。因此，考试权的设定，在评判标准方面体现了对所有应考人的公平适用，没有个体差别的偏见。再次，在进入面试分数线的划定和进入考察人选分数线的划定方面，考试权的行使尺度相同，标准一致，所有应试人依据考试分数，实行"分数面前人人平等"，落实了公平的原则。

公务员考试权对于公开平等、竞争择优原则的支持，在制度层面上建立了一套公平公正的科学选人机制。这种机制从形成、发展到不断完善始终体现了公平竞争、唯才是举和平等公正的原则；同时，作为一项机制被确定以后，进一步为实现公平竞争、促进社会公正提供了制度保障。从历史上看，自科举考试制度确立以来，考试权的运行解决了历代政治制度对社会开放的问题，在这样开放的社会流动过程中，社会达到均衡。近代解决了人才观的转变，人们不再在科举官场这唯一的出路中倾轧。中国没有经过商品经济的养成过程，但高考制度（"文革"时期除外）倡导、实践、显示了社会公正、公平、公开，从而在制度框架上培养了社会理性，实现着政治统治的合法性（人民当家作主的权威）与政治管理的合法性（高考制度的权威）的统一，并由老百姓的信仰所证明。在当代中国公务员考试权运行过程中，严格的考试程序所达成的共识是保证公平竞争、促进社会正义的必要条件，其基本的操作规程、解决冲突的方法，使考试权运行在规范的制度化程序上塑造了社会正义。目前，我国正处于社会转型、政策多变的历史时期，公务员考试权唯有始终不渝地支持公平竞争的理念不动摇，才能使考生在参加考试的过程中，不但有平等社会地位的追求和实现，还有渗透到千家万户的对这种平等社会地位追求的信念。这种具有自发性、内生性的信念，比起在政治形态上综合成一个权威要容易，也更易通过对这种社会正义的倡导和塑造，使民主法制建设更具基础而非流于制度层面。

2. 强化国家意志，实现科学制导

公务员考试权的科学运行，必须以设计科学、实施规范、结果真实、使用公正为前提，否则，考试权运行必然失范。而公务员考试权的科学运行，"可以加强全国人民对政府的向心力。无论他们属于哪一个种族，亦不论他们居住何方，皆可经由考试而加强他们与政府之间的关系，使他们对国家更为忠诚"[①]。从事实上看，无论历史上的科举考试，还是西方的公务员考试，以及高考和职业资格考试，都是将国家意志、社会主体价值观通过考试政策法规、考试内容、考试结果应用方式等予以强化，使考生接受、认同、内化

---

① 台湾"考试院"：《中华民国考选制度》，正中书局1983年版，第2页。

成为自己的行为自觉，以缩短与政府之间的距离。公务员考试更是如此，把我国的大政方针、社会制度、党政干部的价值准则，以报考条件、考试内容、录用标准等方式体现于选才、用才的标准中，对考生形成强势传导。考生在备考应考过程中坚持以国家意志的指向为自己的奋斗方向，最终按照国家统治的要求和政府治理的需要塑造自己、发展自己、完善自己，从而成为国家机器上一枚合格的"螺丝钉"。

引入市场供求理论。如果说把政府理解为需求方，把考生视为供给方，那么公务员考试活动则是连接政府和考生的中介，也是实现党政人才资源配置的机制。而党政人才资源的现实配置，是以人才"余缺信息为基础、供求标准为条件、质量评价结果为依据的"①。同各类职业资格考试、高考和技术等级考试一样，公务员考试的目的、考试内容和考试标准、考试方式、结果使用，是反映领导人才需求标准的直接形式和国家机关用才标准的直接体现，给社会有志于投身公务员事业的人才提供动力和导标。作为社会成员如果确定把从事公务员工作作为自己的职业选择，则必须按照公务员考试提供的职业标准为依据，确立奋斗目标和学习的内容，从而不断提高自己的素质和能力，最终实现与拟任公务员职位的能力和素质要求相匹配。

3. 优化人员结构，提高行政效能

无论是建立廉洁高效政府的需要，还是发展社会经济的需要，数量充足、素质过硬的人力资源都是必不可少的。国家的强盛、民族的振兴、社会的发展、经济的繁荣，说到底都需要大批量合格的人才来实现。但是，无论是一个国家、一个地区，还是一个单位、一个部门，在人员的数量和质量状况一定的条件下，要提高生产效率和效益，主要取决于对部门人员的优化组合，形成具有最佳感应功能和互补功能的人员群体结构。这种优化组合有两种形式：一是

---

① 廖平胜：《职业技能鉴定的社会功能》，载《职业技能鉴定概论》，华中师范大学出版社1995年版，第49页。

静态性优化，即人力资源的数量、质量不变，对原有人员按照一定的原则进行重新配置，达到人职匹配、人事匹配、人人匹配，形成合理的人资结构。二是动态性优化，即在人员进出呈现动态平衡的状况下，对于所进人员按照拟任职位的能力素质要求、现有人员能力素质结构的现实需求和组织文化的潜在追求，配置新进人员，使配置后的人力资源结构合理、功能互补、感应力强。无论是静态性配置还是动态性配置，都必须做到客观辨才、准确选才、施事因才。而要做到这一点，必须借助考试这一工具，而且上述目标的实现，必须保证考试权力规范运行，实现主考公平、施考科学、用考公正。

公务员考试也是如此。无论是我国历次的行政管理体制改革，还是政府职能转变的努力，说到底都是人事制度改革，之所以没有收到理想满意的效果，一个十分重要的原因，就在于过分强调裁员消冗，而没有注意到公务员结构的优化组合。也正因为如此，目前推行的"大部制"改革明确提出，大部制不是简单的裁员消冗，而是功能整合。无疑，公务员考试是优化组合公务员队伍结构的有效手段。在公务员考试权的规范运行下，在考生的设计与实施上，直接使用国家统一制定的标准，或以部门职能或以岗位职责对履职人员的能力素质要求为依据，运用科学的考试方法规范施测，准确使用考试结果，为公务员的甄选和配置提供较为全面真实的信息资料，使部门在人事配置方面真正做到按需选才、因人施事，实现人与事相配、能与职相称、人员结构与部门目标任务的需求有机耦合。在此种情况下，行政效能的提高必然水到渠成。

4. 控制用人质量，严防徇私腐败

2008 年，中组部部长李源潮在一次会议上强调："用人上的不正之风具有很强的顽固性，整治用人上不正之风，必须有更强的战斗力。"[①] 公务员考试权，无论是决定权、执行权和监督权，还是考试设计权、施测权、阅卷评分权、结果使用权以及考试质量评价

---

① 《中组部出拳发出整顿吏治强大信号》，2008 年 8 月 27 日，人民网。

权,其规范运行,都是为了在公开、公平、公正的原则上对考生的能力素质进行"公正评判"。正如"政府机构每一阶层的考试,其目的是想防止政客徇私,把工作给予支持他们的人"①一样,公务员考试对于国家公务员的选任,既是量尺,也是门槛,不管是差尺短寸,还是翻越不过门槛,都不能进入录用之列。所以,公务员考试权的规范运行,对于促进社会风气的扶正,防止"任人唯亲""任人唯顺"等用人上的不正之风,遏制徇私腐败有着积极的作用。公务员考试权的规范运行,需要有一套规范的公务员考试制度与之相匹配。邓小平指出,"制度好可以使坏人无法任意横行,制度不好可以使好人无法充分做好事,甚至会走向反面"②。邓小平的话,说了两点:一是制度与人的关系十分重要;二是制度的好坏与人的关系更重要。公务员考试权如果在好的人事制度环境中运行,就能够保证选拔出合格的人才,各项事业也就有了坚实的基础;反之,如果用人制度不能保证选贤任能,那么最终是"祸国殃民",损害事业。所以,在制度建设上,必须以公务员考试权的规范运行为目标,实现公务员考试制度与公务员考试权规范运行的良性互动。

5. 促进社会流动,维护社会稳定

公务员考试权的设置对于调控人才布局、促进社会流动、扩大政权基础、维护社会稳定具有重要的意义。主要体现在:一是通过考试权的运作,在社会各阶层之间建立起稳定的流动机制,促进社会各阶层的人员流动。公务员考试不分出身、性别、民族、地域等因素,只要合乎条件的人员都可报考,通过考试获得从事参与国家政权、掌握国家政权的资格和身份,使国家治理源源不断地输入新鲜血液,保持内在活力;对在岗公务员而言,由于面临众多合格人才录取或录用的压力,自然会在优胜劣汰的竞争机制中保持勤奋敬业,不敢疏忽懈怠,有利于加强公务员队伍建设。二是稳定社会人

---

① Max A. Eckstein, Harold J. Noah, *Secondary school exminations—international perspestives on policies and practice*, Yale University, 1993, pp. 14 – 15.

② 《邓小平文选》第2卷,人民出版社1992年版,第333页。

心，扩大统治基础。由于公务员考试权是由国家来行使，国家可以运用考试这一手段，强化国家意志，形成政治动员，引导社会各阶层人员自觉地接受社会主流价值观，最大限度地扩大统治的思想基础。三是化解社会矛盾，维护社会稳定。建立在平等、公正价值基础之上的公务员考试权，其规范运行为符合条件的每一位社会成员提供了进入国家政权的平台，畅通了社会成员的利益诉求和政治表达渠道，有利于社会矛盾的化解和社会秩序的稳定。

6. 育、选、用一体，学、教、治互动

公务员考试是沟通教育和国家治理的纽带和桥梁，公务员考试权的规范运行能给社会提供科学的导向，把国家意志和政府对工作人员的需求准确地向教育战线传达，有效促进教育事业的改革与发展。"学以致用"是教学的主要目的，职业不仅决定了教育的培养目标、主要任务和发展方向，而且还必然对教学内容、教学方法和教学安排产生明显的引导作用，而这种引导作用的发挥更多的是通过考试来体现的。在公务员选任中，公务员考试将职业对人才标准的要求通过考试目标、考试内容等方式进行表达，引导教育的目标与职业的目标相一致。从学习的视角看，考试是压力，更是动力，它能使学习者强化学习动机、激发学习兴趣，培养进取精神，引导奋斗方向，促进能力提升，不断强化自身素质。公务员考试的科学实施，有利于帮助志愿献身公务员事业的人加深自我认知，查找自身不足，更加坚定努力掌握科学文化知识的信念和求实创新的志向，为今后加入公务员队伍、胜任公务员工作打下坚实的基础。

第二章　公务员考试权的发育及"话语流变"

当代中国公务员考试权的确立是一个历史过程,其既有科举制度时代科举考试权历史基因的养分滋养,又有对孙中山考试权独立思想的扬弃,还有对西方发达国家公务员考试制度理论的借鉴与创新,更有我国改革开放以来干部选拔制度变迁实践的强基和固本。因此,从不同的时间和空间对公务员考试制度进行研究,在制度环境里对我国公务员考试权进行解构式分析,摸清我国公务员考试权确立的渊源、时代背景,运行的支持条件和实际功能的发挥状况,对于深入研究当代中国公务员的规范运行,对于公务员考试权运行失范的有效控制不仅必要,而且必需。

一　根基：科举考试制度

中国是考试的故乡,从世界范围内来看,公务员考试制度起源于中国的科举制度[①]。但我国公务员考试制度的历史不长,起始于20世纪80年代,是我国政府在借鉴英美等西方发达国家文官录用

[①] 西方学术界有大量关于公务员制度起源于中国科举制度的论述。比如：美国学者罗纳德·S. 苏（Leonard S. Hsu）所著的《孙逸仙——他的政治和社会理想》,美国学者唐纳德·F. 莱茨（Donald F. Lach）所著的《亚洲对欧洲的影响》一书,美籍华人学者邓嗣禹发表的文章《中国对西方官员考试制度的影响》,美籍华人 Y. Z. 常（Y. Z. Chang）所写的《中国与英国公务员制度改革》等文章都说明了西方国家借鉴中国古代的科举制度以建立公务员制度的事实。

考试制度的基础上建构的。就公务员考试权的确立与发展过程而言，则伴随着科举制度内核的西传与东渐，经历了一个漫长的历史演绎过程。所以，从渊源上讲，科举考试制度是我国公务员考试权得以确立的历史根基。

（一）科举前身

在五千年的历史长河中，我国人才选拔制度历经禅让制、世卿世禄制、选士制、察举制、九品中正制等阶段，这些选人用人制度为科举制度的产生奠定了坚实的基础。

1. 禅让制

禅让制是部落联盟推选领袖的制度。禅让制不仅流行于上古时期，也见于封建时期。在封建时期，以禅让制完成的政权更迭包括：西汉新朝八年，西汉的孺子婴禅让给新朝的王莽；220年，东汉献帝刘协禅让给曹魏文帝曹丕；618年，隋恭帝杨侑禅让给唐高祖李渊；等等。禅让制反映了劳动人民的民主观念，并在一定程度上反映了当时的生产力和生产关系。历史的车轮总是向前的，这种制度也随着生产力的发展而被取代。

2. 世卿世禄制

从渊源上看，世卿世禄制与世袭制是紧密相连的概念。上古时期，大禹死后将王位传于儿子启，自此开始了中国历史上的世袭制时代。这种传承主要有"家长"的传承，诸侯国的传承，通常有父死子继和兄终弟及两种方式，具有极强的封建性。因此，世袭制特指某专权一代继一代保持在既定血缘家庭中的一种社会概念。西周时期的世袭制，是生产力发展导致阶级分化而产生的，在一定程度上反映了生产力的发展水平，是历史的进步。

世卿世禄制早在西周时期已经形成。卿是古代高级官吏的称呼，世卿就是天子或诸侯国以下的贵族，世世代代父死子继，继承官位；而作为官吏所得经济利益而存在的禄，随着卿的世袭，同时也被世袭。郭沫若在《中国史稿》中论述西周政治制度时指出："各种各样的官吏大都是世袭的，世代享有特殊的、神圣不可侵犯的地位。"杨宽所著的《战国史》指出:"在周王国和各诸侯国里,世袭的卿大夫便按照声望和资历担任官职,并享受一定的采邑收入。这就是世卿世禄制。"

世卿世禄制作为一种职官制度,废于商鞅变法。《史记》载,秦国规定"宗室非有军功论,不得为属籍。明尊卑爵秩等级,各以差次名田宅,臣妾衣服以家次。有功者显荣,无功者虽富无所芬华"。该规定明确了贵族身份之高低,所任官职之大小。职务收益之丰寡,均按照军功大小来确定。这从根本上动摇了世卿世禄制的政治根基,沉重打击了奴隶主旧贵族,催生了新的官员选拔制度。

3. 选士制

早在西周时期,就已经开始在学校教育的基础上选士做官。后来由于礼崩乐坏,天子失官,学在四夷,学术下移,士人流离,西周时期经学校教育制度培育、选士考试制度选拔出来的"士"逐渐成为春秋时期社会上一个新兴的阶层"士"。公元前221年秦王朝建立,中央集权的统一帝国将游士们纳入国家的政治体系之内。由秦王朝创造的这种中央集权的官僚帝国模式,在汉王朝进一步巩固,为后世选举人士的制度化提供了可能。将选拔性的考试作为教育过程的组成部分,并将考试与教育互相配合、相互衔接,是选士制度的重要特点。这种特点不仅促进了文化教育的发展,为中国古代选士制度奠定了基础,更对后世的考试制度产生了深远影响,但其本身具有鲜明的阶级性和等级性。

4. 察举制

西汉大一统时期,为巩固地主阶级的统治,重建专制主义中央集权,察举制应运而生。察举制的建立标志着中国古代选士制度进入了一个新的时代。"察举",又称荐举,即经过中央和地方各级官吏考察人才后进行举荐,并对被举荐者采用"策问",是在先秦乡里举荐制度基础上发展起来的选官制度,从汉高祖刘邦时期开始,到西汉中期武帝时期渐成定制。据《汉书》卷六"武帝纪"载,汉武帝元光元年(前134年),"初令郡国举孝廉各一人"。自此,岁举孝廉便开始成为两汉察举的常行科目。察举制的优点在于推荐者能够全面考察被推荐者，包括学问、德行、修为甚至家世根底；缺点在于容易产生营私、结派、请托、谬滥等问题。到东汉晚期，察举制弊病尽显。东汉阳嘉元年（132年），时任尚书令的左雄奏请改革，即为"阳嘉新制"，又称"左雄改制"。

5. 九品中正制

东汉以后的魏晋，虽然察举制度仍得以保留，但在选官制度上广泛实行的是九品中正制。该制度是魏晋南北朝时期重要的选官制度，至西晋渐趋完备。九品中正制的主要内容就是选择"贤有识鉴"的中央官吏兼任原籍地的州、郡、县的大小中正官，负责察访本州、郡、县散处在各地的士人，综合德才、门第定出"品"和"状"，供吏部选官参考。这是对东汉后期名士品评人物的制度化。九品中正制是在特定的历史条件下产生的，最终随着士族的衰落而退出了历史舞台。

（二）科举考试制度的历史沿革

科举考试制度肇基于隋，盛于唐，完备于宋，僵化于明，废于清，这是科举考试制度的历史沿革大况。从隋文帝十八年（598年）正式施行，直到清光绪三十一年（1905年）废止，历时1307年。

1. 肇基于隋

科举考试产生于何时，学界颇有争议。我国多数学者以《通典·选举二》中的"炀帝始建进士科"的记述为据，认为科举考试始于隋。其具体时间"是在大业元年（605年）闰七月"[①]。若"从考试制度的角度而论，科举制的诞生是一个过程，可以说，它萌芽于南北朝末，始于隋，而立于唐中"[②]。为克服九品中正制的弊端，到东晋末期，尤其是南北朝中叶以后，人们便采取"罢中

[①] 刘海峰：《科举考试的教育视角》，湖北教育出版社1996年版，第25页。
[②] 杨学为、廖平胜：《考试社会学问题研究》，华中师范大学出版社2003年版，第35页。

正，限年入仕，不拘门资，九流常选，试经授官"①等强化考试在人才选拔中的作用的措施。隋统一中国后，相继废除了"辟署制"和"九品中正制"，打破了魏晋以来士族的垄断统治地位，实行地方官吏一律由中央政府统一任使，大量取用寒门之士，让他们广泛参与国家的管理，自下而上地把人才选拔上来，供朝廷任用，并于隋炀帝大业年间诏令文武职官"依令十科举人"②。大业二年（606年），隋炀帝设进士科，以试取士。隋开科举之风，为士人入仕开辟出一条新的途径，表现出较为公开、公平的优越性。科举考试的创制，不仅是对"封建宗法制度的革命"，而且是中国乃至世界选官考试制度史上划时代的创举，标志着以考试方法取士任官新时代的正式开启，以后很快就成为封建社会主要的官吏选拔制度，历代奉行不替。

2. 完善于唐

唐武德年间，高祖李渊又对选官考试进行重大革新。武德四年（621年）诏令分科取士，并首开改官吏荐举为州、县预试之先河，明确提出："诸州学士及白丁，有明经及秀才、俊士、进士""明于理体，为乡曲所称者，委本县考试，州长重覆，取上等人每年十月随物入贡"③。武德五年（622年）三月，唐高祖基于民间贤能"岩穴幽居，草莱僻陋，被褐怀珠，无因自达"之实情，针对官吏"举非其人，滥居班秩"之时弊，再次下诏强调："招选这道，宜革前弊"，"苟有才艺，所贵适时，洁己登朝，无嫌自进"，"有志行可录，才用未申，亦听自举"④。从此揭开了投考以"怀牒自应"方式进行的序幕，为古代荐举考试制度与科举考试制度的分野立下了界碑。从此，士民可以"皆怀牒自列于州县"⑤，所谓"牒"，记载的是应试者的家庭状况，包括籍贯、父祖、年龄、相貌等，只要

---

① 王汉昌：《中国古代人事制度》，劳动人事出版社1986年版，第104页。
② 黄季陆：《中国考试制度史·序三》，台北：商务印书馆1980年版，第6页。
③ 《唐摭言》卷1。
④ 《大唐诏令集》卷102。
⑤ 欧阳修：《新唐书》，中华书局1977年版，第225页。

其名实相符、德行无缺,一般皆准许报考。托克维尔说:"公平的逐渐向前发展,既是人类历史的过去又是人类历史的未来"①,官员的选拔"从先为荐选(察举),后为考选(科举)的选举制度的演变,体现了一种进入社会上层的单一的最大机会公平的发展"②,标志着自由应考、逐级筛选、平等竞争、以考试成绩为主要取舍标准的科举考试制度已具雏形。

3. 完备于宋

到了两宋,科举取士制度更加完备,并对科举考试制度内容和方法进行了改革:在考试内容上,增设武举、童子举等科,保持了突出重点、仕途多元的势态。进士科独具魁首,诗赋考试退居位次,经义、国策的考试列于首位,这些变化反映了宋代选拔人才侧重实用的特点。在考试方式方法上,宋代还建立了"别头试""殿试"和"誊录""磨勘""锁院"等制度,对于考试公平的价值进行了有益的探索,使科举选拔人才的优势得到了真正显示,出现了中国科举史上的人才高峰,科举取士制度选拔出来的优秀人才为国家和民族的繁荣做出了重大贡献。

4. 僵化于明废于清

明清两朝是中国封建社会经过昙花一现的繁荣之后滑向崩溃的转折期,与国家政权休戚相关的科举制度,也同样经历着由鼎盛走向衰败的历程。明清初期,科举制已经走向成熟,考试施测程序更趋完备,童生、监生、举子、贡士、进士等必须经由"乡试""县试""府试""院试""会试""殿试"等多级环节才能产生,科举制成为国家政治生活中最基本的制度之一。围绕科举制度,封建国家政权建立了系统的法令和法规,交织成国家选拔人才的广阔网络。由于政治生活和科举制度本身所存在的重大弊病,它伴随着封建社会的衰亡而迅速倒向历史的深渊。1905 年,科举制度被作为清末政治改革的一项重要内容被废除。

---

① [法]托克维尔:《论美国的民主》(上卷),董果良译,商务印书馆 1988 年版,第 8 页。

② 何怀宏:《选举社会及其终结》,生活·读书·新知三联书店 1998 年版,第 39 页。

（三）科举考试权的基本内核

作为一种国家权力，科举考试权在科举制度的规制下为封建社会选拔了大批的领导人才，对于推动社会进步发挥了巨大的作用。若对科举考试制度进行审视，则会发现，"公开平等，竞争择优"是科举考试权的基本内核。也正因为如此，科举考试制度能够支配中国社会发展长达13个世纪之久，同时能够跨越国界，并对世界文明产生了重大影响，被誉为"中国的第五大发明"。这种"公开平等，竞争择优"的基本内核主要体现为以下几方面。

1. 怀牒自进，对象开放

科举考试作为人类封建社会的相对完备的国家考试制度，是一种开放的地方预选和全国统考相结合的政治制度，既是我国封建等级社会的产物，也是对封建社会的人才选拔之等级、门第观念的否定。就招考对象而言，它公平开放、超越阶级。它打破了封建血缘和等级关系的束缚，提倡一种公平向上的社会风气和公平竞争精神，凡士子皆可应考，并以自由报考方式参与竞争和接受挑选，成绩优秀的话，无论身份及出身如何，皆可被选拔上来，为官入仕。在我国封闭性自然经济和集权专制统治的社会历史条件下，科举考试这种开放报考的制度，为社会成员凭借个人身心素质水平进行社会流动开辟了合法管道。

2. 内容明确，标准统一

中国在实施科举考试的1300多年间，始终坚持以儒家学说为考试主体的内容，实现了考生在考试内容竞争上的公平。在这一考试"指挥棒"作用下，所有举子为了入仕，为了获取功名，无论家境贫富，都必须自幼苦读儒家经典。在我国古代社会，人心向学，学子刻苦学习的典故比比皆是。也就是说，在我国科举考试的主体要素考试内容上，科举考试依然体现着公平的精神。在考试标准上，科举考试从一开始就以统一考试和选拔标准来体现社会公平的原则，开宗明义地把文化水准看作选择行政官吏的首要条件，"一切以程文为去留"，把考试成绩的优劣作为官员录用与否的客观依据。毋庸讳言，在科举时代，血缘、权势、金钱等在人才选拔任用中仍有一定的影响，但作为一种国家权力，科举考试权运行的结果是，取人任官的标准除极少数情况外都是应考者的才能，以考试成绩取才是科举考试的根本特征，其根本目的是甄选优秀之才为行政治国所用。科举考试所坚持的"一切以程文为去留"的人才评价标准，"学而优则仕"的价值导向，"促进了阶层的纵向流动"和政治职位的开放，扩大了封建社会的民主，缓解了"统治阶级内部、统治阶级与被统治阶级之间的矛盾"①，维护了社会的安定和封建政府的政治秩序，调动了办学和求学、自学的积极性，促进了教育事业的繁荣发展和勤奋好学社会风尚的形成，使考试成为我国古代社会中一种催人好学上进、规范社会流动秩序、导引社会流动方向、推动社会发展的有效机制。

3. 客观公正，竞争择优

唐宋以来，为保障科举考试制度的公正性，逐步建立起了一整套管理制度和保障措施，增强和保证了科举考试的权威性、严肃性，建立了客观公正的竞争平台，使一大批优秀人才脱颖而出。在推行科举考试的13个世纪中，我国举行科举考试近800届，应试士子数以千万计，及第者不过百万人，其中进士仅11万人。据徐松所著《登科记考》等史料记载，唐代科举考试的录取人数起初每年仅一二十人而已，即使到了后来录取人数有所增加，每年最多及第人数也才50人左右。虽然宋王朝统治者广开科举全面推广文官治国政策，使科举取士名额迅速增长，但每次考试及第者仍在400人以下。科举考试竞争之激烈"较之今日的甲等特考或高普考试，难度是有过之而无不及"②。为了使这种激烈的竞争客观公正，讲求效率，科举考试从施测到评卷均有严密的程序控制，用以规范主试和考试主体的行为。如，唐代为防止考官舞弊，就创建了"别头试"制度，规定考官子弟不得与一般考生同场考试而须单独考试。

---

① 杨学为：《废科举百年祭》，《中国考试》2003年第10期，第9页。
② 徐有守：《中外考试制度之比较》，台湾"中央"文物供应社1984年版，第284页。

此法于宋代成为定制，并革新为"类试""牒试""宗子试"。随着科举考试的健全与完善，还创立了诸多防弊之法，如"弥封""誊录""对读""磨勘""锁院"等行之有效的措施。到清朝时期，考试规程更为严密，不仅沿用历代各种防弊措施，而且实行官、民分卷之法。康熙三十九年（1700年），"帝以缙绅之家多占中额，有妨寒俊进身之路。殿试时，谕读诸臣，是科大臣子弟置三甲，以裁抑之。寻诏定官、民分卷之法。乡试满，合字号二十卷中一，副榜如之"①。正是这种规范化、制度化的考试规程，才确保了科举考试制度的科学与公正。

（四）科举考试权对当代中国公务员考试权的借鉴意义

1. 考试目的：造就高素质的领导人才队伍

"为政之要，首在择人"是治国理政的基本规律。在中国，曾有"国有贤良之士众，则国家之治厚；贤良之士寡，则国家之治薄"②的古训；列宁在阐述苏维埃政权的任务时也曾指出："没有具备各种知识、技术和经验的专家来指导，便不能过渡到社会主义"③，并强调："要研究人，要寻找能干的干部。"④ 这表明"一个国家选用什么样的人实施行政管理，直接关系着政府系统的秩序和运转，决定着社会公共事业的兴衰与成败"⑤，尤其"在现代政府系统中，人是决定性的因素"⑥，国家的治国行政能否"产出效率、速度和财富"，全靠素质优良的领导干部去实现。对此，著名行政学家梅耶士在其所著《联邦文官制度》一书中有十分透彻的分析，他认为："不论政府组织如何健全，财力如何充足，工作方法

---

① 刘海峰：《科举考试是否有借鉴之处》，《教育研究与实验》1987 年第 3 期。
② 《墨子·尚贤》。
③ 《列宁全集》第 3 卷，人民出版社 1972 年版，第 501 页。
④ 《列宁全集》第 35 卷，人民出版社 1959 年版，第 542 页。
⑤ 苏廷林等：《社会主义市场经济与公务员制度》，中国物资出版社 1993 年版，第 102 页。
⑥ 黄达强等：《各国公务员制度比较研究》，中国人民大学出版社 1990 年版，第 7 页。

如何精当，但如果不能获得优秀人才到政府中任职，仍不能对公务作有效的实际推行。"而"选贤与能的基本前提之一，又在于推行科学完备的考试录用制度"①，真正把"公开平等、竞争择优"的原则，以及"能力本位观"追求治事效率的核心理念引入国家公务管理人才选任的制度。

"国家公务员的考试不是考学（并非升入高一级学校的考试），而是考官（通过考试选拔国家公务员）——从这一意义上讲，科举考试与国家公务员考试之间的目的是完全相同的。其次，都是通过公正严格（至少在理论上）的文化考试，选优汰劣，使考试中的胜出者进入社会管理阶层——从这一意义上讲，两者之间的手段也是完全相同的。唯一的区别只是在考试的内容方面——科举是考八股文，而现在举行的公务员考试则要涉及政治、经济、文化、社会和管理诸多方面的科学知识。"②科举考试的本质目的，在于巩固强化皇权及维护发展官僚政治。公务员考试从根本上否定了科举考试狭隘的阶级目的，将创新党政人才选任机制，促使优秀领导人才脱颖而出，造就高素质的领导人才队伍，作为创建、推行公选考试制度的根本目的。当前，建立与中国特色社会主义市场经济发展相适应的政治制度体系，转变政府职能，提高行政效能，是国家治理面临的重大时代性新课题。其中最为紧迫的任务，便是如何创设优秀党政人才脱颖而出的环境，如何形成群贤毕至的识才、选才、用才机制，建设一支具有胜任新时期各级各类领导职位能力的高素质干部队伍。因而，实现公务员考试权的规范运行，必须根据"德才兼备""考用一致"的原则，科学设计测评内容和标准，使大批素质优良的党政人才经过公开竞争，源源不断地充实到相应的公务员岗位，进而实现干部队伍结构的优化和素质的提高，不断增强治国行政的效能。

---

① 苏廷林等：《社会主义市场经济与公务员制度》，中国物资出版社1993年版，第102页。

② 胡邦炜：《科举制与现代国家公务员考试》，中国西部知青论坛（http://www.ynzb.com/bbs/dispbbs.asp?boardid=76&id=14357）。

2. 考试标准：严密的程序法规保证选才公开公平公正

竞争是指遵循优胜劣汰法则，各种事物为争取生存和发展而进行的积极反应。① 公务员录用考试是一种竞争形式，但公务员选拔录用考试不同于科举考试制度，要做到公平，必须在考试标准上程序严密，以保证选才的公开、公平和公正。

科举制之所以取代"察举制"和"九品中正制"，就在于它牢固确立了考试在取士任官制度中的核心地位，始终坚持"公开平等、竞争择优"的竞选原则和"一切以程文为去留"的人才取舍标准；近现代东西方资本主义国家之所以誉称科举考试是"人类所发展出的选择公仆的方法中最奇特、最令人赞赏的方法"②，并以此为借镜建立推行文官选拔制度，从而使"政党分肥制""官职恩赐制"退出历史舞台，最根本的也是因为文官选拔引入了"公开竞争考试"的机制。历史证明，在领导人才的选任流程中，"考试居中介之津，当关捩之地"③，没有科学严明的考试制度，领导人才的选任实难把关防奸。这是因为"行政的良窳，全看用人的当否；而用人的标准，则舍公平的考试制以外，再没有更好的方法"④。正如列宁针对苏维埃如何在俄罗斯经济、文化和社会落后的情况下选拔干部的问题时所指出：要"把具有真正现代水平的人才，即不亚于西欧优秀模范的人才集中到工农检查院里来"，就必须"经过极严格的考试来挑选工农检查院的工作人员"，"必须通过国家机关知识的考试"，"必须通过国家机关基本理论、行政管理和公文处理等等基本知识的考试"⑤。同时也是考试自身特有的效能和优良特性所决定的。要达到上述目标，必须有相应的条件支持。

一要有同等的竞争权利。公务员选拔录用时不能因为种族、性

---

① 黄强：《领导科学》，高等教育出版社1992年版，第63页。
② [美] 威尔·杜兰：《世界文明史》第1卷，台湾幼师文化公司译，华夏出版社1999年版，第196页。
③ 沈兼士：《中国考试制度史》，台北：商务印书馆1980年版，第1页。
④ 同上。
⑤ 转引自吴翰飞《中国公开选拔领导干部制度研究》，中国社会科学出版社2002年版，第97页。

别、出身、职业、财产等方面的差别而排斥其中的一部分成员，不让其参与竞争。只有当每一个社会成员都有权参与时，其竞争才有公平的可能。在我国实现公平竞争的一个障碍是公民身份对竞争的限制，如目前所存在的农村户口与城市户口、干部与工人、编制内人员与编制外人员的差别。因此，必须改变这种状况，废除身份制和地域制，以便选拔更多的优秀人才进入公务员队伍。

二要有公正的竞争规则。只有规则公正，才有可能实现公平竞争，如果规则不公正，就没有公平可言。只有当所有人在规则面前都平等时，当竞争的胜负主要不取决于出身、民族、肤色、信仰、性别，而主要取决于当事人的才干和努力程度时，人们才会认为竞争是公正的，才会认可这样的竞争结果。

3. 考试内容：紧扣社会发展对公务员综合素质的实际需求

古代科举考试的内容，开始时也随社会的变化而不断变革更新。如唐朝科举制度考试科目有明经、进士等50多种，不同科目考试内容不同。宋朝王安石对科举考试的内容进行改革，强调通经致用等。明清科举主试八股文，严格限制内容、结构、句式，"八股文章，实于政事无涉"，才导致科举制度逐步僵化。另外，科举考试人才评价的内容观是唯儒独尊，而且千年一贯，以致将科举逼入一条脱离社会人才需求的无法伸延的死胡同。

近年来，我国公务员考试内容几经改革，但仍然存在着不足的方面，如考试内容过于宽泛，不能体现职位履职需要；各地笔试的内容不尽相同，导致命题质量参差不齐；综合考试的内容过于常识化，死记硬背的偏多，不利于发掘报考者的创造性才能；面试、考核环节客观评价体系不完善，受人为因素制约较多；等等。考试是录用科学性和公正性的体现，考试的水平直接关系到录用的质量。公务员考试在测评内容的设计上，紧扣社会发展对党政人才知识、能力、素质的需求，强调"因需设考""考用一致"，以选拔职位对履职的能力素质要求确立测评的内容和目标，坚持共性与个性的有机结合。要从实际出发，建立健全笔试试题评价机制，明确试题评价的标准、程序和方法，提高笔试的标准化水平。要完善笔试内容,建立国家级录用考试公共科目题库和专业科目题库,不同行业录用公务员的试题均从国家题库中随机抽取,确保公正。要改革考核的方式方法,完善考核的标准体系。要尽快改革面试内容,引进无领导测试、情景模拟等面试方式。要建立面试考官分级持证上岗制度和考官随机抽签制度,并实行面试考官负责制,使面试更科学,更具操作性。

4. 考试方法:走专业化、职业化考试道路

与科举制度的考试方法不同,根据《公务员法》,我国公务员的录用考试采取笔试和面试的方法,笔试合格者参加面试。为了真正有效发挥考试在选拔国家公务员方面的重要作用,必须使考试的方法尽可能规范化。首先,采用现代化的结构性测评方法。公务员录用考试的目的是要选拔出合格的公务员,因而这种考试与科举制度的"一切以程文为去留"的录取标准不同,公务员考试应根据公务员工作的特点采用结构性考试方法,其结构由笔试、面试、心理测试、考核等构成。不同部分在总成绩中的比率,根据不同的职责(尤其是不同的职位要求)来确定。但我国公务员考试录用尚处于初创时期,应特别重视笔试部分在总成绩中的比重,以强化考试的客观性和规范性。其次,加强公务员录用考试题库建设。基于对目前一些地方政府组织考试的试卷分析,各级地方政府组织的公务员录用考试试卷专业性、规范性都有待进一步提高,作为公务员考试录用主管单位的人事部门应建立公务员考试试题库(特别是专业科目试题库)。可以按照统筹规划、分头开发、成果共享、有偿使用的原则组织有条件的省(市)共建专业科目考试题库和面试试题库。

5. 考试管理:实行分类分级考试制度

科举取士的等级分为乡试、会试和殿试,不同的生员参加不同等级的考试,但是录取的生员只是获得了一种资格,而不是一个职位。公务员录用考试根据职位来招考,这是公务员录用考试的重要特点,也是对公务员进行科学管理、录用的依据。目前我国的公务员考试并没有和管理上的职位分类法相挂钩,不论学历、年龄、基

本上是整齐划一的考试内容，千人一卷，忽视了个人的学术背景和专业优势。根据职位分类法逐步实现科学的分类分级考试是公务员考录制度走向科学化的重要趋势。可以通过分类考试，针对不同的岗位提出不同的学历要求，将学历与职类相挂钩。一般来说，录用的综合类公务员是重要职位干部的培养对象，行政执法类公务员担任一般职务，录取后为中坚干部阶层，而专业技术类公务员则承担辅助性工作。这种结构设计考虑了职位的特点和要求，可尽量避免人才浪费，充分发挥学有所长。

二 发育：孙中山考试权独立思想与实践

孙中山先生的法治思想体系中，考试权被置于重要地位，他主张考试权独立，应该与行政、立法、司法、监察四权立于平等地位，以凸显文官选拔制度于国家政治的意义。文官选拔制度以用人为本；而用人的标准，以公开考试为较好方法。另外，在五权之互动及关系上，主张"机关分立，相待而行，不致流于专制"且"分立之中，仍相联属，不致孤立，无伤于统一"[①]。这作为考试制度设立的一个原则，对于研究当代中国公务员考试权的确立，有着极为重要的价值。

（一）考试权独立思想的特定意涵

孙中山首倡考试权，并提出了考试权独立的思想。综观孙中山先生的多次演说和著述，关于"考试权独立"的思想，其体系主要包含这样几个独特的意涵。

1. 创制权：独立于"三权"

在西方，按照"三权分立"理论，考试权常被看作行政权的附属科，虽然西方国家也有设立独立考试机关的情况，但是这种独立依然是行政系统下的独立，而非超然的绝对权力。孙中山先生的

---

① 陈旭麓编：《孙中山集外集》，上海人民出版社1990年版，第35页。

"考试权独立",其实是宪法创制中,突破专制君权,直接确立的一种权力,与行政权无关。自隋唐以降,在中国历朝的科举考试制度中,一直没有常设的主持考试的行政机关,每次遇到科举考试大典,都由皇帝临时选派高官大吏为主考官,主持乡试、会试,考试完毕后,主持考试的所有人员各回原任。因此,说考试权从古代行政权分裂出来没有根据,考试任用大权实际是皇权的一部分。应该说,考试权独立是与专制皇权彻底决裂,与其他四权相伴而生的独立,是一种"天然"的独立。在五权宪法构造技术中,这种独立地位不是由于与行政权的分离,而是在运用权力分立原则过程中刻意地回避"三权分立"制度而做的一种宪法创造,它不是独立于行政权,而是突破皇权,独立于五权宪法中的其他四权。

2. 考试院:机构独立

孙中山特别不赞成行政机构执掌官吏考试权,认为"这考试权如果属于行政部,那权限未免太广,流弊反多,所以必须成立独立机关才得妥当"①。因此,要充分发挥考试权的效能,必须设立独立的考试机关,不受政府其他部门的干扰与控制。如果"考试之权仍在行政部之下,虽少有补救,也是不完全的",② 也就无法达到"矫代议之弊,救选举之穷"的目的。考试院与行政院分立并列,可以收到相互监察的功效,只有通过文官考试及格之后,才可以取得任官的资格,则可以此防止行政院滥用私人。而庸劣无才之人,在考试时,未必能被考试院取录。即使偶尔考取录用,行政院掌官吏考绩之权,也会被行政院以考绩不合格而降职解职,由此可达选贤任能的功效。如果考试权仍隶属于行政部之下,则"行政部于考试时既可录取其私人于前,于考绩时,自可庇护之于后也"③。依照孙中山的设想,在未来的国民政府,"在宪政开始时期,中央政府当完成设立五院,以试行五权之治"。④ 在中央政府设立考试院

---

① 孙中山:《孙中山文集》(上卷),团结出版社1997年版,第29页。
② 同上书,第28页。
③ 孔宪铿:《五院政府研究集》,上海华通书局1930年版,第182页。
④ 孙中山:《孙中山选集》(下卷),人民出版社1956年版,第571页。

行使考试权，同时，鉴于"我国地方辽阔，交通不便。若各种考试均在中央举行，窒碍殊多。故在各省区设置考试分院，掌理各种考试及考试行政事务"。①

3. 考试权的行使域：凡官必考

由于被赋予了独立的宪法地位和超然的广泛的考选权，因此一切官吏，包括政务官与事务官，还包括代表民意的公职候选人即议员，皆须经过考试，合格后方能任用。在西方，政府官员分为政务官和事务官，政务官由选举产生，随政党而进退。对于这种制度，孙中山先生并不完全赞同，他批评说，英国的文官考试，"近乎中国之衙门书吏制度，非考试制度"，② 因为"它只能适于下级官吏"。由此可以看出，孙中山就是要把考试制度推广到西方文官制度当中的政务官，主张"国民大会代表及五院职员，与夫全国大小官吏，其资格皆由考试院定之"。③ 也只有实行大小官吏皆须考试的制度，才能实现他"教养有道，则天无枉生之才；鼓励有方，则野无抑郁之士；任使有法，则朝无幸进之徒"的政治理想。不仅政府各部门各级大小官吏必须经过考试才能任用，就是代表民意的公职候选人，如国大代表、省参议员、县参议员和乡镇人民代表，也必须经过考试合格之后才能任用。孙中山曾多次指出，"且为人民之代表，与受人民之委任者，不但须经选举，尤须经考试，一扫近日金钱选举、势力选举之恶习，可期为国家得适当之人才"。④ 若实行考试制度，一省之内，应取得高等文官资格者几人，普通文官资格者几人，议员资格者几人，就此资格中，再加以选举。正是在孙中山这种思想的指导下，南京国民政府时期的文官考试，不仅包括任命人员考试，而且包括公职候选人考试和专门职业与技术人员考试。

---

① 孙中山：《孙中山全集》第10卷，中华书局1986年版，第581页。
② 孙中山：《孙中山文集》（上卷），团结出版社1997年版，第481页。
③ 孙中山：《孙中山文集》第6卷，中华书局1986年版，第205页。
④ 陈旭麓编：《孙中山集外集》，上海人民出版社1990年版，第35页。

（二）权能分立论下考试权独立的价值理想

1. 政权与治权

政权与治权一对概念基于孙中山先生关于权与能的划分。权能分立论，是指权与能相互分离，人民有权，政府有能，这是"五权宪法"赖以建立的基础。它的实质是真实的国家权力在人民手中，人民做皇帝、百官为仆；人民有权、政府有能。1922年孙中山发表《中华民国建设之基础》，第一次表述了"权能区分"的基本原则："政治主权在于人民，或直接以行使之，或间或以行使之。其在间接行使之时，为人民之代表者或受人民之委托者，只尽其能，不窃其权。予夺之自由仍在人民。"[①] 在西方学者看来，人民最怕但又最希望的就是能得到一个万能政府，希望有一个万能政府"为人民谋幸福"，但又怕人民没有办法去节制它。而孙中山先生认为可以通过权能分离，政权与治权相区分的方法，来改变人民对政府的恐惧态度。"欧美现在实行民权，人民所持的态度总是反抗政府，根本原因就是由于权和能没有分开……人民分开了权与能，才不致反对政府，政府才可以望发展。"[②] 如何才能让人民有权？那就是要让人民享有四大直接民权，即选举权、罢免权、创制权和复决权，由民选的国民大会行使。如何才能让政府有能？那就是要实行五权分立，即行政、立法、司法、考试和监察五权分立，并将该权"付之于有能的专门家"。[③] "用人民的四个政权来管理政府的五个治权，那才算是一个完全的民权政治机关。有了这样的政治机关，人民和政府的力量才可以彼此平衡。"[④] 权与能的平衡，政府的治

---

① 胡汉民编：《总理全集》第1集，上海民智书局1930年版，第1026页。转引自王祖志《孙中山五权宪法思想研究新见》，《法学研究》1999年第4期，第132页。
② 孙中山：《三民主义·民权主义》，载《孙中山全集》第9卷，中华书局1986年版，第347页。
③ 孙中山：《五权宪法》，载《孙中山选集》（下卷），人民出版社1956年版，第587页。
④ 孙中山：《三民主义·民权主义》，载《孙中山全集》第9卷，中华书局1986年版，第333页。

权能为人民的政权所控制，民权才有了保障，全民政治才有实现的可能。从孙中山先生以上的议论不难看出，所谓"政权"与"治权"其实在权力根源上是一致的，因此而"没有冲突"。

2. 考试权与其他治权的互动

孙中山先生五权宪法理论有着政权、治权的划分，其中以国民大会为国家的最高政权机关，相应地，治权机关则划分为五个部分行使。孙中山先生把考试权作为治权的一支分派出来，是作为一种不依附于行政的独立权力考虑的，根本上在于治理行政用人制度上的表里不一、任人唯亲。独立设置考试权的意义之一在于发挥用人文主义、民权主义改造过的中国古典选官制度在世界政治舞台上的独特性与优越力量，这种优势是其得以独立自主的依据。考试权与孙中山先生强调忠孝、仁爱、信义、和平等中国固有的道德作为有才能的官僚的任职要件是分不开的，强调"专门家"要忠心为国家做事，要替众人来服务。孙中山先生深受中华"天人合一"传统哲学以及"和谐观"的影响，考试权与其他四权的关系分工大于分权，合作大于制约。孙中山先生认为，"政府替人民做事，要有五个权，就是要有五种工作，要分成五个门径去做工"。由不同的机关去行使不同的国家权力，这是任何国家都存在的，与分权并无多大瓜葛。孙中山认为，"五权宪法是根据三民主义的思想，用来组织国家的。好像一个蜂窝一样。全窝内的觅食、采花、看门等任务，都要所有的蜜蜂分别担任，各司其事……建设一个国家，好像是做成一个蜂窝，在窝内的蜜蜂，不许有损人利己的事，必要井井有条，彼此毫不冲突"①。在孙中山先生的五权宪法中，考试权与其他四个治权地位平等，分立之中仍相联属，不致孤立，无伤于统一。孙中山对政府权力的防范一方面寄希望于官吏的政治道德，这是承袭中国古代"贤人政治观"的一种表现，② 另一方面依赖于人民的四大直接民权的控制。所以，"孙中山先生创立五权宪法的初

---

① 孙中山：《在广州对国民党党员的演说》，载《孙中山全集》第8卷，中华书局1986年版，第572—573页。

② 陈新民：《德国公法学基础理论》（上册），山东人民出版社2001年版，第7页。

衷——五权相维而不抗衡"①，在考试权以及相应机构设立上，主张与行政、司法、立法以及监察四权并立互动，但是，在最初的理论建设上，"制约"的意思远不如"平衡"或者"和谐"来得重要。"平衡"是为达成权力协调统一地运作，形成效能极尽发挥的效果，这种设想似乎有理想主义倾向。因为权能分立理论下的"专门家"政府，是以贤能为主体，而不能以政客为代表的。以贤德杜绝政客舞弊，以才能构建万能政府，是这个设计的主要目标。其实质就是依靠独立设置考试权，以公允的考试标准遴选出来的"贤能核心"打造一个既能够达到防止权力相互倾轧，又要做到权力平衡、统一效能的政府。

（三）考试权独立思想的实践遭遇

孙中山的考试权独立的法治思想在其生前并没有在宪法层面上得到全面落实。1924年1月，中国国民党第一次全国代表大会在广州召开，大会发表的宣言观点，"民权运动之方式，规定于宪法，以孙先生所创立之五权分立为之原则，即立法、司法、行政、考试、监察五权分立是已"②。其后，《国民政府建国大纲》第1条明确规定，"国民政府本革命之三民主义、五权宪法，以建设中华国"③。1928年国民党中央常务会议通过了《训政纲领》《中华民国国民政府组织法》，确定了训政时期的五院制度，把政权托付给国民党的最高权力机关，把治权托付给国民政府。1931年6月1日，南京国民政府正式公布施行《中华民国训政时期约法》，孙中山先生五权宪法思想第一次在宪法层面得到了某种程度的落实。该约法以《国民政府建国大纲》为依据，以《训政纲领》等为蓝本，规定国民党行使中央统治权，国民政府行使包括考试权在内的五种

---

① 王祖志：《孙中山五权宪法思想研究新见》，《法学研究》1999年第4期。
② 《中国国民党第一次全国代表大会宣言》，载《孙中山全集》第9卷，中华书局1986年版，第120页。
③ 孙中山：《国民政府建国大纲》，载《孙中山全集》第9卷，中华书局1986年版，第126页。

治权，并训导四种政权的行使，规定在中央政府的组织上实行五权制度。但是，由于中国国民党以"训政"为名，实行了一党专政，舍弃了孙中山训政构想中的民主、革命性因素，所以使得考试权独立的思想在这个时期徒有虚名，没有实际的宪政意义。

1936年5月5日，南京国民政府公布了《中华民国宪法草案》，史称"五五宪草"。"五五宪草"以三民主义为依归，在政制上实行国民大会制、五院制，政权由国民大会行使，国民大会由民选产生，行使创制、复决、选举和罢免四权，修改宪法等权力。治权归诸总统及五院，其中，考试权独立于其他四种治权，考试院院长由总统任命。可是，从考试权与行政权的关系来看，有了一些以权力制约权力的制衡色彩，与五治权互动的和谐宪政思想有些出入。在今日看来，"五五宪草"是中华民国几部宪法或宪法性文件中贯彻孙中山考试权独立思想较好的一部，虽然它还只是一部草案。

1946年1月，政治协商会议召开，会议确定了对"五五宪草"的修改原则。其中，会议对考试院的组织权限等做出了相关的规定。但是，政治协商会议所希望的中国宪法是与"五五宪草"、与孙中山五权宪法思想有很大差别的宪法，其基本内涵是国会制、内阁制和省自治，[①]这实际上是西方三权分立宪法体制的翻版。然而就是这一"翻版式"宪草修改原则，最终被国民党所通过的决议进行了重大修改。1946年11月，国民大会在南京开幕，并于12月25日通过了《中华民国宪法》，并由国民政府于1947年元旦公布。这部宪法是中华民国的最后一部宪法，其序言宣称，"中华民国国民大会受全体国民之托付，依据孙中山先生创立中华民国之遗教，为巩固国权，保障民权……制定本宪法……"该宪法在某种程度上是贯彻了五权宪法思想的，在中央政府机关也实行了包括考试院在内的五院制，体现了五权分立论。但是，在五权关系上，该宪法却与孙中山先生五权宪法思想差异较大，在强烈的以权力制约为主轴

[①] 王永祥：《中国现代宪政运动史》，人民出版社1996年版，第151—152页。

的内阁制色彩上,"安装"了一个权力很大的总统,这样一个"四不像"政体严重地违背了五权互动的精神,并且与万能政府的思想相去甚远。行政院受制于立法院,司法院可以通过解释法律制约行政院和立法院。尤其值得注意的是,有人形象地将考试院比作"睡美人",以比喻考试权在现实运作中的乏力状态。

至今,中国台湾地区"考试院"组织的"宪法"地位、在权力施行中存在的"宪法"环境先天缺陷、政改过程中"考试院"权力的边缘化问题一直是政改过程中一个争议焦点。"五权宪法"有在政治实践中被逐步"束之高阁"甚至全面废止的危险。从中华民国的宪法制定轨迹来看,孙中山先生关于考试权独立于其他四个治权的思想在宪法层面得到了不同程度的落实,但是与设计中的五权互动的宪政思想始终有着一段距离。

(四)考试权独立思想与实践对我国公务员考试权确立的现实观照

1. 公务员考试权属于国家权力范畴

"考试院"系中国台湾地区当局最高考试机构,掌理考试、公务人员之铨叙、任免、考绩、级俸、升迁、保障、褒奖、抚恤、退休、养老等事项。"考试院"设考试院会议,由院长、副院长、考试委员及考选、铨叙两部部长组成。下设秘书处、会计室、统计室、人事室、诉愿审议委员会、考铨丛书指导委员会、考试院公报指导委员会等机构。"考试院"置院长、副院长各一人,考试委员若干人,由"总统"提名,经"立法院"同意任命。院长综理院务,并为"考试院"会议主席。"考试院"设考选、铨叙两部,分别掌理考选行政与文职公务员之铨叙,以及各机关人事机构之管理事项。另外设有公务人员保障暨培训委员会及公务人员退休抚恤基金监理委员会。从孙中山对考试权的制度设计来看,公务员考试权不仅属于国家权力性质,而且还在政府运作中发挥着重要作用。

2. 公务员考试权的确立目的在于选贤任能

孙中山先生以考试权独立为途径,力求以公允的价值标准选拔

"贤能"官员，造就一个无敌于天下而人民又不惧怕的万能政府，为人民谋幸福。原本权力分立的要义在于如何防止国家权力大到可以威胁甚至侵犯民权，而在孙中山先生的这个关于考试权与其他治权互动关系的独特宪政系统中，比一般意义上的三权分立制衡关系复杂得多。尤其在考试权与行政权的关系上，考试权既扮演着一般意义的制约角色，比如，抑制行政功能膨胀、任人唯亲、官场风气腐化、防止行政世袭、防止吞并官僚技术与专业性等方面；同时，促进行政系统建设，与行政系统通力完成最佳人事规划，把优秀的人才选拔到国家机器中，构造万能政府，才是更主要的。

3. 公务员考试权的确立与运行要有支持系统

应该说，自《中华民国训政时期约法》始，各宪法或宪法性文件都有考试权独立的意涵。这是孙中山先生考试权思想落实的问题。考试权真正有效独立于行政权，其具体权限规划和组织结构问题均有待考量。孙中山先生只是给出了一个大概的考试权独立而选拔优秀官员的愿景，而没有一个具体的策略。这也给后继者篡改其原意提供了可能。理论上，考试权与行政、立法、司法、考试、监察四权之间协调合作，其目的在于矫分权制衡及选举制度之弊。孙中山先生的五权分立论及五权关系论就是要将权力付之于考试选拔出来的有才有德的专门家，让他们分工合作，而不能将效能消耗于权力的摩擦之间，从而最终打造出一个万能的政府。然而，《中华民国训政时期约法》、"五五宪草"、《中华民国宪法》都不约而同地发展出权力之间的制约机制，创造出了与五院制、内阁制、总统制等均不相同的政制。应该说都刻意地修改了对孙中山先生五权宪法思想。

三 催化：西方文官考试制度

当中国的科举制度传播到欧美，西方的政治家们便抓住科举制度中考试选任的实质，创立了近现代西方文官制度，其最核心的部分就是公开竞争、择优录用的考试制度，作为保证人才公平竞争的最有效机制。它取代了西方国家长期实行的"封建恩赐官制"和"政党分肥制",抵制了任人唯亲的宗法规则,极大地提高了政府的行政效率,为欧美的政治制度开创了全新的局面。

(一) 西方文官考试制度的主要内容

1. 考试基本原则

公开、平等、择优是西方文官考录制度的基本原则。英国在文官考试录用过程中,把公开竞争放在首位,把考试程序与录用条件向社会公开,严格按成绩排列名次,择优录用,在考试面前机会均等,制定统一的考试标准,只有知识和能力的优劣,而无权力、地位、资历及人际关系的因素。此外,"人才主义"也是英国文官考试的一大原则,过去一贯重视"通才",1968年改革后增加了"专才"的比例,使文官队伍质量大有提高。美国现行文官考试制度的核心原则是平等竞争和功绩制原则,联邦政府无论其政治派别、种族、肤色、宗教、性别、祖籍、婚姻状况如何,为每一个有志于在联邦政府就职的人提供平等竞争的机会,实行保证人人机会均等的公开考试,根据能力、知识和技能来决定录用与否。法国文官考试除了贯彻公开竞争和一律平等原则外,议会还对各部门录用公务员的岗位数进行表决,制定缺岗和预算录用的原则,各部门根据岗位空缺和财政预算,提出录用各类文官的准确数字,有空岗且财政允许才能录用,否则审计法院就予以干预。德国文官考试原则除公开竞争、机会均等、"人才主义"原则外,还制定了长期任用原则,公务人员一经考试录用,只要无重大过失,不受免职处分就将长期任用。

2. 考试内容、方法和程序

考试的类型、方法、内容和程序是文官考试制度的核心。各国虽有差异,但总的来说,考试类型多为按职类、职级进行的分级考试和按轮次进行的双轮制、三轮制考试;考试的内容包括文化知识测验、智力测验、技能测验和心理测验;考试的方法常有口试、笔试和实际操作;考试的程序一般经考试公告、接受报名、组织考试、录用四个程序。英国文官考试根据报考职位的职类和职级分行政级、执行级、事务级、助理事务级四个等级进行，考试方法为笔试、口试和品能测验，考试内容上科目繁多，但主要为知识、智力、技能和心理测验，考试程序上分发布考试公告、对报考者进行资格审查、应试和任用四个步骤进行。美国文官考试分非集合式（主要对候选人背景的全面考察）和集合式（主要考核一个人是否具备某一工作或职位所需的能力）两种形式，考试方法为笔试、口试和操作，考试程序分报考、考试、选用、试用四个程序进行。法国文官考试除了按报考的职级分 A、B、C、D 四级进行外，还有外部竞争（报考者须有文凭）、内部竞争（报考者没有文凭，但须有五年工作经历）考试和双轮制考试（第一轮笔试，第二轮复试）。考试方法有笔试和口试，内容为知识、智力和技能测验，考试程序为发布考试公告、资格审查、报名、择优录用。德国文官考试采取双轮制，第一轮笔试及格后，才能参加第二轮口试，笔试主要考人文知识、外语和自然科学，口试侧重应试者的适应能力、主动性、反应和合作能力，经考试后进行试用，试用期满再次考试合格才能录用。

3. 考试适用范围

西方文官考试制度对考试录用的适用范围都有一定的规定，由于各国文官概念的不同，考试录用的适用范围也不同，有的范围宽，有的范围狭，但有一点相同，即政务官员不经考试，而是由政府任命或选举产生。英国文官的考试录用制适用范围不是所有政府工作人员，只限于文官，即政府行政部门内所有不与内阁共进退、经过公开竞争考试录用、无过失可长期任职的文职人员，或者说除政务官以外所有的工作人员，上自各部常务次官，下至所有工勤人员，约占政府工作人员总数的 30%，企事业文职人员、法官、军人等均不属文官考试适用范围。美国政府的文职人员分为职类人员（由考试录用人员和部分专家技术人员组成）和非职类人员（政府任命官员和不经考试而录用的临时职位人员），文官考试录用的适用范围为"职类人员"中参加公开竞争考试被录用的人员，这部分人员约占全体文职人员的85%。法国文官考试录用的适用范围较广，包括中央和地方行政部门公务员、国有企业部分管理人员、公共事业的全体人员、公立学校的教职工，约250万个岗位。政府内阁的组成人员，各部门的局长、秘书长、省长、大学校长、驻外使节，以及某些"保留职务"（即不经考试直接被有关部门任用的特殊人员）不属于适用范围。德国文官考试录用的适用范围为考任制产生的公务人员，即必须经过竞争考试和择优录用的公务人员，不适用选任制人员（政务官）、聘任制人员（通过合同书之类的契约定期聘用的人员）和任委制人员（政务官的助手、秘书、辅助人员）。

4. 考试管理体制

由于各国政治制度的不同，录用文官的数量、对象、要求不同，考试机关在设置、职责、权限、地位、领导体制等方面有所不同。英国文官考试机关为英国文官委员会，不受内阁和各部的控制，不与任何政党发生关系，1868年改革后并入文官事务部，原文官委员会主席兼文官事务部副大臣，仍独立主持考试事宜。其主要职责为：负责文官的资格审查、任用标准、考试规程、公布任用、晋升消息。美国文官考试由设在文官委员会的录用和考试局办理，1979年改由人事管理总局招考办公室负责。其主要职责为：颁发考试合格证书，编制各种人员的名册，指导和监督各部委人事机构的考试业务工作。法国考试机关在管理体制上隶属各个行政部门，A类公务人员由国家行政学院负责考选，考试的主考官由内阁总理任命资深行政人员及大学教授担任，B类、C类、D类公务人员由各部成立部长任命的考试录用委员会自行招考，但要接受公务员部的统一指导、协调和监督。德国文官考试机关由不同级别的机关组成，高级职务的考试由政府组织国家考试委员会办理，上等职务、中等职务和简单职务的公务员的考试由政府文官委员会授权或委托各机关、各州政府自行组织考试委员会来办理。

（二）西方文官考试权运行的基本特点

作为国家人事管理的规范体系和治国方法，文官考试制度已为包括第二世界在内的众多国家所广泛采用。在文官考试权的运行中，虽然各有差异，但都有其共同的特点。

1. 公开平等，竞争择优

考试的程序和录用条件要公开，考试名次要公布于众，报考人的考试成绩要通知本人，录用要按照考试分数排列名次，鉴别优劣；公开、平等、择优是现代西方主要国家文官考试的基本原则。公民在参加考试和担任公职方面具有平等的权利和机会，不因政治派别、性别、年龄、种族、宗教、家庭出身等不同有差异；公开、平等、择优原则既可防止主管人员营私舞弊，随意录用不合格人员，又有利于广开才路，选拔到所需的合格人才。

2. 严格考试，唯才是用

西方公务员录用坚持"人才主义"原则，就是要挑选出优秀的人才进入政府部门，坚持择优原则，一个文官选入要经过严格考试，层层筛选，合格后才予以录用，否则绝不滥用。德国录用公务员，对高级职位的人员要进行两次国家考试，为职业人员提供资格的考试由国家组织，通常的规则是参试人员必须在大学至少学习过三年，而且曾经通过法律与社会科学学科的第一轮考试，成为一名见习公务员，再经过两年实践训练，才有资格参加法律与行政研究领域的第二轮考试。这样，通过两次国家考试的优秀人才任高级职位，方能治国理政，行之有效。

3. 机关独立，地位超然

西方主要国家都建立了独立的或相对独立的考试机关。英、美的考试机构基本是独立的，不受行政组织的控制，以公正超然的地位行使考试权。德、法两国考试机关虽从属于行政系统，但在考试录用方面也有相当的独立性，法国高级公务员的考试由国家行政学院办理，拥有命题、监督、评定成绩，排列名次等全部权力，并对行政机关保持一定的独立性。相对独立的考试机关保证了文官考试的公正、平等和科学，使文官考试具有生命力。

4. 职位分类，限定范围

由于各国公务员概念和范围的不同，其考试录用的适用范围也有所不同。法国公务员的范围较宽，英国、美国的范围较窄。但就公务员的性质而言所限定的范围则是大致相同的，即事务类公务员而不是政务类公务员，如英国的文官，美国的职业文官，法、德的一般职业公务员。此外，一些特殊职位的人员也不适用，如专门技术人员、某些机要人员和行政首长的辅助人员以及法律规定的其他可以不经考试而录用的人员。

（三）对我国公务员考试权确立的启示

1. 招考信息公开化

根据法律，美国规定联邦政府的公务员职位一旦出现空缺，必须及时公布于众，除了在相关媒体如报刊、电视上发布消息外，最新的办法是在网上公布（至少应保存14天），以保证任何人都可以方便地查询到相关信息。信息主要包括录用职位介绍、空缺岗位人数、基本条件、工资待遇、考试程序等。部分用人机构还常年在网上发布信息，接受申请，还设专线电话，接受咨询。同时，考试成绩也必须及时公布于众，对未录用的也要通知其本人，一旦出现不公平问题，如录取了低分者，高分者可以控告，并由各级政府公务员委员会负责处理。只有在源头把控好公务员录用的关口，才能做到真正意义上的公平、公正。我国应逐步做到将公务员考录工作的每个环节都实行公示制，笔试成绩、参加面试考生、总成绩、参加体检人员、体检合格人员和经考核后被录用人数等均在该地区人事局或在人才市场及相关网站公布，自觉接受社会各界或媒体的监督，使监督工作更加严密、有效，使人们对考录工作的全部信息真正拥有知情权，从而有机会让更多的人积极有效地参与过程监督，使得可"变通"的环节越来越少，以提高竞争的透明度和加大力度。

2. 招考职位分类化

在西方国家，选拔考试大都实行等级考试，不同的等级对应试者有不同的要求。如美国，GS—9以上高级行政人员的录用采用非集中考试的形式，使得录用人员级别与考试设置相结合。参照英美等国家的做法，可按照公务员岗位的性质，考试分为综合管理类、行政执法类和业务技术类。招考职位的类别不同，考核的侧重点也不同，如招考综合管理类职位的公务员应侧重协调组织和决策等领导能力方面的考察，招考行政执法类职位的公务员应侧重法律法规、依法行政方面的考察，而招考业务技术类职位的公务员应更侧重基础知识、基本技能的考核。另外，在招考考试的分值分配上也采取不同的比例，如报前两类职位的应按笔试、面试各占50%计入总成绩，而报考业务技术类职位的人员应分别按笔试和面试的80%和20%计入总成绩。

3. 考试内容综合化

我国应逐步采取试点将普通话水平测试、计算机操作、英语和心理测试引入公务员考试中。一项近期调查表明，北京市公务员在实际工作中从未使用过电脑和互联网的公务员占被调查人数的23.7%，学历和知识结构的巨大偏差必然影响公务员对国际形势的掌握和新知识运用的能力。将计算机操作作为公务员考试公共科目之一，将成为全方位选拔人才的有效考核方式之一，便于更好地培养适合全球化背景的合格型人才。心理测验是一种包括能力测验、人格测验、成就测验的新型的人才测评技术，它能更好地判断应试者具备何种能力优势及预测其从事某项工作的成功概率和今后的发展潜力，是我国行政机关选拔合格的公务员人才的有效工具。另外国家公务员考试中还应尝试X+N的自选式考试模式，根据自己的爱好兴趣选定更有利于发挥自己潜能水平的考试科目。

4. 测评方式多样化

英国文官考试录用中面试分数曾占全部考分的1/6，现已上升到1/3，由此可见，面试成绩对于应试者是否能被录用起到了至关重要的作用。同时，国际上一种新的人才测评技术即面试技术越来越广泛地被应用到各种招聘考试领域。面试技术可分为结构化面试和非结构化面试两种，非结构化面试没有固定的模式和测评内容，也没有固定的评分程序，它是以总体的印象和判断作为人事决策的依据，与我国公务员考试的传统面试很相似。而结构化面试也称为标准化面试或控制式面试，是根据报考职位的要求，运用特定的评价内容、方法和评价标准，严格遵循固定程序，通过测评人员与受试者面对面的语言交流，以及对应试者的举止仪表、语言表达、综合分析、应变能力等建立量化的行为指标体系对应试者职位素质进行评定的标准化测评技术，对我国公务员的面试很有借鉴作用。由于结构化面试是在吸取标准化心理测试的基础上发展起来的科学测评方法，有效地涵盖了人才的智力与非智力因素的全部内容，更便于突出应试者的个性特征、潜质、能力特征等。因此比非结构化面试具有更高的信度和效度。只有逐步提高结构化面试在我国公务员面试中的成分，才能提高面试质量。

无领导小组讨论 LGD（Leaderless Group Discussion）在国外人才测评中广泛应用。无领导小组讨论作为一种测评方式更具有科学性，它以轻松的讨论方法诱发人们的特定行为，并对其定量分析来测评应试者的能力水平和个性特征，其测评要素包括仪表举止、语言表达、逻辑思维、组织协调、应变能力等，也就是让一组应试者（5—8人）集中起来就一个给定的问题进行一定时间内的讨论，应试者可以自由发挥，考官根据应试者控制局面和语言组织的能力对其进行测评，从而反映应试者的组织协调能力及潜在的领导者素质，使那些有着良好知识背景和领导才能的优秀人才脱颖而出。在借鉴西方国家公务员录用考试制度的基础上，结合本国国情，逐步用现代的人才测评理念代替传统的人才测评方法，将心理测试、情节模拟、无领导小组讨论及结构化面试等具有多层次、多角度的定量标准化测评技术引入我国国家公务员考试机制，对逐步打破地域身份限制，造就一支高效、廉洁、精干的公务员队伍有着十分重大的意义。

5. 考官组成多元化

美国联邦政府在考录高级公务员的面试前先组成3—5人的考官委员会，并由考官委员会吸收心理学家参加对申请人的职位分析，确定能力标准后再出题考核；有时也请私营公司出题，并对考官进行培训。而英国公务员考官通常由高级公务员、人事官员、心理学家等组成，使测试内容更具有针对性，而我国公务员考录的面试应选择责任感强，能力水平高，有一定人事测评或管理经验的人担任评委，评委可以从专家库中临时组成，并加强评委的培训工作。同时对考官坚持实行持证上岗制度，由中央相关人事部门制定相应的文件，统一面试考官的任职资格条件。

四　重塑：中国公务员考试权的确立

我国现阶段的考试录用制度是伴随着新中国政治经济制度的发展、完善而逐步确立的。新中国成立初期，我国在干部录用工作中曾使用过公开招考的办法。但是当时并没有作为一项制度提倡和固定下来。随着国家在政治、经济上逐步实行中央高度集权的管理体制，干部录用工作也逐步固定为由国家统一分配大、中专毕业生和接受军队转业干部，同时有计划地从社会上吸收。文化考试偶尔在某些专门技术人员的录用上使用。这种形式从20世纪50年代初期开始形成，与当时的高度集权的行政管理体制相一致。这种干部录用方式曾起到一定的积极作用，但从总体上讲，这种选拔人才的方式，存在着视野不开阔、标准不统一、缺乏公开监督机制等弊端。用人上的不正之风难以避免，优秀的人才难以大量涌现。这个弊端，随着党的十一届三中全会以后我国经济体制改革和政治体制改革的开展，显得越加突出。

党的十一届三中全会以后，邓小平同志曾针对当时干部人事制度存在的问题提出一系列重要的改革思想。1980年8月，邓小平同志在《党和国家领导制度的改革》这篇重要讲话中明确指出："要打破老框框，勇于改革不合时宜的组织制度、人事制度""关键要健全干部的选举、招考、任免、考核、弹劾、轮换制度""随着建设事业的发展，还要制定各个行业提升领导干部和使用人才的新要求、新办法。将来很多职务、职称，只要考试合格，就应当录用或者授予"。邓小平同志这些重要指示，为干部人事制度改革，尤其是国家机关干部的考试录用工作指出了明确的方向。1982年，随着经济体制改革的发展，中央明确提出了干部队伍革命化、年轻化、知识化、专业化的要求。原劳动人事部在总结新中国成立以来干部录用工作经验的基础上，制定和颁布了我国第一个关于干部录用工作的综合性文件，即《吸收录用干部问题的若干规定》。这个文件中首次提出了"考试录用"的要求，即国家机关、企事业单位吸收录用干部要"实行公开招收、自愿报名，进行德智体全面考核，坚持考试、择优录用"的办法。同时，进一步指出"从社会上成批录用干部要统一招考。考试由批准机关或县以上人事部门与录用干部的部门共同协商确定考试科目，并商请有关部门命题、监考、评卷。录取时按录取分数线择优录取"。这些规定无疑是我国干部录用工作的新发展，反映了当时我国经济体制改革和政治体制改革的基本要求。但这种"考试录用"只是作为一种补充形式，并不构成干部队伍的主要来源。从当时干部录用工作的宏观看，总的干部录用方式尚未发生根本变化。从这个意义上讲，"考试录用"虽然在1982年就被提了出来，但还不可能带来整个干部录用工作的明显变化。1987年，党的十三大决定要建立公务员制度，强调"凡进入业务类公务员队伍，应当通过法定考试，公开竞争"（"凡进必考"）。1988年，在七届全国人大一次会议的政府工作报告中，再次强调："今后各级政府录用公务员，要按照公务员条例的规定，通过考试，择优选拔"。同年10月，国务院总理办公会议明确指出：要按照公务员条件，严格把好政府机关的"进口关"。公务员制度的提出，对干部人事制度改革工作起到了巨大的推动作用，在录用干部中开始试行考试办法。自1987年我国提出建立公务员制度以来，考录工作从无到有，从小到大，先后经历了"萌芽期""探索期""整顿期""调适期"四个阶段。

（一）公务员考试权的萌芽（1982—1988年）

1982年，随着经济体制改革的发展，中央明确提出了干部队伍"四化"要求，原劳动人事部在总结新中国成立以来干部录用工作经验的基础上，制定和颁布了我国第一个关于干部录用工作的综合性文件，即《吸收录用干部问题的若干规定》。在这个文件中首次提出了"考试录用"的要求，国家机关、企事业单位吸收录用干部要"实行公开招收，自愿报名，进行德智体全面考核，坚持考试，择优录用"的办法，并进一步指出："从社会上成批录用干部，要统一招考。考试由批准机关或县以上人事部门与录用干部的部门共同协商，确定考试科目，并商请有关部门命题、监考、评卷。录用时按录取分数线择优录取。"1987年9月，个别省率先在银行、税务、工商、政法系统实行公务员考试，使考录制度的实践有了进一步发展；在同年的十三大提出了要建立国家公务员制度，强调"凡进入业务类公务员队伍应当通过法定考试、公开竞争"。1988年全国人大七届一次会议后，新组建了人事部，开始进行全面的人事制度改革，并着手制定《国家公务员条例》及其配套法规《国家公务员考试录用暂行规定》（后改名为《国家公务员录用暂行规定》），标志着我国公务员考试权的萌芽。

（二）公务员考试权的探索（1989—1992年）

1989年考试录用工作在两个方面取得了开拓性进展：一是人事部与国务院下属的六个部局共同组织了国家公务员考试录用试点工作，为全面推行国家公务员制度探索经验；二是人事部与中共中央组织部联合发出《国家行政机关补充工作人员实行考试办法的通知》，规定国家行政机关补充工作人员，都要贯彻公开、平等、竞争原则，通过考试择优录用，公务员考试权已见端倪。自此考试录用被正式列入行政机关补充干部的必不可少的程序之中，并在全国范围内普遍推广，为公务员制度的建立奠定了基础。据统计，1991年国务院的直属部委中，采用考试、考核办法择优录用的工作人员已占需要补充人员总数的77%；全国有24个省开展了考录工作。1992年3月，当时的国家人事部长赵宛东指出，推行公务员制度的条件已基本成熟，应当抓紧有利时机，加快推行公务员制度的步伐。1992年3—4月，国家人事部分别召开全国人事厅（局）长会议和全国地方考试录用工作会议，总结干部人事制度改革和考录制度建设的经验，部署从补员考录制度向公务员考录制度过渡的衔接工作。

（三）公务员考试权的确立（1993—2005年）

1993年8月14日，国务院发布并实施《国家公务员暂行条例》，并在此基础上于1994年6月又颁布了配套的《国家公务员录用暂行规定》，《暂行条例》的第四、第五章与《暂行规定》，对国家公务员考录的管理机构、考试程序、考核内容及其结果使用、考核纪律等都做了详明的规定，标志着我国公务员考试制度已进入全面实施阶段，为公务员考试权的确立创设了制度保障。1994年9月，包括国务院办公厅、国家计委、国家经贸委、国家体改委、人事部、劳动部在内的30个部门参加了首届中央国家行政机关公务员录用考试。1995年4月，根据《公务员录用暂行规定》的第十七条第二款关于"公共科目由国务院人事部门统一确定"的规定，人事部下发了《关于统一确定公务员录用考试公共科目的通知》，统一规范了公务员录用考试的内容、水平和标准，加快了公务员录用考试的科学化、规范化进程。自此，公务员考试权作为一项国家权力被确立下来，公务员考试录用工作在全国全面展开。随着2000年中央和省级政府机构改革基本结束，各地陆续恢复公务员招考工作，自2000年以来政府机关的几次大规模招考工作，公务员考试权的运行不断得到规范：在考试设计权上，考试科目不断完备，如2000年增考了《申论》科目，2001年在面试中加入心理素质测试（供用人部门参考，不计入总分）；2002年确定职位分类制度，确立了"分类考试、突出能力、方便考生、定时定期"的原则，按性质和权责的不同将招考职位分为A、B两类，并将公共科目笔试的时间定为每年12月的第三个周六，首次不指定考试复习用书；2004年，在行政职业能力测试科目中增加了听力测试的内容；等等。在这一时期，考录工作轰轰烈烈开展，竞争日趋激烈。

截至 2016 年，国务院工作部门补充主任科员以下非领导职务公务员，已全面实行考试录用。全国 31 个省、自治区、直辖市已全部进行了省级机关公务员录用考试。考试录用制度推行十多年来，中央领导同志给予了很高评价。胡锦涛同志曾指出："考录工作体现人事制度改革成果，弘扬人事工作正气。"

（四）公务员考试权的完善（2006 年至今）

2005 年 4 月 27 日，历经 4 年和十余次修改的《中华人民共和国公务员法》经全国人大常委会通过，并于 2006 年 1 月 1 日开始施行。《公务员法》是我国第一部属于干部人事管理总章程性质的重要法律。它的出台，标志着我国公务员制度进入了一个新的阶段；同时也是对我国推行公务员考试录用制度近 12 年实践工作的总结与肯定。《公务员法》明确规定："录用担任主任科员以下及其他相当职务层次的非领导职务公务员，采取公开考试、严格考察、平等竞争、择优录取的办法。"[①] 考试作为我国公务员选任的重要机制，经过十多年的探索，被以法律的形式确定下来，标志着公务员考试权的彻底确立，从此，我国公务员考试录用制度步入有法可依的法制化与不断调适的发展阶段，同时，我国公务员考试权的运行也进入法制化、规范化的新的历史时期。

---

① 《中华人民共和国公务员法》第二十一条，2005 年 4 月 27 日第十届全国人民代表大会常务委员会第十五次会议通过。

第三章 中国公务员考试权理论探析的多维视角

长期以来，考试活动大多以负面形象出现，经常受到社会或多或少的批评。公务员考试权的良性运行也受到多种因素的影响，将公务员考试放到多个理论维度进行考察，对公务员考试权进行多视角的理论分析，有利于从理论上认清公务员考试权的含义和结构，更有利于对公务员考试权的实践运行提供理论依据。

一 政治学视角：公务员考试权的信用契约理论

公务员考试中的政治契约逻辑和政治渊源，是公务员考试权运行的起点。从制度契约和心理契约看，公务员考试信用具有独特的社会效力和政治功能，公务员考试信用的生成、发展和巩固，需要扎实的政治理论支撑。

（一）公务员考试信用契约的政治理论分析

1. 契约论中的政府信用

在政治权威、社会秩序与自然权利的思考中，社会契约论者认为，一个有秩序的社会结构为人们的一切权利行使提供了坚实的基础。但这种社会秩序不是靠政治权威来维护，因为所谓合法的政治权威在人类自然状态中并不存在，它需要全体成员或最大多数成员形成一个约定，放弃个体天然的自由，而获取契约自由，产生一个包含最大多数成员的、道德的、维护公义的共同体，使每个人把自己的能力、行为置于整个共同体的权威之下，形成一个基于契约的有序社会。

所以，社会契约论者指出，政府是介于主权体与广大民众之间的中介物，是人民在订立契约基础之上产生的，以保障人民权利和自由、维护公共利益为其天然宗旨。这也从政治架构设计上确立了政府与人民之间的委托代理制。卢梭说过，"行政权力的受任者绝不是人民的主人，而只是人民的官吏；只要人民愿意就可以委任他们，也可以撤换他们。对于这些官吏来说，绝不是什么订约的问题，而只是服从的问题；而且在承担国家赋予他们的职务时，他们只不过是在履行自己的公民义务，而并没有以任何方式来争论条件的权利"。① 在政治运行中，政府与社会、政府与公众之间的关系能否严格遵守委托代理制度，取决于政府是否信守社会契约、恪守政府信用。洛克指出，国家与政府的道德基础来自组成社会的每个人的个人自由与权利，"当立法者们图谋夺取和破坏人民的财产或贬低他们的地位使其处于专制权力下的奴役状态时，立法者就使自己与人民处于战争状态，人们因此就无需再予服从"。② 所以，政府的权力是有阈限的，权力边界绝不容许扩张到超出公众福利的需要之外，政府的职能不是契约的结果，只是按照委托的公义，实现人民的和平、安全和公众福利。但在现代社会的政府运行中，其"经济人"的角色行为倾向，使政府信用问题日益成为全球关注的一个重大课题。

2. 官僚制的民主化演绎

在政治发展中，官僚制正面临着民主化、社会化等治理理念的挑战。但是，作为支撑当代政治的主要形式，官僚制在社会发展中发挥着举足轻重的作用，并在大规模的管理中起着中心作用。③ 政治民主与官僚制并不是相互排斥，二者有着相近的价值取向。韦伯认为，"国家行政工作中官僚制度化的进展，是一种与民主同时产

---

① ［法］卢梭：《社会契约论》，何兆武译，商务印书馆2003年版。
② ［法］洛克：《政府论》（下篇），刘晓根译，商务印书馆1983年版。
③ ［德］马克斯·韦伯：《经济与社会》（上卷），商务印书馆1997年版。

生的现象"。官僚制要求按照抽象的规章进行管理，要求按照个人的综合能力素质来选拔管理人员。但要真正实现官僚制中的民主，就必须控制官员阶层的发展，限制官员权力。当前，要把精英治国与群众的民主参与结合起来，防止官员作为封闭的特殊利益集团出现；同时要把权力的划分和有效的监督控制结合起来，防止权力失衡。深化公务员考试制度改革正是这一理念的表现，公务员考试权的运行正是中央集权制度向民主的社会制度发展的产物。公务员考试从单一单位或系统向广泛面对社会的转变，使公务员考试的最终决策权逐步从以被委托的权力配置为中心向权力原委托者和被委托者相结合转变，使人民群众的民主参与机制被引入并逐渐渗透到考试的全过程，民众从少有参与到广泛参与，从被动参与到主动参与，从形式参与到深度参与，逐渐形成了社会主人翁意识。

（二）公务员考试权运行的政治属性

公务员考试主要形式是考试，而公务员考试信用首先有一般意义上的社会信用的特点，但因为其主体、服务对象及社会效用的特殊性，公务员考试信用具有独特的政治属性。首先，公务员考试起源于以科层制为基础的人事制度改革，是国家集权向民主化治理转变的一种体现。因此，公务员考试的信用直接关系到政府的公信力，是政府履行其义务的效用体现。作为公共服务的提供者，政府有责任保证公务员考试的过程是有效而可信的，因此政府在整个公务员考试的信用机制建立中，必须起到主导作用。其次，公务员考试的显著特点是民主性和公平性。考试的对象范围、考试过程、测评机制、监督考核等每个环节都充分显示了其民主公平的特质，因此，公务员考试的信用问题关系到社会的民主与公平。增强公务员考试的考试信用建设，既是公务员考试保证自身有效实施的内部需求，也是政治改革的客观要求。最后，公务员考试的发起主体为政府，但其具体操作有时会以委托代理的方式交给考试中心来办理。作为第三部门，考试中心存在一定的独立性，因此公务员考试信用必须广泛铺陈到社会活动中。考试中心在履行第三方职责的时候必须严格按照相应规章制度，既要避免公务员考试沦为商业性质的获利行为，又要保证其出于竞争环境中择优效果的实现。因此，公务员考试又是一项关系到政治改革发展与稳定的广泛的社会活动。

（三）公务员考试信用的政治契约逻辑

1. 公务员考试信用场域中的制度契约

公务员考试从政治的源流上来说属于社会公众委托给政府，由相关部门代理行使的一项权力，是官僚制在新公共管理思想的影响下注入的新变量。公务员考试信用的实现与制度契约的完善是分不开的。相对于心理契约这个柔性而宽泛的概念，制度契约就显得比较刚性，有更明确的条件和更强的约束力。对于公务员考试信用场域的构建，制度契约就是支撑信用体系大框架的支柱。受信息传递、认知能力、心理因素等条件的影响，公务员考试信用契约双方在复杂多变不确定的环境中，其行为理性是有限的，很难对长期内可能发生的各种情况做出全面的计划安排，在这种情况下，制度的不完善一方面提高了发生契约纠纷的可能性，另一方面使契约双方无法通过契约的最优设计，形成有效的监督与约束机制来规范行为主体的信用行为，使契约双方面临超常的信用风险。由于公务员考试在我国的特殊境遇，制度缺失和有规不依，成为弱化制度契约、加大信用风险的重要诱因。

2. 公务员考试信用场域中的心理契约

心理契约是"个人将有所奉献与组织欲望有所获取之间，以及组织将针对个人期望收获而有所提供的一种配合"。[①] 心理契约不是一种有形的契约，但它确实发挥着有形契约的影响。公务员考试作为一项官员选拔考试，与官僚制有着天然的联系。公务员考试的参与者，不论是主体还是客体，都必须面对违背心理契约后的有限选择。心理契约在法律和政策制定中无法体现的动力，在公务员考

---

① ［美］施恩：《职业的有效管理》，仇海清译，生活·读书·新知三联书店1992年版。

试中，表现为主体及客体对整个公务员考试机制的绝对信任而愿意自觉遵守其显性及隐性规定，从而维持公务员考试权的良性运转。公务员考试的心理契约一旦建立，考生和社会公众就会充分信任考试平台的择优功能，将竞争目标内化为个人动力，以积极正当的方式参与考试，提高公务员考试效用。公务员考试心理契约的建立为信用型政府建立创造了条件，因为政府和公众的关系也是一种契约关系。公务员考试信用如果不够理想，会导致考生的不安全感，甚至导致社会对政府信心和期望值降低。对于公务员考试这种明确考试主体是政府部门的考试，其中的心理契约在一定程度上改变了"政府主体"的抽象感，即在承办公务员考试具体部门的互动中，建立比"组织—个体"模式的心理契约更为真实和内容更为明确的心理契约。具体化了的心理契约使得考生和公众相信政府会负责地履行公务员考试过程中的义务。因此，在公务员考试中引入心理契约理论有重要的现实意义。场域化的公务员考试心理契约迎合了公务员考试过程中主客体的信用诉求，能有效提高公务员队伍的素质，促进公民广泛参与社会治理，形成考试信用体系的良性循环。

3. 公务员考试信用场域中的社会契约

按照社会契约论的理念，个人让渡自然权利，由此形成了国家权力；国家建立代议制的民主制度，集中人民的意愿来进行民主决策、民主施政。新公共管理伊始时主张政府掌舵，要处理政府与第三部门的关系一直是个难题。公务员考试一方面体现了政府部门打造服务型政府的思想，另一方面体现了以考试中心为主体的第三部门的市场竞争。事实上，有了第三部门的积极参与，实现了政府与社会的良性互动，扩大了政治参与，有利于公务员考试质量的提高。在公务员考试中，考试的具体操作主要交给以考试中心为主的第三部门办理。在这个过程中，考试中心作为公务员考试操作主体的特殊性在于，既有类似于政府部门提供公共产品的功能，又有类似于企业的市场化运作机制。因此，在这个过程中第三部门信用契约的履行更倾向于一种公平与效率的动态平衡，在企业自主与民主责任之间、企业运转的隐蔽性与民主要求的公开性之间、企业管理要求的敢于承担风险与公共财产处置的责任之间，无不体现了二者的价值冲突和矛盾。公务员考试的社会信用契约是帮助政府实现这种矛盾的平衡，将政府与市场的作用互相弥补，使两者相得益彰，通过权力下放和建立公共产品市场、增大基层管理者和资本的影响，最终建立善于掌舵的服务性政府。

二 法学视角：公务员考试权的法治化治理

从法学视角看，公务员考试权的运行包括立法为据、执法治理、司法保障三个层面。公务员考试权法制化治理模式并不意味着在考试制度设计时完全将规范主义控权模式与建构模式割裂开来，而是将两种治理模式引入到制度设计之中。公法的首要功能是提供一种机制，公共服务的高效运行在任何时候都能在这一机制之内得以保证。就公务员考试权而言，该机制应为规则之治与原则之治并举的合力。从宏观上讲，规制公务员考试权的路径无非有立法、行政、司法与社会监督。显然，采取立法、行政、司法的控制，基本上将公务员考试权的治理技术概览无余。

（一）立法为据

公务员考试权运行的立法在制度设计时应该充分体现人权保障因素，并从法治本原上避免甚至是杜绝公务员考试权运行不规范的可能性，以彰显公务员立法制度的前置性控制功能。这就需要在公务员考试立法理念层面确立权力配置的人权属性，以侧重于人权要素注入法律规范的拟定或者以人权标准检视法律规范，从公务员考试权作用力发挥的根源及其运行的阶段，实现公平公正要素得以全方位贯彻。具体而言，公务员考试制度立法层面的展开将由权力机关的立法与行政机关的立法，实现细化宪法之考试中权利保障功能，形成治理公务员考试权的具体规则。2015年3月15日，中华人民共和国第十二届全国人民代表大会第三次会议通过了《全国人大代表大会关于修改〈中华人民共和国立法法〉的决定》，进一步限定了授权立法的规则，第 10 条规定："授权决定应当明确授权的目的、事项、范围、期限、被授权机关实施授权决定的方式和应当遵循的原则等"，由此可见，公务员考试权的授权性规定，亦应当细化《立法法》所涉授权性规则，以遏制在公务员考试过程中，权力恣意的危险。同时，后发于现行规则之外的新问题，也应该有相应的立法将其规范。在宪法原则的指引下进行开创性的法制创建活动，以应对实际考试中的新情形、新问题。各个地方应加大针对以往公务员考试权运行不规范的处罚力度，新增处罚或禁止事项、创新管理规则等内容。在公务员考试权运行的立法技术上，应当注意，实践经验已经较为成熟，并不存在较大争议的事项，应当予以明确规定适用要件和效果要件；而对于存在较大争议尚需在考试实践中进一步验证的，应趋向原则性设定，以给予适法者留有足够的裁量空间，特别是执法者在此情形下，可以有效实现个案正义。此外，需要指出，鉴于公务员考试权的强权本性，细化的治理规则应当占有较高的权重，由此才能契合公务员考试权的规制效果。

（二）执法治理

公务员考试权的运行除了要依循法律规范外，还应注重运用柔性规制手段，并致力于建构公务员考试权运行的自制规范。严格恪守法律规范，以及遵守规范文本法制内容与法治精神，是规范主义控权模式的基本要求，也是规制公务员考试权的根本法治路径。然而，当前社会矛盾复杂、考试问题多元，急需多元化的解决机制，尤其是在福利考试行政与给付考试行政的推动下，公务员考试权的运行越发注重协商、沟通、民主等柔性手段的运用，不拘于法律规范的硬性规定，以问题化解为导向的契约考试行政表现出强大的实践生命力。通过建立多元化的考试权运行规范，考试评估主体模式、明晰考试评估的对象、健全考试评估的标准和方法等方式，架构科学合理并富有民主性的考试评估机制。当前，公务员考试权的自制规则不仅仅限于传统意义上制定规章或者规范性文件，也逐步推行裁量基准制度、权力清单制度、负面清单制度、责任清单制度，这些都是政府自制的当然内容。上述自制规则在实践中逐步得以推崇，特别是在十八届三中全会与四中全会提出"市场在资源配置中起决定性作用和更好发挥政府作用"的战略安排，重新定位了市场、社会与政府之间的关系，其核心要义在于政府应当有所为，有所不为。如何在实定法之外更好地发挥政府作用，是考验政府执政技艺的重大课题。未来公务员考试权法治化治理的推进，一方面恪守上位法的基本要求，另一方面应考虑到具体运行的法治化、民主化、科学化。

（三）司法护航

综观规制公务员考试权的现有司法技术，大致为规范主义控权模式在司法领域的体现。这主要源于我国作为大陆法系成文法的法制传统，不同于判例法的英美法系，法自由心证的权力和裁量权能是受到限制的。[①] 具体而言，按照现行考试制度，对考试行为以合法性审查为主，仅对个别行为予以合理性审查。在考试行政赔偿、补偿、自由裁量权案件中，功能主义型的考试权规制才有施展拳脚的空间。在我国公务员考试权运行的司法保障改革的实践中，跨区域设置法院检察院、立案登记制、扩大受案范围、规范性文件纳为审查对象、人民监督员制度、确立调解制度、维持复议机关应作为共同被告等问题的制度化、规范化，虽为规范主义的规则之治，但同时亦为功能主义之最大程度上保护相对人合法权利的原则之治的司法宗旨。按照这种理论、原则之治下的考试权诉讼应以保护相对人合法权益为中心，未来考试权运行制度完善的着力点应从以下层面展开：作为抽象考试行为的规章应纳入审查范围；应当打破考试行政诉讼传统上只允许"民告官"的格局，打开"民可告官，官亦可告民"的新局面；完善考试权运行案件再审程序；赋予当事人选择管辖的权利；等等。

[①] 刘启川：《行政权的法治模式及其当代图景——以交通警察权为例的展开》，《中国行政管理》2016年第2期。

三 社会学视角：作为社会设置的公务员考试制度

公务员考试信用制度属于社会制度的范畴，应具备一般制度的基本要素。作为社会设置的公务员考试制度是一个系统，是由公务员考试的观念、规范、履行规范的主体（人、群体及组织）和执行规范的机构与设施四个要素组成的综合体。

（一）价值系统

价值是公务员考试制度的内核，也是公务员考试权运行的主要动力。竞争性选拔考试的价值应该凸显其多元跨越与多元共生的统一性。多元跨越指公务员考试制度的价值是在否定之否定的形式中曲折发展的，即新价值是在对旧价值的否定之上产生的，又成为随时代发展的新价值的发展基础；多元共生是指公务员考试制度的不同价值在一定层次关系中、一定境域中是共同存在，并且相互补充相辅相成。另外，公务员考试制度的价值要保持其有效性，必须保证施行公务员考试活动的人、群体和组织对这些价值的感知、认可和不打折扣地执行。

公务员考试制度的价值范畴，应该包括公务员考试的理论、原则和价值追求等抽象文化丛。首先，如果没有自己的理论基础，任何一个学科都将面临边缘化的境遇。作为一门学科的考试学，应该有自己的理论；作为一种社会活动的公务员考试，也是建立在科学先进的理论基础之上的。其次，公务员考试只有秉承公平公正、人事匹配、科学规范、竞争择优、实践可行的活动原则，才能保证考试制度的内核丰富。再次，从公务员考试的社会功能看，促进社会人力资源尤其是优秀的人力资源合理配置，是其目的和主要的价值追求，以人力资源的优化配置促进社会良性运行和协调发展则是其终极价值追求。那么公务员考试制度的建立，是践行公务员考试活动的价值追求，而公务员考试的价值追求反过来又成为公务员考试制度的组成要素之一。

（二）规范系统

与公务员考试制度价值的抽象性不同，其规范系统更具体，是人们所公认的公务员考试活动的知识和秩序。规范系统即用以规定在这个制度下人们的相互关系及各自的行为模式和规范。广义的规范系统都具有这样三个基本作用：首先是规范和指导人类的社会活动，为其行为提供导向；其次是具有确认和控制越轨行为的作用；再次是具有维持社会秩序、促进社会整合的作用。

具体到公务员考试活动：首先，公务员考试制度可以规范和指导公务员考试的考试主体和考试客体的行为，是确立与调整其相互关系的原则，是维持公务员考试基本秩序的文化模式。公务员考试的考试主体和考试客体只有了解了考试相关规范并按规范行事，才能规范各自的行为，并与他人的行为相互配合，相互协调，满足共同的要求，实现公务员考试的终极目标。其次，公务员考试制度具有确认和控制考试越轨行为的作用。考试活动是一个系统，整个结构纷繁复杂，再加上人的差异性，人们的行为也并非完全一致协调，总会出现一些违背考试要求的行为，从而造成考试信用的问题。而公务员考试制度中的考试行为规范，为人们提供了对于公务员考试施行的具体行为准则，为人们提供了判断是非的标准。遵守公务员考试制度的行为就是正确的、被接受的、守信的行为，并应得到认可和赞许；背离了它就是错误的、越轨的、失信的行为，就不能被公众所接受，而应给予相应的制裁。再次，公务员考试制度具有维持考试秩序、提高考试公信度和促进考试各个基本要素之间整合的作用。在公务员考试的过程中，每个主体都有自己的权利和义务，都有自己的愿望和要求。如果让他们完全按照自己的想法和意愿随心所欲，各行其是，就会造成各种矛盾和问题，导致整个考试秩序的紊乱。公务员考试制度就是基于信用的原则，进一步规范、调适人们的行为，规定人们的关系和应有的权利义务。

(三) 人事系统

公务员考试的人事系统包括履行公务员考试规范的人、群体和组织。社会制度需要相应的组织系统来实践、执行，这里的组织系统即履行制度的人、群体和组织。组织系统对制度的建立很重要，因为组织是制度的实体，制度是依附于组织存在的。比如，只有金融制度，而没有银行和非银行的金融组织，金融制度就不能成立；只有医疗制度，而没有医生、病人和医疗部门这些个体和组织，医疗制度就是一个空壳，更谈不上医疗制度的贯彻实施了。所以，任何制度都要有自己的组织系统，用以推动相应制度的贯彻实施。要建立公务员考试制度，也必须建立履行公务员考试具体制度的人、群体和组织。提高公务员考试权运行的效率，公务员考试制度的人事系统需要具备三个方面的条件：一是有关公务员考试权的政治认知得到充分表达；二是公务员考试活动人事系统具有稳定性和开放性，能平衡系统内部的利益冲突；三是公务员考试的政治系统和行政系统关系明确，并得到法律保护，两者依法独立运行。从目前公务员考试权的运行态势看，其人事系统的稳定性和开放性稳步发展，而其政治系统和行政系统的关系仍需进一步梳理。

(四) 设置系统

群体和组织推动社会制度的运行必须凭借一定的条件与媒介，这就是具体的设置系统，确切地说是社会规范的执行机构和各项设施。如体育制度的运转就必须有俱乐部、球队等执行规范的机构和操场、体育馆、篮球馆、足球场等设施与设备。在这里，这些设施与机构既是这一制度运转的准备条件，同时也体现了这一制度的性质与功能。也就是说，机构设施完全是为制度而服务的，是为实现制度的目的而设置的。公务员考试制度的实施者指的就是考试主体和考试中介，考试主体就是组织公务员考试的党委和相关人事部门。考试中介中的队伍主要是命题队伍、阅卷队伍、考官队伍、支持考试信息的技术研发队伍。要想使公务员考试权得以顺利运转就必须有专门承担公务员考试活动和任务的机构及设施支持。

四　文化学视角：公务员考试权的文化解构

　　文化是人类所特有的，文化联系着社会生活和社会运行各个方面。公务员考试文化是考察和理解公务员考试及其考试权运行的重要维度。在公务员考试权运行中占据重要地位。文化是人类代代相传的整个社会生活的结晶，公务员考试文化是我国各类考试传承下来的精华，公务员考试的发展不可能离开考试文化的继承和发展。从一定意义上说，考试权的结构和运行是公务员考试文化型构的。

（一）公务员考试文化及特征

　　文化是与自然现象不同的人类社会活动的全部成果，包括人类所创造的一切物质的与非物质的产品的综合。公务员考试文化是一个复杂的综合体，包括公务员知识、公平公正信仰、考试设计的价值取向与方法艺术、考试的社会习惯性认知与道德、考试法律规约等内容。公务员考试文化具有以下特征：第一，公务员考试文化具有整体性。虽然文化覆盖了人类所有的行动，但并不意味着文化是个大杂烩。公务员考试的显著功能体现为政治录用，为国家统治和国家治理选拔政治精英，培育掌握政治权力的政治领导者，或接近政治权力并力图对其产生影响的政治角色。政治录用的标准在我国古代叫"德"与"才"，现代叫"红"与"专"，也就是政治标准（忠诚度）与业务能力；在今天集中体现为信念坚定、为民服务、勤政务实、敢于担当、清正廉洁的"好干部"标准。[①] 这一突出政治功能，要求公务员考试文化的构建必须围绕忠于国家、尽责统治集团的核心诉求，形成一个覆盖政治自觉、服务意识、理论知识、政治技能、业务能力诸方面的有机的系统的整体。在公务员考试权

---

① 习近平：《建设宏大高素质干部队伍　确保党始终成为坚强领导核心》（http://cpc.people.com.cn）。

运行中，各构成要素之间按照一定的规则或规律形成一个统合的整体，导引着社会成员按照公务员考试指挥棒的机制安排，为国家治理能力的提升选拔出一批批"接班人"。第二，公务员考试文化具有全括性。公务员考试文化不是单一的现象，而是覆盖各个方面的文化体系。公务员考试权运行的各个阶段和各个程序，都有公务员考试文化的参与。从考试政策的制定实施，到考试的价值理念和原则，都与公务员考试文化有密不可分的关系。例如，考试权运行过程中应该秉承怎样的原则和价值理念，这是公务员考试活动区别于其他社会活动特点之一。参与公务员考试的组织者和应试者的行为，都或多或少受到考试文化的制约和影响。所以说，文化无所不包，考试文化也是如此。在这一意义上，文化既抽象又具体。之所以抽象，是因为它体现在所有考试行动和考试现象之中；之所以具体，是因为我们可以将狭义的考试文化看作各种具体的考试行为。第三，公务员考试文化具有可习得性。这种可习得性多依赖文化学习，学习公务员考试文化主要依靠符号学习，将事物、知识、技能用符号来代替，通过公务员考试知识的符号化，人们可以将其存储和积累起来，然后通过教育和传授达到代代相传。

（二）公务员考试文化的构成

文化虽然是复杂的系统，各种文化之间存在着各种各样的差异，但是各种文化系统都有一些基本的构成要素，公务员考试文化也如此。这些要素包括象征符号、价值观念、规范体系和物质文明等。第一，象征符号。象征符号是人类通过意识控制而构建起来的象征体系，用来引导人们的互动、交流、思维、情感、学习和控制。某种意义上说，公务员考试的象征符号是公务员考试文化的重要基础，在公务员考试权的运行中，人类的诸多行为要依赖于象征的使用。公务员考试过程中的笔试和面试，都有其特定的语言符号和专业话语，这些象征符号成为公务员考试能够顺利进行的沟通桥梁，因此是考试权得以运行的基础。第二，价值观念，每一种文化都有自己的核心价值观念，不同的价值观是文化差异的重要体现。

文化价值观是指社会成员共同持有的关于是非、善恶、好坏、自我与他人利益关系的观念和倾向。公务员考试文化的价值观念与参与公务员考试的组织者和应试者的行动有着密切的关系，一方面，价值观决定公务员考试的组织者和应试者的态度和行为；另一方面，考试组织者和应试者的行为构建了价值观。第三，规范体系。文化的规范体系为社会秩序奠定了基础，文化中的规范体系是按照一定的价值原则构建起社会行动规则系统。考风考纪是维系公务员考试权运行秩序的重要规范系统之一，与公务员考试相关的规章制度和法律是正式的规范。第四，物质文明。每一种文化都包含各自的物质文明，它是由该文化中的社会成员所共同创造的物品集合体，包括技术、工具、住宅、食物、服饰、书籍等人工制品。公务员考试的物质文明，包括考试题库的出题与评判技术、考试工具、考场、相关书籍等。

（三）公务员考试文化的功能

公务员考试文化具有规范功能、整合功能、涵化功能，这为公务员考试权设置了运行宗旨和发展方向。第一，规范功能。文化使社会有了系统的行为规范，公务员考试文化为考试活动提供了材料和蓝图。有了公务员考试文化，考试组织者与应试者都有了行为标准。公务员考试文化也使考试各部门的负责人和应试者之间的行为功能协调和相互配合。公务员考试文化使考试的规范、观念更为系统化，公务员考试文化集合、解释着考试的全部价值观和规范体系。公务员考试文化所包含的规范体系有道德、法律、价值观念：道德是调整考试组织者和应试者相互行为的一种较为长期的、稳定的规范体系；法律是由国家制定的、强制实施的规范公务员考试权运行的体系；价值观念是人们评价、判断事物的思想标准，表现在考试中就是人们对受到赞许的事物和行为的追求。第二，整合功能。从文化整合的观点出发，社会上的各种文化机构都从侧面维持着社会的团结。政治机构实现社会控制、协调群体利益，教育机构驯化社会成员，使之更符合社会需要，军队保证社会安全，而公务员考试文化，则具有整合社会现有资源、实现人力资源最优配置的功能。由于公务员考试文化已经形成了一个整体的体系，文化的各构成部分相互依存，因而如果公务员考试文化的某一部分出现解体，也可能威胁到整个考试制度体系，进而造成社会危机。第三，涵化功能。人需要通过文化涵化才能成为社会的人，公务员应试者需要通过公务员考试文化才能成为合格的公务员，只有一步一步接受公务员考试文化的熏陶，掌握考试规则，并按照这些规则行事，才能保障公务员考试权良性运行。人们由普通公民成为公务员的过程，实际上就是个人不断学习和运用公务员考试文化的过程。

第四章　中国公务员考试权运行机制的现实批判

在哲学文本中，例如法律或学术，"批判"受影响于康德的使用，"批判"是指对于人类的有效性与容限或一组哲学声称的映照性检验。黑格尔扩充了"批判"的意思，着重倾向于某种系统性的审问，且能够探询教条、指示的边界。这样的扩充，促使对社会的批判这一想法的形成，如马克思的《政治经济学批判（1859）》[*Contribution to the Critique of Political Economy* （1859）]，在该书中所勾勒的对当年经济模型和时代的想法，以及此后所兴起的许多想法，都可以说是在系统性的审问脉络底下所溢出的。批判的意义在于推动某一问题在反复辩证讨论的基础上进一步发展。当前我国公务员考试权运行的实然状态及其与应然状态的堕距，亦应开展一系列批判，甚至更深层次的批判，以便开启对中国公务员考试权运行新图景的探讨。

制度是用以约束个人行为的一系列行为规则的总和。从社会哲学的角度看，制度范畴是一种关系范畴，即"调整交往活动主体之间以及社会关系的规则或规范，它标示着规则或规范对人的交往活动以及社会关系的功能和价值"①。我国公务员考试制度是调整政府和考生的考试关系的规则和规范，并标示着国家和考生个体参加考试活动的各自功能与价值，因此，对当代中国公务员考试权的分析与考察必须从制度入手，用制度分析法进行分析探究。

---

① 丁新霞：《制度与人的存在和发展》，《江海纵横》2007年第3期，第49页。

第四章 中国公务员考试权运行机制的现实批判

一 我国公务员考试录用制度的现状

(一)成绩与经验

1. 公务员考试录用制度的法制化

自1993年《公务员暂行条例》的颁布到2006年《公务员法》的颁布实施,国家先后出台了一系列有关公务员考试录用制度的法规和配套办法,为公务员考试录用制度提供了有力的法制保障。1993年8月14日,国务院发布并实施《国家公务员暂行条例》,并以此为基础于1994年6月颁布了配套的《国家公务员录用暂行规定》,对国家公务员考试录用的管理机构、录用计划、资格审查、考试考核、录用和纪律等做出了详细的规定。在此后的几年间,结合推行国家公务员制度的实践,我国又制定了系列与条例相配套的暂行规定、实施办法和一批政策规定、实施细则,内容涵盖公务员职位分类、考试录用、考核、职务任免、奖励、工资、辞职辞退、申诉控告、培训、出国培训、职务升降、任职回避和公务回避、职位轮换(轮岗)等方面。如2001年7月2日颁布的《国家公务员录用面试暂行办法》和《国务院工作部门面试考官资格管理暂行细则》。这两个法规主要针对公务员考试录用的面试阶段,对面试的管理机构,面试内容、方法和程序,面试考官的组成以及面试的纪律做出了详细规定。2004年11月15日颁布的《公务员录用体检通用标准》(试行),2007年1月颁布《公务员考核规定》(试行)。2008年陆续颁布了《公务员申诉规定(试行)》《公务员奖励规定(试行)》《公务员培训规定(试行)》《公务员考核规定(试行)》《公务员调任规定(试行)》等系列法规,对公务员履职进行了更为详细的规定说明。此外,2008年中组部还印发了关于《新录用公务员任职定级规定》的通知、关于《公务员职务任免与职务升降规定(试行)》的通知。

中华人民共和国人力资源和社会保障部令第4号公布,《公务员录用考试违纪违规行为处理办法(试行)》自2009年11月9日开始实施；2011年中组部与人力资源和社会保障部印发了《新录用公务员试用期管理办法（试行）》；2013年颁布《公务员公开遴选办法（试行）》；2014年国家公务员局发布了《国家公务员特色实践教育基地管理暂行办法》；2015年中共中央组织部、人力资源和社会保障部、国家公务员局联合发布关于印发《公务员录用面试组织管理办法（试行）》的通知；2016年，中共中央组织部、人力资源和社会保障部、国家公务员局联合发布《关于推进公务员职业道德建设工程的意见》；2016年7月，中共中央办公厅、国务院办公厅印发了《专业技术类公务员管理规定（试行）》和《行政执法类公务员管理规定（试行）》；2016年8月19日，在中华人民共和国人力资源和社会保障部令第30号中，明确提出《公务员考试录用违纪违规行为处理办法》自2016年10月1日起施行。

与此同时，各省、自治区、直辖市根据各地实际情况，在原条例的基本框架下，也制定了公务员考试录用相应的实施办法和实施细则作为法规体系的补充，内容大同小异。如浙江省印发的《浙江省公务员培训"十三五"规划》通知，出台的《浙江省公务员平时考核办法（试行)》《浙江省国家公务员录用考试工作细则》《浙江省国家公务员录用考试工作细则》《浙江省国家公务员录用面试工作细则》等，在不与国家法律、法规相抵触的前提下，对本省的公务员录用中的笔试、体检、面试、考核、监督等各项工作做出了具体的规定。上述有关公务员考试的法规、制度，使我国公务员考试权的运行走上了法制化的轨道。

2. 公务员考试录用制度的规范化

我国公务员考试录用制度经过十多年的建设，已初步形成了规范化的考录模式。一是确定了公务员素质测评指标体系；二是规范了考试录用工作各个环节的程序；三是形成了公务员公共基础知识、专业知识、技能和能力、个性品质及与岗位相适应的其他素质的测评内容，考试内容相对稳定；四是完善了笔试、面试、体检、考核、录用的配套方法，同时制定了考务管理及考录监督的有关规定等。

3. 公务员考试录用制度的科学化

在保证考试录用公平性的同时,当今的公务员考试录用制度更加注重科学性。科学性是当代公务员考试录用制度与古代科举制度的根本分野,也是当代公务员考试录用制度的"生命线"。目前,我国公务员考试的目的明确,考试标准分中央国家机关公务员和地方公务员两类,并形成了分层级统一考试的办考模式。在测评技术上,当代公务员考试录用制度利用现代人才测评新技术,结合职位特点系统设计,采取多种考试方法全面评估人的素质,既重视知识的考试,又注重个性、能力的测评;既着眼业绩的测查,又突出品德的考核;既实施现时素质的评估,又兼顾潜能的评价。

4. 公务员考试录用制度的现代化

随着科学技术的发展和计算机的普及,当代的考试录用工作科技含量不断提升,特别是信息技术在考录工作中的应用,网上发布招考公告、网上报名、网上评卷、网上查阅考试成绩现已发挥重要作用,计算机题库系统、考试的信息管理系统大大提高了考试录用工作的效率。

(二) 问题与局限

系统分析是系统方法在科学决策中的具体应用,它是一个有步骤地探索和分析问题的过程。我国公务员考试录用制度已建立十多年,其现状、效果、完善程度、改进方法等都得到了政府部门和广大人民群众的关注。这项制度关系到公务员队伍的素质与稳定,牵涉到社会公平与正义,影响着整个社会的就业形势。要想改革公务员考录制度,首先必须对公务员考试录用制度所存在问题进行深入认识,而要深入认识这一问题,必须对公务员考试录用制度进行系统分析。

1. 我国公务员考试录用制度内容方面的问题

一件事情的解决一般要经过提出问题、分析问题、解决问题三个阶段,公务员考录制度也不例外。从问题的提出来看,考录的核心是需求,也就是公务员职位出现空缺,要求补员;从问题的分析来看，考录的分析要素包括对公务员补充的方式、内容、范围、时间、地点、物资、程序、组织等方面；从问题的解决来看，考录的分析要素包括考试的举行、人员的录用与过程的监督。从我国公务员考试录用制度的各个要素来看，主要存在以下问题。

（1）考录模式僵化，难以满足用人部门选才的需要。为了保证考生在同一个条件下竞争，我国现行公务员考试录用制度主要采取的是"公开竞争模式"。公开竞争模式，是指所有应试者都要参加由主考机关统一组织的公开竞争考试，一般要参加笔试、面试、考核、体检等程序；考试结束后，根据成绩高低排出先后顺序，再由用人单位从高分到低分择优录用。这种考试模式下，应试者处于相互竞争状态，充分体现了优胜劣汰的原则。在我国公务员的录用考试中，基本都是采用这种考试模式。这种单一考试模式有两个特征：一是按中央组织部、人事部的通知要求，行政机关考试补充工作人员的范围为行政机关的非领导职务，所以省、市、县三级行政机关中主任科员、副主任科员、科办员，按规定都必须通过考试进行补充；二是上述所列考试补充的范围，都是通过同一种考试方式进行，即按照公开报名、笔试、面试、考核等顺序进行。

公开竞争模式的实施，在考试初期确实起到了积极的作用。但是，随着时间的推移，这种单一考试模式在运转过程中却出现了不少问题，暴露了模式僵化的弊端：一方面，容易导致考录机关与用人部门之间的矛盾。用人部门都是通过同一种考试来选取所需人才，在这种单一的考录模式下，容易出现用人部门和考录机关因缺乏沟通导致的各种问题，如考试活动不能很好地反映考生与拟任职位的匹配性，因而导致用人部门没有挑选到适合的人才。另一方面，考试结果难以达到人职匹配。同一用人部门的职位需求不同，不同级别的空缺职位在选人的要求上也有差别，如综合管理类公务员和专业技术类公务员在任职时会有不同的职位要求和专业要求，采用同一种考试形式，选出的未必是适合该职位的人才。

（2）各地公务员招录条件不统一。我国《公务员法》第十一条规定了担任公务员应当具备的七大条件，即"具有中华人民共和国国籍；年满十八周岁；拥护中华人民共和国宪法；具有良好的品行；具有正常履行职责的身体条件；具有符合职位要求的文化程度和工作能力；法律规定的其他条件"，而且在第二十三条明确规定：报考公务员，除应当具备第十一条规定的条件外，还应当具备省级以上公务员主管部门规定的拟任职位所要求的资格条件。第二十四条更加明确地规定了下列三种人员不得录用为公务员："曾因犯罪受过刑事处罚的；曾被开除公职的；有法律规定不得录用为公务员的其他情形。"然而目前我国在各地公务员的招录工作中仍然存在不少误区，具体表现为以下几方面。

一是招录门槛过高，盲目"追高攀名"。时下，一些地方政府在招录公务员时，竞相攀比，以高学历和毕业于名校为录用的基本条件，人为地提高招录门槛，这让很多有志于从事公务员职业的求职者面对公开招考的职位，只能是望"考"兴叹。这种风气带来了严重后果：一方面，行政成本提高。所谓行政成本是指政府在履行其职能过程中的各种成本支出。市场经济的大发展，客观上要求一切社会行为都要考虑成本最低的问题。同样，在政府行为过程中，也要重视行政成本的效益化问题。一般来说，引进高层次人才，意味着政府要为此支付比引进一般公务员更高的工资成本。当然，如果引进的确实是部门急需的高层次人才，自不待言，但如果一般人员也可以胜任该项职位，那么，在政府的支出成本与收益效果之间就会产生不平衡，从而导致行政成本的浪费。另一方面，人才浪费问题。即高学历人才被引入政府系统后，能否最大限度地发挥其专业特长和优势。很多高学历人才进入政府机关后，由于事务性工作繁多而导致专业知识逐渐荒疏，或者被当作政绩工程的"摆设"，难以发挥实际价值，这都是对人才和资源的严重浪费。

二是公务员招录存在地域歧视。所谓地域歧视是指在招录地方公务员时，将招录范围锁定为本地区或外地就学的本地生源，而将其他地区求职者排除于该地区的公务员招录范围之外的一种不公平现象。目前，许多公务员招考报名带有地方色彩，多数职位向本地人士开放，面向全国与地方的名额没有具体规定。例如，有些省市的一些部门自行规定报考条件，要求有本地户口，将报名者限定在某市某区、某校某专业等，这样的限制不仅违反公务员招考宗旨，也会给公务员考录工作带来严重后果。一方面，有违社会公平原则。招考过程中的地域限制，使不同地区的求职者，在就业资源占有和分配方面具有不平衡性，容易加重由资源不平衡引发的相关社会问题。如由于高考资源分布的不平衡性，很多考生通过将户口迁往异地来获得高考中更大的录取机会；而在公务员招录过程中设置地域限制，无疑会强化这一现象，因为将户口迁往大城市，不仅可以在高考中占尽优势，还可以在毕业后的择业中获得便利。另一方面，不利于人才合理流动和人才素质的提高。市场强调优化资源配置，显然用"地域"因素对公务员招录范围进行限制，不符合市场运行规律。在招录公务员时设定地域限制，人为缩小可录用人才资源的范围，很可能会使用人单位错失选择优秀人才的机会，不利于人才的合理流动和人力资源的合理配置。与此同时，招录中的地方保护也容易让本地考生产生心理优越感，甚至丧失竞争意识，客观上不利于人才素质的提高。

  三是招录中的"隐性"限制和"以人画图"现象。所谓"隐性"条件，包括性别、外貌、身体疾患、婚姻情况等方面的限制。近年来，国家针对公务员招考中存在的"人为设限"问题，出台了一系列的政策法规，并以此保障公务员招录工作的公正与公平。但仍然有相当一部分单位通过内部掌握标准的方式对求职者设置隐性障碍。之所以称其为"隐性"限制，原因在于这些限制性条件，一般不对外公开，而是由用人单位内部掌握，以此区别于明文规定的限制性条款。比如许多用人单位在公务员招录中存在不录用女性的不成文规定，这些"隐性"限制是公开限制的异形，比公开设定限制条件更可恶，它使被歧视者丧失了维权的基本证据。"隐性条件"限制过多发展到极端，就是"以人画图"。所谓"以人画图"是指根据"特定"人的具体特征来设定招录条件。这是一种暗箱操作行为，目的是排斥其他竞争者，保证"特定"的人能够进入最后的录用程序。"以人画图"显然已经演变为人事任用方面的腐败。

比如某用人单位事先想录用某关系人，这个人是28岁，那就把年龄限制为30岁以下，专业是行政管理，那就把招聘专业限定为行政管理，如果还没有结婚，那再把未婚作为一个限制条件，这样把大多数本来有资格报考这个职位的考生限制于门外，使招录的竞争性大大降低。如果对这种情况不加以制止，那么公务员考录则会变成一场失去"公平"的作秀。

（3）公务员考录环节不规范。目前我国国家公务员考试和地方各级公务员考试在考试录用环节上都存在不合理和不规范现象，归纳起来有以下几个方面。

一是考试轮制和层级设置不科学。首先，我国从中央到地方，公务员招考都是两轮考试制度，即第一轮考公共科目，进行统考，第二轮面试，包括专业考试（公共科目考试通过后，由招考部门对考生进行专业科目的考试）。这种考试轮制客观上会诱导考生重公共科目，轻专业科目。因为在目前的考试中，第一轮考公共科目，并以此考试成绩为进入第二轮考试的依据。而在第二轮考试中，专业加试考试完全由用人单位自己负责，缺乏人事部门监督和管理，其公平性难以保证。其次，考试的层次和级别划分不清，很难选拔出适合岗位的优秀人才。例如报考一般办事员与报考主任科员使用同一试卷进行测试，很明显，主任科员在个人综合能力和专业素质方面比一般办事员要求高，用同种试卷进行测评，很难体现出他们的个性倾向和专业素质，因此，这种不分层次级制的测试是不科学也是不公平的。再次，录用级别与考试档次设置不合理。目前公务员考试录用针对主任科员以下职务实施，对于担任领导职务或副处级以上非领导职务的大多采用调任办法，但调任对象不包括民营企业、三资企业以及高校等其他领域的高层次人才。这样，相当一部分高层次人才进入政府部门只能通过统一的公务员招考，无论其具备何种学历、经验都只能被任命为主任科员以下职务。这样的政策显然不能调动其他领域高层次人才进入公务员队伍的积极性，也在一定程度上影响了政府部门对高层次人才的吸纳。

二是考录方法功能待开发。我国公务员的考试方法目前主要是笔试和面试两种。总体看来，我国在公务员考试方法相对单一，对国外普遍采用的情景模拟、心理测验、笔迹辨析等辅助测评方法开发不够。在实际操作中笔试和面试虽然能在一定程度上考查人员的知识素质，但很难达到对考生心理素质全面而深入的测评。传统的笔试和面试方法不利于公务员选拔的客观性和公正性，影响考试的信度与效度。在"为用而考"原则的指导下，人事部于2000年开始在中央国家机关公务员考试中尝试增加了注重考查考生的阅读能力、分析能力、写作能力的考试内容，这在一定程度上能够较全面反映考生的能力素质，但由于量化标准少，笔试和面试测试方法有限，很难在较短时间内测出考生的真实水平。我国早在2000年通过并出台《全国公开选拔党政领导干部考试大纲》，其中明确规定要对干部的心理素质（能力、人格个性）进行测试，并且明确规定用面试的方法进行心理素质测试。但是政策出台至今，在对公务员考录与干部选拔的心理素质考察中，通过面试方法测试考生心理素质的方法并未得到很好的推广。

　　三是考录内容不够科学。公务员的笔试主要分为公共科目与专业科目两种。公共科目主要测试公务员通用的基础知识、基本技能、运用知识解决实际问题的能力及从事行政工作的潜在素质，由行政职业能力测验与申论两个科目组成。专业科目主要测试拟任职位需要的专业知识、专业法规、专业技能及运用专业知识解决实际问题的能力，其具体考试科目与内容根据拟任职位要求确定。一方面，笔试题目涉及内容过于冗杂，题目过偏过难，试卷结构重记忆、轻应用；《行政职业能力测验》在测试高层次特别是创新潜能方面的题目开发不够，历年考题出现不同比例的重复，影响了考试的公信力；《申论》所提供的材料几乎都是社会热点或焦点问题，试题很容易被考生猜中。另一方面，面试的测评要素不够全面，目前我国公务员面试主要测试应试者的综合分析能力，语言表达能力，应变能力，计划、组织、协调能力，人际交往能力，而对应试者的价值取向和职业道德素质等方面测试力度不够，对心理素质中人格等方面测评相对较少。测评试题的命题空间小，内容缺乏针对性，一些固定的测评要素已经被社会辅导机构研究透了，大量的考试辅导资料和辅导班"提高"了应试者的应考能力，题目一出来就知道是考哪方面能力的，考生就按一套答题模式回答问题，导致面试走向极端——八股文。八股文式的面试阻碍了考官与考生之间的沟通，导致双方不能对信息进行交流反馈，考生答题模式化，不能充分表现自身的特点和优势，面试难以考察出应试者的真实水平。

（4）我国公务员考录组织管理不够严整。主要表现在：一是我国公务员管理机构与考录机构设置不规范，考录机构职责不明确，对考试活动缺乏通盘考虑、组织管理工作不协调。一般来说，公务员管理机构的设置有部外制、部内制和折中制三种基本类型，各国都是根据本国的具体情况而采取相应的类型。我国目前采用的是部内制，也就是指在政府行政系统内设置公务员管理机构。我国实行部内制的最大缺点就是行政长官集事权与用人权于一身，有碍客观、公正地选拔人才。人事部门与用人单位在实际的公务员考录中形成"二元制"关系模式，即由政府人事部门（主持笔试的考录工作）与用人机关（组织面试、考核工作）共同负责考录工作，用人机关享有在面试时的"一票否决权"。尽管这种体制在录用公务员时可以实现"用人"与"治事"的有效结合，但是由于考录机构的不独立与考录权的不统一，处在一定位置的个人就往往可以凭借自己的地位和权力，在面试环节干预公务员的录用工作，从而破坏考试的公平性与有效性，影响考录公信力。由于考录机构设置不科学而导致考录机构的职责不明确，在组织公务员考录的过程中，各部门缺乏有效沟通，无法协调，往往呈现"各唱各调，各吹各号"的状态，使公务员考录陷入混乱，严重影响考试效率。

二是公务员考试录用队伍建设不健全。具体表现为：第一，考官队伍的构成缺少相对的稳定性，每次考录工作的笔试、面试考官组成人选带有一定的随机性、临时性。这样做虽然可以增强保密性，却不利于考官面试经验的积累与面试能力的提高。第二，考官素质参差不齐，目前我国的面试考官队伍主要由两部分组成，其一是组织人事部门和用人单位的官员，其二是高校和行政学院的专业技术人员，前者虽然具有一定的干部选拔任用经验，但对于专业管理知识理解不够、判断不准，一些参与面试的人事干部甚至会出现设问不科学的技术性错误；后者虽然有较为扎实的专业知识，但对社会需要和岗位特点研究不够深入，有些学者设计的题目倾向于理论陈述，对应用性、操作性的题目缺乏重视。有些考官自身的知识结构单一、陈旧或对公务员职位规范缺乏必要的了解，或缺乏从政实践经验和公务员考试命题与评委工作的经验，以至于在一定程度上影响命题和评判的质量，测试点极易放在考官自身的特长上，即其自身的工作经验或工作偏好上；还有些考官摆架子，傲慢对待考生，给考生很大压力，影响考生真实水平的发挥；另外，某些地方的考官队伍中存在"走后门，托关系"等造假现象。

2. 我国公务员考试录用制度结构方面的问题

从系统论的角度看，公务员考试录用制度的结构可以从要素关系层面进行分析。要素关系层面的公务员考试录用制度可以分为过程的结构、内容的结构和关系的结构三个方面：过程的结构，也就是从职位空缺信息的认知到组织考试，再到最后录用之间的工作流程；内容的结构，即各要素具体内容之间关联形成的复杂体系；关系的结构，这是一个宏观的结构，即考试录用系统与包含考试录用系统的政府管理系统、社会环境系统之间的关系网络。我国公务员考试录用制度基本上都从组织上形成了一定的工作流程，使之囊括了空缺职位的认知，报考信息的发布，确定招考对象、内容、方式、资格审查、考试、录用等环节；内容结构中的考试内容，初级公务员招考，全国有统一标准，各门考查内容间也力求有一定关联，体现了我国公务员德才兼备的要求；在关系结构考试录用制度与其外部环境之间存在互相制约的关系，我国政府对考录机关进行了严格要求，并在考录过程中引入了社会监督。但是，在实践中还存在许多问题，具体表现为以下几方面。

（1）过程结构问题。过程结构到底包括哪些必备环节，各个层次公务员考试录用似乎都没有具体的规定；中央和地方在公务员考录的时间、科目、内容、题目数量、难度、监督等方面都不统一；

在现实工作中，常常是有的只注重面试环节，有的只注重笔试考试，各类考试一般都有事中监督，但缺乏对事前职位分析和事后录用人员的民主监督。

（2）内容结构问题。在高层次公务员考试录用中内容结构问题比较明显，由于高层次的公务员考录并不是全国统一组织的，专家命题、组成评委都具有较强的地域性，因而内容结构方面存在各类问题。例如公务员考试近两年已经不再考"公共基础知识"这门学科，但还有一些省市仍在进行该项考试。全国各省市命题水平参差不齐，难以在全国同级别公务员考试录用上建立既有差别又有统一要求的标准。

（3）关系结构问题。公务员考试录用制度的关系结构问题，主要因为对考试录用系统与政府管理体系、社会环境之间关系缺乏具体明了的、具有可操作性的定量分析研究，因而在实际工作中常常造成工作不到位现象。比如对社会环境中的经济环境对政府管理体系、考试录用系统制度的功能与作用，由于认识不够，所以对这一资源利用不足，难以发挥其在考试录用中的积极作用。

3. 我国公务员考试录用制度操作方面的问题

公务员考试录用制度的功能一般有选拔英才、调节就业、体现公平、维护正义四项。其中，前三项为直接功能，后一项为间接功能。公务员是代表政府机关行使公共管理权力的精英人士。因此，公务员考试录用应把好选拔优秀人才的第一关。选拔英才应是我国公务员考试录用制度的第一项功能，选拔人才就会涉及社会劳动力工作岗位的变动，因而具有调节就业的经济功能。同时，选录公务员，应该体现社会公平、公正的原则，维护正义也是公务员考试录用的一项功能。就我国公务员考试录用的现状来看，上述几项功能，在目的上都是比较明确的。但是也应看到，在发挥公务员考试录用制度的基本功能方面还有一定差距。

一是考录的政治与经济的功能在一定层面相分离。精英引进与人才本土化相矛盾，民主与集中不统一，法制建设不健全等。在我国公务员考试录用制度运行中，首要注重的是其政治功能的发挥，即通过选拔人才，维护公务员队伍的稳定，进而体现社会公平等。而对于考录的经济功能，如调节就业就考虑甚少，对考试选拔运行的经费与资源使用也没有严格的效益观念。在录用人员的地域方面，突出问题是从本地部门直接选拔上来的多，在某种意义上使政府精英选拔的视野狭窄，流于地方化。在公务员考录的具体操作中，政府为主办，而群众自觉参与的数量比较少，参与的形式也比较单一，因而公务员考试招录活动往往充满了高度集权的长官意志。

二是公务员考录法制不完备。虽有《公务员法》，但在考试录用的有关方面缺乏操作性强、内容科学、合乎实际的实施细则。笔者通过查询大量资料发现，我国已经出台了许多有关公务员考试录用方面的规章办法，但至今未发布一个较为完整的全国统一的公务员考试管理办法，包括考试报名办法等相关规章制度。由于法制不完善导致我国公务员考录制度的监督系统不完善，不能完全发挥考录维护社会公平和正义的基本功能。目前，很多地方公务员考录监督还是停留在传统型、常规型的一般监督层面，有些地方存在"监督缺位""监督虚位"现象，主要问题表现为"内部监督不力，外部监督无门"。由于法制不完备和监督系统的不完善，我国公务员考录制度操作不到位，有法不依现象还在部分地区大量存在。

二 公务员考试权运行的制度缺陷概述

诺思指出："制度是一个社会的游戏规则，更规范地说它们是为决定人们的相互关系而人为设定的一些制约。制度构造了人们在政治、社会或经济方面发生交换的激励结构，制度变迁则决定了社会演进的方式，因此，它是理解历史变迁的关键。"① 制度构成"经济人"选择的基本约束条件，"经济人"的最终行为可以被视

---

① ［美］道格拉斯·诺思：《制度、制度变迁与经济绩效》，刘守英译，上海三联书店1994年版，第3页。

为动机与约束的函数。在各种制度中，政府是一个至关重要的制度安排，我国公务员考试制度所存在的问题与局限，突出反映了我国公务员考试权运行失范的实然状态。

（一）行使主体混乱

主要是多头分散管理现象严重，考试权的行使缺乏统一的管理机构。对于同样是全国性的国家统一考试，有的是由人力资源和社会保障部中国人事考试中心负责，有的是由某国家行政部门（如司法部、财政部、国家税务总局、住建部、国家旅游局等）负责，也有的是由几个部门共同负责。由此带来的问题不仅是机构重复设置造成资源浪费，更重要的是降低专业化管理水平，降低工作效率，同时也为腐败的滋生提供更广阔的温床。对于其他一些考试权行使主体不明确的项目，在行使主体上更是五花八门，僭越行使考试权问题十分突出。

考试机构管理体制不统一，影响了考试权的正常运行。从考试实践来看，目前我国担负国家统一考试工作任务的教育部、人力资源和社会保障部、国家卫生和计划生育委员会、司法部等国家机关，都设置了管理考试的机构——"考试中心"，但是国家对这些考试机构的职能却没有统一的规定，省、自治区、直辖市这一级的"考试中心"显得更混乱。国家公务员录用考试管理机构的设置亦为如此：省级人事考试机构中，多数是行政部门主管的事业单位，履行一定的行政职能，有的省级考试机构属于人力资源行政部门内设的职能机构。就考试机构的行政级别而言，有正厅（局）级，有副厅（局）级，有的则是正处级；从考试机构的编制看，也不太一致：少数属于国家公务员序列，多数则是事业编制（其中又分为全额拨款和自收自支两种），有的考试机构工作人员中既有公务员编制，又有事业编制；考试机构工作人员的配置各地也不一致，多的达近二百人，少的则仅二十来人；考试机构的名称五花八门，有"考试中心""人事考试中心""人事考务中心""人事考试管理中心""人事考试院"等多种，不统一。同时，还存在考试机构的名称同其性质名不副实的问题，如某省设置了"考试局"，似乎是行政管理机构，但是实际上其工作人员全部属于自收自支的事业编制。

（二）权责范围不清

对于什么样的职业需要具备什么样的资格，除个别职业（如司法）外，国家尚没有明确的法律规定，有些虽然有规定，但由于位阶层次不高缺乏权威性和有效性。从实际的运作效果来看，从事相关职业的人员也并非都严格具有相应的资格条件，这又使本身位阶不高的文件规定在执行上更是大打折扣，带来考试权行使范围不清晰的问题。而且这个问题又同前一个问题是互为因果的，因为考试权行使范围不清，所以行使主体混乱，由于行使主体混乱，更加导致行使范围不清。

（三）技术规范不一

考试权的行使是一项十分庄重严肃的事情，其繁复的程序绝不是无病呻吟。在考试权的行使过程中，每一项制度设计都有其特殊的意义，其内在都包含了某种价值取向。因此对每一项制度的落实都应当制定明确的技术规范来加以保证。从我国目前的考试制度来看，一是没有一套系统完整的规范可供参照；二是已有的规定零星散见在各个文件中，均是因时因事制定，没有普遍适用的效力；三是已有相关文件的法律位阶不高，执行刚性不强。

（四）法律责任不严

对考试权行使规范的违反，不仅是侵犯国家行使考试权的正常管理秩序，同时也是对广大应考人公平参加考试、平等竞争权利的损害，更是对社会公正的侵犯，其社会危害之大、影响之深都是非常严重的。目前对违反考试权行使的行为追究，一是没有明确的法律规范来加以规定，法律缺位现象突出，现实中在对一些考试舞弊案件的处理，往往以罚代刑，对当事人多以党纪、政纪来处理，混淆了党纪责任、政纪责任与法律责任的区别。二是对具体个案做出的处理结果与其行为所产生的社会危害相比，极不协调，没有体现罚当其罪的效果。如原国家人事部就严肃中央国家机关统一录用公务员考试考风考纪专门下发的通知指出："要进一步严明考试纪律，坚决处理违纪人员。对违纪情节恶劣的，如利用手机等工具作弊的；抄袭、协助他人抄袭试题答案的；冒名顶替参加考试的；考试未结束前，出卖试卷答案的；参与有组织的作弊或与工作人员串通作弊的，在事实清楚、证据确凿时，取消考试资格或宣布考试成绩无效，并视情节给予一定年限或终身不得参加公务员考试的处罚；有工作单位的，向所在单位通报；属国家工作人员的，建议所在单位给予行政处分；属在校生的，将向所在院校通报。对参与作弊的工作人员按有关规定严肃处理。"[1]

三 公务员考试权运行的承载主体

考试活动的组织者与参加考试的考生在公务员考试过程中各司其职、协同活动，共同完成考试活动的任务。无论前者还是后者，在考试活动中的误差行为都会阻碍公务员考试权的良性运行。在公务员考试活动中，考试组织者的任务主要是政策制定、考试设计、组织实施、培训考官队伍、考试研究、命题、阅卷、质量评估等；而考生的主要任务则是按照应试要求、规章制度参加笔试、面试、体检、履历业绩评价、组织考察等。公务员考试活动主要借由笔试和面试完成。笔试和面试程序能否公平公正开展，也是制约公务员考试权运行的重要因素。

（一）笔试理想效应与现实问题

所谓笔试，就是让参加考试的考生在限定时间内，在指定的试

---

[1] 参见《人事部：作弊可能受终身不得参加公务员考试处罚》，2004年11月25日，中国新闻网。

卷上按要求作答，依据答题情况评判考生成绩。

1. 笔试的理想效应

笔试作为一种古老的、基本的、常见的甄选方法，在保证笔试试题命制科学性的前提下，其优点非常明显。

（1）客观公正。客观，从哲学上解释，就是对待事物的态度是不以人的意志为转移的。笔试试题题型一般由单项选择题、多项选择题、判断题等客观型试题组成，这类题型不存在酌情打分的可能性。对考生而言，对即是对，错即是错，对了就给分、错了就没分，没有任何回旋余地，公平感强。笔试的客观特指其试题的答案具有不容置疑的唯一性，很难受阅卷人员主观因素的影响，可以避免阅卷过程中因阅卷人员的主观随意而出现的评分误差。

（2）误差易控。公务员考试笔试中，试卷由大量客观题和少量主观题构成。无论是人工阅卷，还是机器阅卷，误差都较容易控制，主要得益于笔试结束后，试卷通常会存档，半年之后才被销毁；同时，笔试存在阅卷期，在阅卷期间，几个阅卷人员轮流批改同一份试卷，对他人评分均无异议的情况下才算完成阅卷工作。即使评分出现错误，事后仍然可以查询纸质试卷或者答题纸进行核对、更正、及时补救。

（3）监督有力。在公务员考试笔试活动的命制、组卷、印制、运送试卷程序中，有严格的安全保密措施；在应试者参加笔试的过程中，除了设有监考、巡考工作人员之外，在考场还安装了高科技摄像头等监控设施；笔试结束后应试者的书卷设有密封环节；因此，公务员考试的笔试在各个环节监督都很到位。

（4）经济高效。笔试还具有"经济高效"的优点，源于当前的笔试考试模式——"一张试卷考天下"。这种考试方式对试题命制小组来说，与多套试卷相比，一套试卷命制的难度降低，节省出题时间；试卷印制、考场安排、考卷评阅省时省力又省钱。

（5）筛选功能强大。笔试作为公务员考试活动的第一关卡，其目的是测试应试者应具备的基础知识。通常笔试环节结束后，按照成绩的高低依次排列，成绩高的，基础知识掌握得较为扎实的那部分考生将顺利进入考试的下一环节。

2. 笔试的现实问题

任何事物都存在两面性，笔试也有其局限性。当前笔试作弊技术已经形成产业链，不仅有传统的小抄，还有现代技术高端的作弊设备。公务员考试中的笔试发展至今，学界对其理论、技术以及方法的研究已经非常之多，但是仍然难以避免笔试环节不出问题。

（1）管理疏漏引发"泄题"。考试组织与管理活动贯穿整个考试活动的始终。公务员考试活动各个环节均需要有效的组织和管理。就笔试试卷来说，在考题命制、试卷印刷、试卷保管、试卷运送等诸多重要环节，都应制定好相应的保密规章制度，要求涉事人员签订保密协定，做好试卷保密工作。但是由于接触试卷的工作人员众多，鱼龙混杂，难免会有人伺机寻找空当，有意将考试试题泄露出去。因泄题导致异常高分的情况，在2006年、2008年广西公务员行测考试时均有记录。

（2）施策时间不一引致不公平。监考人员的性格是急躁型或拖延型，事关每位考生的切身利益。急躁型的监考人员分发试卷的时间较为早，拖延型的监考人员不能体会到考生焦急的心态，不紧不慢甚至是晚于规定的时间分发试卷。监考人员都是经过严格培训的，按照培训内容会在分发试卷前宣读考场规则等诸多内容。一旦出现考场施策时间不一的情况，对考生而言后果是截然不同的；另一种情况就是，分发试卷时间一致，最后收取试卷的时间不一，或早于规定的时间收卷，或按照规定的时间收卷，或晚于规定的时间收卷。不难看出，收卷时间越晚对本考场的考生越有利，对其他考场的考生则不公平。以上种种因为施策时间不一带来的不公平问题相对来说非常普遍，可以说只要有考试就会发生。

（3）主观题评分误差较大。客观试题评分误差的可能性几乎为零，换言之，笔试评分误差问题集中体现在主观题评分误差上。由于公务员考试的几种方式中，主观性试题种类也有很多，如简述题、论述题、综合应用题、作文题、申论题等。这些主观类试题虽然能够综合考查考生的知识能力、思维状况、理解程度，但是评分标准容易受到评分者知识水平、心理状态甚至评分标准不客观的影响，产生评分误差。这种误差通常表现为不同的阅卷评分人员在评定同一份试卷时，或者同一阅卷评分人员在不同时间评定同一份试卷所评出的分数存在差异。如因评分人员个人业务能力与素质不同产生的人员评分误差；答案表述方式多种多样、评分的自由空间较大引起的误差；考生作答时答题语言的专业化程度、语言组织状况、阅卷环境、阅卷风气、阅卷速度、阅卷强度等引起的考试误差问题。

（二）面试理想效应与现实问题

面试通常是指，在笔试的基础上，考官与考生面对面交谈或者考官借助某种测评工具与技术对考生施以观察，进一步测评考生的知识、经验、能力、性格和气质的一种考试活动。面试通常主要由面试目的、测评项目、测评标准、面试考官、面试考生、测评模式、面试试题、考官信息、考生信息、面试时间、面试考场、面试结果等诸多因素构成。

1. 面试的理想效应

与笔试相比，面试具有显著的优点。

（1）测评功能大。笔试仅仅能够测试出考生所掌握的基础性知识，发挥的主要是筛选功能。而面试则不同，它注重的是优中选优。借助面试，除了可以判断出考生对自己所掌握的基础知识水平综合运用的能力以外，还可测试出考生的表达能力、应变能力、逻辑思维能力、综合分析问题的能力、仪容仪表甚至是人际交往能力、实际操作能力等，此外，还可间接地测试出考生的气质、性格等特征。当然，不同的面试工具具有不同的测评功能。在综合运用多种面试测评工具的情况下，对考生知识与能力的测评结果也是最科学的，却要付出高额的成本。所以，在公务员考试面试过程中，通常选择两种具有代表性的测评工具，即结构化或半结构化面试、无领导小组讨论。

（2）重视素质测评。在笔试环节，考生备考充分，还有其他考生"陪考",环境相对轻松,考生对基础知识的掌握是考核重点。而面试作为考试活动的第二道关卡,不仅可以测试考生的知识水平,还可以测评出考生随机应变、处理敏感问题的综合反应能力。准确地说,面试是考生与考官之间的一场心理仗,心理素质过硬,便会突出重围;心理素质不好,则会被淘汰。

(3)测评工具丰富。面试不像笔试那样,测试方式较为单一。面试的测评工具种类很多,如口试、结构化面试、半结构化面试、无领导小组讨论、情景模拟、行为面试、案例分析等。不同的面试工具,具有不同的测试功能。在选人用人的过程中,相关单位可根据岗位的特性,有针对性地选择一种或几种面试测评工具,以便准确测出应试者是否具有岗位所需要的某些素质、能力和特质,进而达到选拔出优秀的、与岗位匹配的人才的目的。

2. 面试的现实问题

按照相关规定,公务员考试面试评委一般是事先确定好的,通常由省(市、区)委书记、组织部门领导干部、空缺岗位部门领导干部、纪委部门干部、相关专家等共同组成,要求至少8人以上。面试固然存在测评功能强大、可测出被测人员心理素质状况、种类繁多的优点,但也有其局限性,如面试测评工具和技术对周围环境要求严格,考试活动成本较高;成绩评定对考官素质要求高;面试测评工具难以测出应试者真实的理论知识水平等。

(1)面试成绩"死无对证"。公务员考试实践多年,为了应对各种作弊问题,笔试环节除了传统的监考形式以外,还配备具有监考职责的巡考人员、高科技的反作弊仪器(如手机信号屏蔽仪、摄像头等)。但是在面试环节,反作弊措施使用有限。事实上,这些反作弊的技术手段,在面试环节不仅承担监督考生的功能,还能够督促面试评委对考生表现做出合理评价。然而目前的公务员考试,面试环节缺乏高科技手段的应用和普及,造成了面试考试结束后考生成绩无据可循的后果。即使考生对成绩心存异议,也无法像笔试那样,在试后复查核对成绩。面试主要是依靠应试者口头表达,考试过程不录音、不录像,造成面试成绩"死无对证"的现象。这个问题已存在多时，在部分公务员考试中仍未得到解决。

（2）面试中"公开的秘密"。公务员考试中的结构化面试理应发挥其甄别功能，即通过结构化面试区分出不同考生个体身上的领导能力差异、不同面试考生的个性特征与职位的匹配程度。但是，现实的公务员考试中，面试考官通常是提前内定的，这为关系户伺机寻找"档期"提供了可乘之机。某些有关系的应试者伺机借助各种关系联系到面试评委成员，委托其为自己打高分，以顺利进入考试的下一环节。因为没有关系而导致成绩"低"的考生只能"哑巴吃黄连，有苦说不出"，不过，这一问题随着国家政治的日渐清明有所缓解。

（3）面试成绩不透明。公务员考试中，面试的考生只知自己成绩，不知他人分数。一般在面试结束后，会当场公布考生分数，但是并不是集体公布分数，而是只向每位考生公开他本人的成绩，不公布其他人的成绩。在此情况下，篡改笔试成绩易如反掌。2012年6月，广东省中山市人力资源考试院考务股股长李毅坚被指示篡改林钰成的笔试成绩使其获得相应的面试资格；原人社局纪委书记梁国影在进行面试前和两名考官打招呼，要求给予关照；林钰成面试取得91分的高分，总成绩排名第一；为了不引起关注，又将林钰成对外公布的面试分数调低了10分。这一事件的产生正是因为面试成绩的不透明，这种不透明性为腐败的滋生提供了温床。

第五章　中国公务员考试权运行的现实域境

任何一种制度都要在一定的社会环境中不断完善，公务员考录制度也不例外。公务员考试录用制度从开始提出到初步形成，再到《公务员法》的颁布实施，都受到生态环境的影响和制约，社会政治系统、社会经济系统和社会文化系统构成了我国公务员制度的"社会生态环境"，它是我国公务员考试权规范运行"赖以生存和发展的前提"。在公务员考试事业空前繁荣、考试与环境的关联日益复杂的今天，从社会环境对公务员考试所产生的影响这一视角对公务员考试权的运行进行深入探讨，必将有利于对公务员考试权运行规律的科学把握。

一　考试与社会环境的一般关系探讨

考试和环境，都是系统性概念。"考试如同大千世界其他社会现象一样，是以系统的方式存在的，并以社会的子系统参与社会母系统的整体运行。"① 考试环境同样以系统的方式存在和运行，并因与考试活动系统的密切关联，而成为考试活动直接依存的外部系统。公务员考试权运行的社会②环境，其实就是公务员考试的社

---

① 廖平胜：《考试学原理》，华中师范大学出版社2003年版，第100页。
② "社会"的概念有狭义和广义之分：广义的"社会"是指一定地域内人类生活共同体的总称，包括这个地域范围内人类群体作为一个整体赖以存续和发展的一切要素。狭义的"社会"则仅指一个地域范围内人类共同体生活中与政治领域和经济领域相对分立的那一个部分。本章中对公务员考试权的社会环境分析中的"社会"，显然指广义的"社会"。参见郑杭生《社会学概论新编》，中国人民大学出版社2003年版，第33页。

会环境。

(一) 考试社会环境的概念

考试环境是相对于考试活动内部系统的外部系统。它既给考试活动系统以信息、物质、能量的输入，同时又是考试活动系统信息、物质、能量输出所作用的对象。所以，考试环境以系统方式存在，并以系统运行的方式与考试活动系统发生作用。考试是一种社会活动，考试的社会环境是考试活动系统存在、运行、发展的基础，是考试活动系统紧密关联的外部主体条件系统，其状态如何，不但强烈影响考试活动的效率与效益，而且制约考试革新和发展的进程，甚至决定考试制度的存亡。

(二) 考试社会环境的组成要素

1. 考试的经济环境

考试的经济环境是指考试所处时代的经济制度、经济结构、经济机制和经济发展的整体水平。其内容一般包括生产力发展水平，人力资源和物质资源的发展状况，产业结构、职业结构和技术结构，经济体制、经济政策和经济运行的机制，以及社会整个物质生活水平的状况等。经济环境是考试社会环境的基本要素，并对考试的政治环境、教育环境、科技环境及文化环境有决定性的影响。

2. 考试的政治环境

在考试社会环境的组成要素中，政治环境居支配地位，直接调控考试活动的方向和社会价值。凡与考试活动系统有着某种关联的政治因素，均属考试政治环境的范畴。比如：国家体制，国家机构，政权性质，政治路线，政策法规；干部制度，人事制度，工资制度，就业制度，社会流动制度；社会层级结构，社会公平原则，社会秩序，政治局面及民主气氛等，都是构成考试政治环境的因素。它们对考试活动的运行发展，在不同范围或不同层面上起着支撑、促进或限制、阻碍的作用。

3. 考试的教育环境

教育环境是制约考试活动规模和科学化进程，影响考试活动效率与效益的主要因素之一。它包括三方面的内容：一是考试所处历史时期教育发展的总体状况，如教育制度、教育体系、教育设施的健全完善程度，各级各类教育的数量、质量及分布状况，教育投资状况，接受教育的概率与教育机会的均等状况；二是国民平均接受教育的年限和文化素质的整体水平，教育育才与社会发展所需人才的供求状况；三是各级各类考试工作者受教育的程度，以及整个考试队伍接受专业训练和职业素质水平的状况，这是考试质量优劣的决定性条件。

4. 考试的社会意识环境

考试的社会意识环境也可以说是考试所依存的精神文化环境，或者说是与考试活动直接相关的各种精神文明要素的总体状况。其主要内容包括价值观，人才观，考试观，教育观，宗教信仰，民族心理，风俗习惯，道德情操，法律意识，政治倾向，职业倾向，家庭意识，社会责任感，以及对待文化继承、文化渗透、改革创新的态度等。这些因素对考试活动的影响广泛而深远。

（三）考试社会环境对考试权的制约

社会环境和自然环境为考试活动的产生与发展提供了条件，反过来又制约了考试活动的发展：社会政治经济体制制约着考试管理体制；社会文化发展水平制约着考试科学化水平；社会人才价值观制约着考试观与考试标准。

1. 社会政治经济体制制约考试的管理体制

考试管理体制是考试管理组织系统、机构设置、隶属关系、职能范围、管理权限及法律地位的总称。它既是一定历史时期生产力发展水平的反映，又与所处时期的生产关系相联系，随着政治体制、经济体制的变化而变化。尽管考试管理体制的确立，应充分考虑不同历史时期考试的价值取向和运行特点，以及不同国家和民族的文化传统与习惯等，但最根本的是，必须体现所处时期经济建设和治国理政的要求。综观历史和世界各国经验，考试管理体制主要为三种类型，即独立型考试管理体制、从属型考试管理体制和兼容型考试管理体制。正因为考试制度是政治制度的重要组成部分，考试行为为经济机制所调控，考试管理体制不可脱离政治、经济体制而另成一体，所以在同一个国家会出现几种考试管理体制并存的现象。比如在英国，人事考试和教育考试的管理就分别实行两种不同的体制。①

2. 社会文化发展水平制约着考试科学化水平

由于物质生活的生产方式对整个社会生活、政治生活和精神生活具有制约性，一切社会活动的规模、内容、运作模式和结构与功能的改变，在根本上都取决于社会生产力的发展水平，所以考试活动的发展规模、速度及其科学化、现代化的进程，同样受制于社会物质与精神文明的发展水平，人类能够有效利用考试相关社会资源的能力，以及人类对考试的认识程度与驾驭能力。人类考试发展的三次历史性飞跃，分别出现在古代、近代、当代三个不同的物质与精神文明发展阶段，便是最好的证明。人类考试发展的第一次历史性飞跃之所以产生于公元七八世纪的中国，就在于无论从政治、经济、文教、科技、军事、国际交流等何种方位考察，此间的中国都立于世界各国物质文明与精神文明发展的前端；人类考试发展的第二次历史性飞跃，是为西方近代工业文明持续发展所促成的；20世纪末期，随着经济、科技、信息全球化和教育、人才竞争国际化，以及政治民主化进程的加快，社会流动频率的加快和分工的日益细化，职业准入、择优录用、竞争上岗等用人政策的普遍推行，服务于社会物质文明与精神文明发展的考试事业，便实现了第三次飞跃性的发展，形成了空前繁荣的态势。人类考试发展的历史与现实，揭示了考试的规模、速度及其科学化、现代化进程，受制于社会物质文明与精神文明发展水平的规律性特点，只有如实体现社会物质文明与精神文明发展客观需求的考试，才能真正成为一种推进

---

① 参见廖平胜《考试学原理》，华中师范大学出版社2003年版，第321页。

社会物质文明与精神文明发展的机制。

3. 社会人才观、价值观制约考试观和考试标准

人才与考试互相制约、相互促进，既有历史的继承性，又有明显的时代特征。人才与考试的密切关联，最根本的是"人才观决定考试观，考试观体现人才观"①。而任何一个时代的人才观，又无一不是同一历史时期社会人才需求的集中反映。作为服务于社会人才培养、任用及其管理的考试，必须体现不同时代社会人才观的要求，才能与不断变化发展的社会人才需求保持一致。由此可见社会人才观与考试观的关系，即"考试观的形成和演变决定于且滞后于人才观的形成和演变"②。

4. 家庭、社会环境影响考生的考试动机、行为和效果

由于考生在一定社会存在作用下形成的考试意识，是其参与考试实践的先导，所以考生所在家庭及其所处社会环境的境况，在很大程度上支配着考生考试的情感、动机、意志和行为，进而影响考生备考的态度、应考的心理和考试的效果。③

二 中国公务员考试权运行的多重域境

公务员考试作为诸多考试的一种，与其他考试一样，和社会环境存在相互影响的关系。但公务员考试有着自身的特殊性，因此，研究社会环境对其考试权运行的影响，对于探讨公务员考试权运行的规律，实现考试的目的，有着独特的意义。

（一）经济环境的影响

作为国家制度组成部分的公务员考录制度，其体制结构和运行机制，归根结底，总是根源于特定的经济基础，并受制于生产力水

---

① 廖平胜等：《考试学》，华中师范大学出版社1988年版，第124页。
② 同上书，第125页。
③ 本部分参见廖平胜《考试学原理》，华中师范大学出版社2003年版，第322、324页。

平。经济环境因素对公务员考试权的影响，主要表现如下。

1. 市场经济与考试关系的嬗变

经济活动都是在一定的经济体制下进行，但是我国社会主义市场经济体制是不完善的，必然影响人们的经济活动。新中国成立后，为建立健全社会主义计划经济体制，发展公有制经济，国家采用政治或行政等强制手段对传统社会组织进行改革，建立起新型的以管理为职能的和以社会分工为基础的各类社会组织，如企事业单位，军队组织、公益性组织及农村中的生产组织等。这些社会组织除了具备与生产资料公有制相结合的本质特征外，在管理方法上也具有类层级制的性质。20世纪80年代后，我国开始了计划经济体制向市场经济体制的改革。因为处于对新经济体制的探索阶段，较为完善的市场经济体制尚未完全建立，所以一些政府机关工作人员思维方式和工作方式未摆脱计划经济影响，这也导致公务员考试录用工作效率低下，影响公务员考录制度的发展。此外，经济体制的发展不完善导致公务员考录制度的保障制度不完善，影响了考试监督系统、法律保障系统及技术支持系统的发展。

近年来"权力部门化，部门利益化，利益法制化"在局部成为一个相当突出的问题。利益驱使下，一方面"跑马圈地"，另一方面又通过对政策的支配变相阻碍国家宏观经济政策的落实，不仅导致宏观政策屡屡偏移，还极大地妨碍了国家民生政策效果的发挥。自己立法，自己执行，自己监督，损伤了市场的竞争性和市场活力。反映在公务员考试领域，则是导致了考试关系的嬗变：国家由考试主体逐步向利益主体偏移，考生成为满足考试主体利益追求的提供者。由于公务员职业的特点、当前就业形势的严峻和公务员录用公平机制的建立和完善，从2007年开始，中央国家机关及其直属机构公务员考试报考人数居高不下，录取比例与日俱增（见表5—1）。

表 5—1　　　　近十年国家公务员考试报考情况数据表①　　　单位：人

年份	招考职位	招录人数	审核通过	参考人数	最终比例
2016	15659	27817	139.46 万	93 万	33∶1
2015	13474	22248	129 万	105 万	47∶1
2014	11729	19538	152 万	99 万	51∶1
2013	12901	20839	138.3 万	111.7 万	54∶1
2012	10486	17941	130 万	96 万	54∶1
2011	9763	15290	141.5 万	90.2 万	59∶1
2010	9275	15526	144.3 万	92.7 万	60∶1
2009	7556	13566	105.2 万	77.5 万	57∶1
2008	6691	13787	80 万	64 万	46∶1
2007	6361	12724	74 万	53.5 万	42∶1

此外，地方公务员录用考试的竞争激烈程度丝毫不亚于中央公务员考试。如此庞大的考试大军，缴纳考试费一项就是一个巨大的数字，同时还有各类公务员考试辅导班、版本各异的辅导教材和冲刺秘卷等，一个考生的考试成本相当高，而在这千军万马的考试大军中，真正挤过独木桥而被录用的，只是几十分之一。受此社会现实的影响，政府作为考试主体，其与考生之间原本是一种服务关系，却悄然变成了一种经济利益关系。在这种形势下，考试客体与考试主体的关系随之紧张起来，考试权运行的失范成为必然。考生因考试主管部门违规收取考试费的官司②，就有力地证明了这一点。

案例 5—1　公务员考试报名费过高　考生状告湖北人事考试院

报名参加国家公务员考试，在北京缴 60 元，在湖北得缴 150 元。武大一考生将省人事考试院告上法庭，收费"事件"变"案

---

① 新东方在线《2017 年国考职位表与历年报考数据统计》，2016 年 10 月 13 日（http：//news.koolearn.com/20161013/1098636.html）。原文资料的比例项有误差，作者根据测算作出了调整。

② 参见中国网《公务员考试报名费过高　考生状告湖北人事考试院》，2006 年 12 月 8 日（http：www.china.com.cn/law/txt/2006-12/08/content_7476360.htm）。

件"。

　　报名参加国家公务员考试，在湖北得缴150元，在北京却只需缴60元，合理吗？这一网上热议的"事件"在武汉市变成了"案件"。武汉大学法学院某考生将湖北省人事考试院告上法庭，提出被告收取原告公务员报考费人民币150元是违法行为，12月4日，诉状被武昌区人民法院初步受理。

　　该考生今年报名参加了中央机关及其直属机构2007年录用公务员考试，并在湖北省人事考试院网上支付考试费用150元。该考生在其诉状中提出，被告作为收费主体首先是违法的，因为公务员报考费应该是行政性收费，而被告湖北省人事考试院没有行政主体资格；其次，湖北"公务员报名考试费收费标准为150元/人"的收费依据是鄂价费字〔2001〕91号文件，但原告认为该依据违反了《价格法》关于"制定关系群众切身利益的公用事业价格、公益性服务价格、自然垄断经营的商品价格等政府指导价、政府定价，应当建立听证会制度"的规定；再次，原告认为湖北省的公务员考试报考费在全国最高，且远远高于全国的平均水平，同样的考试、同样的试卷，被告没有任何合法的理由收取如此之高的报考费用；最后，原告指出，被告的收费方式也违法。被告收取公务员报考费后只开收据不给原告正式发票，而其他省市如北京、河北等都给报考者开具正式发票，另外被告开具的收据中居然都不注明缴费人的名字，这显然不符合行政事业性收费的基本规范。

　　该考生希望通过法律途径为广大报考者维权，目前已获得武汉大学社会弱者权利保护中心的法律援助。（记者田豆豆）

　　2. 市场机制与考试的经济效益诉求

　　自市场经济体制确立以来，市场机制使整个社会关系产生了巨大的变革，在公务员考试中，考试成了人们追求经济效益的一种手段，对公务员考试权的运行造成了极大的影响。

　　（1）异化了公务员考试权运行的终极目标。一切政治问题，归根结底都是经济问题。国家公务员考试权的规范运行，其目的是为政府选拔优秀人才，为提高政府行政效能做好人才储备。但跳出考试看考试，我们就会发现，公务员考试的根本目的，是提高国家治理的能力，通过人才资源的最佳配置，推动生产力发展，促进经济水平的提高，这也是公务员考试权运行的终极追求。一个地区的发展需要三类人才，即党政人才、经营管理人才和专业技术人才，这三类人才只有在数量上富足，在质量上优秀，在结构上匹配，才能实现共同推动当地的政治、经济、文化和社会发展的目标。但在生产力不发达、经济实力不雄厚的地区，把大批人才吸附到公务员系统内，使经济实体与行政机关的竞争严重失衡，也是一个不争的事实，公务员考试"千军万马过独木桥"的竞争局面就是明证。再从发达地区与欠发达地区的比较来看，由于地区发展不平衡，各地经济条件差异大，公务员报名出现"两极分化"，公务员报考在地区上呈现失衡状态：东南沿海地区成为公务员报考的热门地区，例如江苏、浙江地区的公务员考试人数迅猛上升，南京2005年以来公务员有些岗位招收人员与报考人员比例达到1:1000，而西部偏远山区的公务员报考则明显冷淡。尽管公开考试普遍实行，但从社会观念到体制，公开考试只不过是通向身份等级的有效手段而已。这种状况，从市场经济体制角度来看，是合理的，符合资源配置的规律；但从公务员考试的社会效用看，则是值得思考的一个严峻问题——如果公务员考试只不过是人们追求自身经济价值的一个跳板，而公务员考试所负有的终极目的就难以实现，其造成的后果一是对欠发达地区优秀人才向富裕地区迁移，另一个后果是默许公务员经济利益至上，为日后以权谋私、权力寻租埋下了隐患。

（2）异化了"公开平等，竞争择优"的精神。我国东西部经济发展的不平衡会带来公务员考录竞争机制运作上的差异。在经济发达地区，价值取向的多元化导致对职业选择的多样化，对公务员职业的选择处于理性状态。与此同时，市场的规则意识已经相当程度地内化为社会成员的行为自觉，竞争机制是建立在规则和秩序基础之上的。因此，这类地区的公务员考试主考单位和考生能够相对较好地遵守考试规则，"公开平等，竞争择优"的精神也能够得到较好的贯彻。而对于市场经济不发达、市场秩序较差、规则意识不强、竞争观念扭曲的地区，"公开平等，竞争择优"的精神落实起来难度较大。这种不均衡的状况，相对于作为国家干部选用机制的公务员考试而言，不能不说是对"公开平等，竞争择优"考试精神的一种异化。

3. 公务员职位的商品性审视

随着改革开放的深入与市场经济体制的逐步完善，市场经济意识渗透到社会生活的各个方面，利益最大化成为衡量事物与行为价值大小的主要标准之一。在商品经济条件下，利润是商品价格与其成本之间的差额，而价格由商品价值决定，并受供求关系的影响。假设公务员职位属于一种商品，那么，公务员职位的行业利润就是公务员职位价格与公务员职位成本的差额。同时，公务员价格又由公务员职位本身的价值决定，并受公务员职位供求关系的影响。

（1）作为商品的公务员职位的价值分析。市场经济的一个基本假设是人是理性的，并以实现自我利益最大化为个人的行为标准。那么公务员作为一种职业，对择业者形成吸引力的价值大小主要体现在公务员职位所能提供的薪酬待遇与社会地位上。我国 1993 年通过并实施的《国家公务员暂行条例》明确规定国家公务员实行定期增资制度，国家根据国民经济的发展和生活费用价格指数的变动，有计划地提高国家公务员的工资标准，使国家公务员的实际工资水平不断提高。而于 2005 年通过的《中华人民共和国公务员法》再次确认了建立公务员工资的正常增长机制。随着社会经济的迅猛发展，近几年公务员工资亦频频上调，每年都以高于 10% 的比例增长，2001 年增幅更是达到了 24.6%，远远高于其他行业。[①] 在北京、上海等地实施的被称为"3581 工程"的"阳光工资"（科级、处级、局级和部级人员的月收入分别达到 3000 元、5000 元、8000

---

① 张仲华：《"公务员报考热"背后的需要层次变化分析》，《职业圈》2007 年第 6 期。

元和 10000 元），另外还有医补、车补、房补等各种收入，使公务员收入至少达到了社会中等水平。

（2）公务员职位供给需求分析。显然，我国公务员职位不仅拥有较高的市场价格，还处于占优势的卖方市场。与此同时，报考公务员的成本又相对较低。上百元的报名费、交通费与资料费对于当下国人的经济承受能力已不算什么，可以说，报考公务员的成本更多的是容易被人忽略的小成本，对于处于毕业季的大学生或已工作的择业者来说，他们一般可以挤出公务员考试所需的复习时间。同时，随着我国其他行业就业成本的提高，报考公务员的成本反而处于一个适中的水平，也容易被人们接受。因此公务员职位就拥有了较高的价格与相对较低的成本，即拥有高于市场平均利润的超额利润，这样，作为择业者的个人就会不断"购买"公务员职位直到公务员职位的行业利润低于其他行业的利润。

因此，公务员考试中国家与考生的关系嬗变成职位供给方与需求方的关系，参加公务员考试的动机从一种政治取向向市场取向偏移，由此产生的后果，不仅是对公务员考试权规范运行的影响，还有对进入公务员队伍后个体行为效标的影响。

（二）政治环境的影响

1. 二元化政治体制的制约

中国社会的二元体制是导致公务员考试权不能规范运行的制度性因素。我国目前以自给自足的农业为主要特征的传统社会与以现代大工业为主要特征的现代社会并存，形成了中国社会的二元体制。这一体制使户籍制度成为刚性壁垒，将公民分成两个利益集团，即"农业人口"与"非农业人口"，阻碍了农村城市化的进程，很大程度上限制了农民的公平竞争机会，这种体制导致公务员考录制度在实施中不能实现"公平竞争"。中国处于从传统社会到现代社会的转型时期，既有传统社会的特征又有现代社会的特征，这种双重性及其所引发的各种问题自然也在中国社会的各种组织中明显地表现出来了。与自给自足的自然经济相适应，中国传统社会中的组织通常是以血缘或宗族基础关系为纽带的家族式组织。随着社会的进步与发展以及各种现代组织的建立，理论上每个社会成员从家庭进入各种新型的社会组织时，会确立起新的行为模式，创造新的规范体系。但由于家族主义的思想根深蒂固，传统组织中的成员很自然地将家族制度上升为社会制度，将家族伦理上升为社会伦理，并以血缘关系下的传统思路来建立和处理人际关系。现代组织中表现出的类似家庭中的角色关系的人际关系，体现了传统家族式组织对现代组织的强大影响。二元制体制下的这种家族主义、血缘关系为公务员考试录用中的腐败行为提供了文化温床，导致在公务员考录中"走后门，找关系"暗箱操作等不正之风在某些地区不断蔓延。二元体制下的政治民主化和公开化的发展进程是我国公务员考录制度能否公开公正选拔人才的决定因素，由于目前我国的政治民主化和公开化进程尚处于开始阶段，所以人治色彩比较浓郁，影响公务员考录制度的"公平竞争，择优录用"原则的实施。

中国社会管理组织模式的二元性，导致我国政治体制不完善。我国已步入建设社会主义现代化的轨道，尽管我国的政治体制进行了系列改革，从中央到地方，我党建立了一批与政府对口或功能交叉的业务机构，政府系统又设置了党的工作机构，我国社会出现了二元主体的管理结构，导致政出多门，机构设置重复，公务员考录的管理与组织上党政系统及其内部的各部门分工不明确，招录工作缺乏统一协调，出现责任时各部门相互推诿，影响公务员考录工作的效率。我国在公务员的管理上存在党政权力边界含糊不清的问题，而这个问题不解决，党的组织部门与政府的人事部门如何具体分工也就不能解决，公务员考录工作的管理问题就无法明确。在党政职权不清的情况下，不可能实现充分竞争，党对人事工作的不正当干预直接影响着公务员考录制度的公平公正。党是政府部门公务员招录考试工作宏观指导者，但有些地方的党组织过分干预政府公务员的招录，使原本公平公正选拔人才的招考变成彻头彻尾的人事任命。行政体制改革的不彻底，导致政府机构不精难简，政府部门人浮于事，效率低下，在公务员招录考试时对职位分析不够，人职匹配在公务员考录环节就难以实现。

2. 传统政治思想的灰色影响

传统因素在新的组织形式中仍将以其在旧组织结构体制上的惯性和旧体制中的思维定式，继续发挥着一定的作用。在传统观念看来，掌握政府公共权力的公务员（或称官员）历来都是中国颇受尊重的职业，公务员群体作为官员的继承者仍然处于"官尊"的社会地位，而传统政治文化中，民众所具有的典型"子民"心态仍然在广大国人心目中存在。同时，我国现在的公务员群体拥有其他职业所没有的组织资源、经济资源与文化资源，① 这就使公务员这一群体在社会上处于优势地位。根据广州市穗港澳青少年研究所以随机抽样方式对500名年龄为18—35岁的广州青年做的调查问卷显示，青年心目中最理想职业的排序是：第一为党政机关干部（46.3%），第二为教师（30.7%），医生（30.3%）和律师（30.3%）并列第三位，选择经理的有14.7%，列第7位。选择个体户的只有7.1%，名列最后。②

应该说，在党政干部选拔任用方面，一系列新的制度相继出台，政府机构改革也到了新的阶段。问题在于，新的制度虽然已被建立起来，但也不能在短时间内真正成为组织运转的轴心。因为新体制尚需在实践操作过程中不断巩固、完善，同时需要同旧体制展开激烈的竞争。更为重要的是，传统的政治思想在我国政府机关人员中还有遗留，我国政治的民主化和公开化还处在初级阶段，民主化、公开化的意识还没有普遍形成。公务员在职务任用上还存在神秘主义、主观主义、任人唯亲、缺乏法制规范的现象，公务员上下级之间的关系仍然是一种带有封建色彩的等级关系，违背公务员考录公平公正原则，是公务员考录制度顺利实施的又一大阻碍因素。近年来我国公务员考试冷热不均的状况就非

---

① 沈传亮、王伟：《公务员群体的职业地位分析》，《国家行政学院学报》2006年第1期。

② 毕式明、黄丽颖、杨亚军：《公务员报考热的"冷思考"》，《南方日报》2004年11月11日。

常直观地说明了这个问题。①

案例5—2 公务员考试,考生为何"挑肥拣瘦"?

11月6日,2008年国家公务员报名结束了。朋友的儿子小王很"不幸",他今年报考的岗位,录取比例为"3592∶1"。与此同时,这次有77个职位无人报考,10个职位报考通过人数未达到计划人数,这些岗位大多为经济欠发达的偏僻地区或艰苦岗位。"冷热反差暴露了考生更加关注个人待遇的自私择业观",有专家对此颇有微词。小王并不认同:"冷热不均"的板子不该打在考生身上。

小王的理直气壮,让我有点"意外"。应当说,任何岗位都有工作价值,公务员岗位要求的是一种超越个人事务的公共品行。如果大多数考生尤其是应届毕业生,能真正领悟"公务"内涵,就不会过分关注岗位待遇,就会把个人才能与国家需求、公共服务紧密相连,就不会出现"3592∶1"与"0∶77"的巨大反差。显然,考生一窝蜂地直奔待遇好的岗位,冷淡对待艰苦的岗位,与公务员的"公共"属性要求有差距,须引起警惕。

"如果到了有权部门,有一个好岗位,就名利双收;如果不幸到了'清水衙门',无权无势,谁搭理你?"小王报名前,师兄师姐们这样教诲。必须承认,现在的单位与单位、岗位与岗位之间,差别真的不小。曾有媒体对某市一些部门收入"两极分化"进行调查,不同地区、不同部门、不同岗位的职责差异,决定了其可利用的"资源"有大小、多少之别,与之相应的是收入水平和社会地位的差异。就是说,同样年龄、同样学历、同样工龄、同样级别的公务员,在所谓的"肥"部门和"瘦"部门,在所谓的"肥"岗位和"瘦"岗位,虽然工资条上的数字差不多,但实际收入与社会地位,却大相径庭。

每个人都有向往美好生活的权利,"小王们"也不例外。对于

---

① 孙秀岭:《公务员考试,考生为何"挑肥拣瘦"?》,《大众日报》2007年11月8日。

有一定选择权的考生来说，面对现实的种种诱惑，面对师兄师姐们毕业选择后的种种幸运与挫折，有多少人能够以"为祖国""为人民"的远大理想，满怀"到艰苦的地方去""到祖国需要的地方去"的激情，投身一个环境艰苦、待遇低廉、社会地位不高的岗位？作为经济人的"小王们"，自然会用现实来权衡利害，按投入产出精算得失。正如有人所言：理想主义已经从公务员招考过程中悄然退场，现实的利害考量才是真正的主角。

无疑，公务员的公共属性，与考生的"挑肥拣瘦"，形成了一对矛盾。在笔者看来，部门之间、地区之间、岗位之间的"肥瘦"差距，是造成公务员报考"冷热不均"的主要矛盾，并直接影响着考生的报考观。从本质而言，公务员的岗位不该有"肥瘦"之别。目前存在的这种差别，原因错综复杂。在党的十七大报告中，人民民主、政治体制改革、依法治国、行政管理体制改革、制约和监督机制等政治语汇，为我国建设社会主义政治文明指明了方向，也是解决公务员岗位"肥瘦"差别的治本之策。应当相信，当理想主义重回公务员考场之时，"小王们"就不会如此多的"挑肥拣瘦"，公务员招考报名也就不会"冷热不均"了。

（三）文化环境的影响

文化环境是指社会思想意识、文化形态和观念形态的总和，它是社会成员在社会化过程中长期积淀而形成的一种较为稳定的价值取向。在文化环境的诸要素中，与我国的历史有密切联系的传统封建主义文化和不成熟的公民文化形态是我国公务员考录制度发展滞后的重要原因。

1. 学而优则仕思想与强烈的公务员考试冲动

中华民族孕育了灿烂的人类文明，在中国传统政治思想中，包含了无数具有人民性、进步性和合理性的思想珍宝，积累了安邦治国的经验。但由于历史的巨大惯性作用，数千年的封建主义政治文化的"影响不可能在一个早上就用扫帚扫光"，必须经过长期的艰苦努力才可能逐渐消除。中国 2000 多年的封建社会历程，使"家天下"这一宗法关系得以生存、沉淀,当前虽然没有父亡子继、兄终弟及的明文规定,但实际上在社会很多领域的选人、用人方面仍有传统的世袭制、血统论的阴影。中国社会仍以官为本位,为官者仍是社会的轴心,官民倒置现象和官利一体化的观念仍然存在,升官发财,有权就有一切,继续统治着一些人的思想,牵引着他们的行为,吸引着他们的追求。"朝中无人不做官"的传统社会观念、"官本位"的政治文化观念,以及封建历史上长期存在的官场竞争规则等,都成为人们参加公务员考试的心理障碍,影响着公务员考录制度的推进与改革。

2. 高等教育大众化与千军万马的公务员考试大军

高等教育大众化给大学毕业生带来空前压力,而改革开放以来,特别是1992年以来,我国的人事制度在选人、用人等方面进行了大刀阔斧的改革,在面向社会的各种形式的人才招聘活动中,得到了越来越多的人的认可。公务员考试的不断完善主要体现在进一步规范了报考资格条件,不允许招考部门对性别、毕业院校、考生身份、健康状况等做出限制,凡符合职位要求的都可以报考,使得报名的人数大幅增加,同时,保证公务员考试录用的公平、公正、公开。

不可否认,大学生热衷报考公务员,其中一个重要因素是就业压力的增大。教育部的统计数据显示,近年来,我国的大学毕业生的人数逐年增加,2004年我国共有普通高校毕业生280万人①,2005年这一数字上升到340万人。毕业生人数增加,竞争加强,迫使毕业生采取"先就业,再择业"的策略,不断地尝试不同的就业机会。公务员考试虽然招的人数少,但招聘的范围广,信息相对公开,背负沉重压力的毕业生当然不会放过这一机会了。与此同时,求稳、求高的就业观念是强大动因,虽然体制改变了,但求高求稳依然在大学生就业观念中占据主导地位。国家把大学生推向了市场,而大学生却仍想去端国家机关的"金饭碗"。

---

① 陶建群:《公务员报考缘何冷热不均》,《时代潮》2004年第23期。

3. 公务员考试教材与考试大纲割裂误导考生

伴随公务员考试考生规模的扩大，市场上各类公务员考试辅导教材数量猛增，"指定用书""备战宝典""实战考场"等教材形形色色、不一而足。在市场利益的驱使下，各教材出版单位都组织了所谓的公务员考试研究专家对试题进行"分析研究"。从市场上数十个版本的对比看，教材质量参差不齐，绝大多数教材由于对公务员考试的目的、性质、命题背景不了解，"见题生义"，胡乱评说，结果所出版的教材严重割裂了与公务员考试大纲的联系，影响了考试目的的实现。在强烈的经济利益驱动下，有的教材东抄西凑，甚至把往年的教材内容杂拼，出版社把关不严，致使低劣教材流入文化市场，不但浪费了考生的金钱，更严重的是对考生复习备考造成误导[1]，致使考生在考场作答中不能展示自己的真实水平，造成了人才的隐性浪费，与国家把优秀人才选拔到公务员队伍的精神背道而驰。

（四）社会环境[2]的影响

1. "理性选择"下的公务员考试盲流大潮

随着公务员录用考试制度的推行，公务员考试也逐步走向公开、公平、公正。通过录用考试，一大批素质好、年纪轻、学历高的优秀人才进入了政府机关工作。据统计，2014年，中央国家机关公务员招考报名人数达到了152万人；2015年招考报名人数为129万人；2016年中央、国家机关公务员考试报考人数实为139.46万人，职位实际竞争比约为33∶1。许多单位报名合格人数与计划录取人数比例超过200∶1，远远高于高考和考研，2017年上述数字持续走高，国家公务员考试已经当仁不让地从昔日被喻为

---

[1] 参见人民网《河南公务员考试5月开考建议围绕考纲准备》，2007年3月28日（http://www.people.com.cn）。

[2] 此处的"社会环境"所使用的"社会"是从狭义上理解的概念，即"社会"仅仅指一个地域范围内人类共同体生活中与政治领域和经济领域相对分立的那一个部分。参见郑杭生《社会学概论新编》，中国人民大学出版社2003年版，第33页。

"千军万马过独木桥"的高考和考研那里，接过了"中国竞争最激烈考试"的接力棒。耐人寻味的是，一些艰苦行业的单位没有达到开考比例。所以有分析认为，公务员热一方面是社会大众的从众心理使然。有些报考者的能力水平和理想抱负不一定适合公务员的岗位，但在家庭和社会的压力下也被迫参加公务员考试。另一方面，认为报考公务员是出于对官本位的追求。在我国目前的政治体制下，制度性漏洞给了官员很多寻租机会，这种寻租活动倒未必一定表现为赤裸裸的权钱交易，仅仅因为掌握着资源分配权，那种支配他人的快感就具有很大诱惑力。

（1）考热：百万考生的"理性选择"。公务员考试"热"之所以会持续升温居高不下，完全是众多考生"理性选择"的结果。理性选择行为就是为了达到一定目的而通过社会交往或交换所表现出来的社会性行为，这种行为需要理性地考虑对其目的有影响的各种因素，并且在众多理性选择行为中，由于条件和信息的有限性，人们实际上无法达到"最优点"，而只能逼近最优点，即"满意解"。满意准则和合理化成为这种"理性选择"行动者的行动基础。在此，我们可把这种理性假设称为"社会理性"，其最基本特点就是在追求效益最大化过程中寻求满足，寻求一个令人满意的或足够好的行动。因为在现实生活中，人们的理性行为往往是非常复杂的，不仅要追求经济利益的最大化，也要追求社会及其他效益的最大化，而且其中有许多因素本身就是相互制约的。如果再加上根据斯科特"生存伦理"观点引入的"生存理性"概念（这种理性首先考虑的是安全第一的生存原则），我们实际上就可以把人的理性分为三个层次，即生存理性、经济理性和社会理性。生存理性是最基本的层次，只有在生存理性得到充分满足的基础上，才能进一步产生和做出经济理性和社会理性的选择。公务员考试"高烧不退"的原因有以下几方面。

首先，因生存压力而产生的"生存理性选择"。这是大学生参加公务员考试的一个重要动因。"生存压力"既包括资源环境等自然条件方面的压力，也包括社会制度等结构性方面的压力。当然，迫使众多考生蜂拥而上参加公务员考试主要是来自社会制度的结构性压力。一般认为社会制度的结构性压力是人为造成的，这种压力从它诞生时起，就会引起人们的强烈关注。尽管由于制度规范的强制性，人们可能会一时忍受制度的压力而使自己的行为规范在制度允许的范围以内良性运作，但这并不等于制度对人们的压力不存在，恰恰相反，这种压力潜伏在社会结构之中，且迟早会爆发出来，一旦结构性压力有所松弛，便会形成一股巨大的"爆发力"。随着我国高等教育事业的飞跃发展，特别是高校大规模的扩招，每年大学毕业生的数量日益增多，但由于我国社会经济发展水平所限和社会对人才学历要求的提高，相当一部分毕业生很难找到工作或很难找到与期望相符的工作，造成大学生尤其是专科生的就业压力和随之而来的生存压力不断增加。在此情况下，众多的大学毕业生冲公务员考试所提供的近万个岗位蜂拥而来，因此就出现了本文开篇所描述的火爆现象。生存理性选择由此得以充分体现。

其次，公务员职位预期效益谋求的"期权理性选择"。如果仅从生存理性选择的角度来解释，那只是大学生参加公务员考试最初的根本原因。随着社会经济的发展和社会流动的普遍化与快速化，仅从因生存压力而做出的"生存理性选择"方面来寻找广大考生参加公务员考试的动因是远远不够的，因为它已无法说明在现实生活中为什么相当多的人在可以顺利升学或就业的情况下，仍然选择放弃升学或工作机会而一往无前地参加公务员考试，更无法彻底解释一些外企的高级白领甚至是"海归人士"不惜放弃"高薪"来参加公务员考试的现象。究其原因，从理性选择的角度来看，就是他们不仅存在着"生存理性"，而且具有"经济理性"和"社会理性"。相对于"生存理性"和"经济理性"这种单一标准的选择，"社会理性"的选择更具有多样化，它促使大学生在参加公务员考试的过程中寻找的并非"最大"或"最优"的标准——经济理性选择，而只是"满意"和"合理"的标准（因为"最大"和"最优"不仅难以做到，而且其付出的机会成本往往会更大，在生存压力之下，只要能求得相对的"满意解"，大量考生宁愿放弃效益的最大化）。而这种"满意"和"合理"常常是不确定的，它与个人实力、资源价值、对资源信息的控制以及分布有直接关系。在基本生存安全得到保障以后，诸如个人价值实现等其他层次的需要就会凸显出来。参加公务员考试可能带来广阔职业前景、个人良好发展前途及可观经济收益等预期行动后果，这比起从事别的工作所带来的生存安全无疑具有更大的吸引力。因此，社会理性选择比生存理性选择更能影响大学生参加公务员考试的动因。

　　再次，职位收益挑肥拣瘦的"现实理性选择"。从公务员考试报名的统计数据来看，某些行业因为报名人数较少甚至达不到开考比例。主要有如下几种行业：一是艰苦的行业，从往年的情况看，税务、海关等职位较热，地震、煤矿、气象部门的职位报名人数偏少，此次报名情况依然没有逃脱这个"窠臼"。没有达到开考比例的10个职位，几乎全部集中在地震、煤矿、气象3个部门。二是偏远地区的职位，税务是此次报考最热门的单位之一，然而，一些偏远地区的税务职位却较少引起考生的兴趣。例如，辽宁省丹东市振安区国家税务局、葫芦岛市建昌县国家税务局、广西壮族自治区国家税务局、四川省国家税务局、青海省国家税务局等。三是"无权"的单位，国家统计局（直属三支调查队系统）在内蒙古、辽宁、黑龙江、福建、广东、海南、广西、重庆、贵州、云南、陕西、宁夏、新疆的职位都出现空缺。这些现象说明考生参加公务员考试更主要是从"理性选择"出发，追求职业生涯中的较"满意"和"合理"的目标。

　　因此，根据社会学理性选择理论的一般观点和前文所做的主要分析，可将当代中国大学生及部分在职人员参加公务员考试的根本动因归结如下：第一，从总体上看，为数众多的大学生及部分在职人员参加公务员考试是理性行为的表现，并且从他们参加公务员考试动因的宏观与微观相结合的层面来看，公务员"热"是"生存压力"（或者说"就业压力"）和"理性选择"共同作用的结果。而且，因生存压力所做的生存理性选择是首要的。第二，当代中国大学生参加公务员考试也是一种社会理性选择。他们最初往往更多表现的是生存理性，可随着参加公务员考试人数的增多和火爆局面的形成，社会理性选择和经济理性选择将表现得越来越突出，这在一定程度上也反映了大学生主体性的增加和理性选择多样性的增加。第三，大学生的理性选择行为要变成一种现实，不仅要受生存压力的影响，也要受到制度性安排的制约，还要考虑所要付出的成本与代价。但作为行动主体的大学生在社会结构面前又绝不是无能为力的，相反，他们是为自身的发展而进行理性选择的行动者。因此，大学生理性选择行动的实现，实际在宏观层面上反映了整个社会的结构变迁状况，在微观层面上则意味着大学生自我意识的增强和主体选择能力的提高。

（2）悖论："理性"选择与"理想"选择的碰撞。"理性"选择并非"理想"选择。显而易见，当代中国大学生持续和大规模地参加公务员考试是"生存压力"和"理性选择"共同作用的结果，是行动者在由生存理性向社会理性选择跃迁过程中，"理性选择"高级化的具体表现。但是，正是这种"理性选择"影响了公务员考试的盲流大军。从上述分析不难看出，在公务员考试的大潮中，一部分是迫于就业压力，这样的选择对考生个体而言是"理性"的，因为源自就业压力或是自我实现冲动下的考试动机，确实是考生自身的需要，相对于盲从心理当然要"理性"得多。但对于公务员考试的目的而言，这样的个人"理性"选择并非国家的"理想"选择，因为公务员考试制度的设计是为给政府系统选到合适的人才，而不是为了给高等教育大众化的成果提供一个蓄水的池子。在经济学上，规模与效益都有其自身的边界掌控。同样在公务员考试中，也有一个规模与效益的把握问题。国家精心设计的考试服务于"理想"选择的考生，会从思想追求、能力素质的要求上选拔到合适的人才，从而实现效益最大化。但如果把"理性"选择的考生也列为公务员考试的服务对象，不仅会增加政府的考务负担，而且会造成考试过剩竞争，不能把真正适合的考生匹配到公务员职位上。当然这一悖论难题的破解，单靠考试系统之内的力量还是远远不够的，需要靠政治、经济、教育、社会各方面的综合力量协同解决，更要靠考试主体、考生在考试选择上达成默契。

2. "熟人社会"的羁绊

在我们的传统思维里,"熟人好办事"的观念由来已久,这也可以说是对"熟人社会"的一种朴素表达,它表明了现代人在激烈的社会竞争中建立功利性社会关系的努力。费孝通先生在20世纪提出"差序格局"的概念,用以说明中国传统社会中社会关系的特点。① 他认为在中国传统社会,人与人之间的关系就像石头丢入水中,在水面形成的一圈一圈的波纹,被波纹所推及的就产生关系。人与人通过这种关系互相联系起来,构成以人为中心和以血缘关系、地缘关系为纽带的一张张关系网。随着社会的发展,人们为了实际上的功利性,突破了血缘关系,将非亲属的有用资历也纳入自己的交往范围和圈子。所以,有学者就将这样的社会称为"熟人社会",更通俗地讲就是"小圈子"社会。"在这样的环境中,由于彼此熟悉,相互有着千丝万缕的联系。人们交换的不是利益,而是人情。熟人好办事,'人'大部分时间指的是彼此熟悉的人,'事'指的是不按程序或打破程序违规办理的事。"②

中国传统文化底蕴下"熟人社会"所培育出的浓厚的"人情"网络,在现今社会仍然根植很深,"人情"网络对竞争的渗透,必然会对公务员考试权规范运行赖以存在的价值基础——公平公正原则产生强烈的冲击。"熟人社会"对公务员考试权规范运行的威胁表现在以下两个方面:一是考官的主观好恶影响公务员面试的公正性。个人对事物都有一定的评判标准,这种标准使人们对客观事物的理解千差万别,带有浓厚主观色彩的标准被用于人身上时,其内含的主观情感因素会愈加突出。这种主观好恶的定式在群体定夺(决策)中会受到一定的限制。当前中国行政

---

① 转型前的中国社会,是一个典型的"熟人社会",亦叫"熟悉的社会"。这一原创性的概念,是著名社会学家费孝通先生在《乡土中国》一书中提出来的,与此同时,他也提出了和美国著名法学家劳伦斯·弗里德曼一样的概念"陌生人社会"。从"熟人社会"到"陌生人社会",是一种历史的必然,它体现了社会的进步。

② 王新红:《熟人社会与陌生人社会》,《新疆经济报》2007年8月6日。

领域具有明显的官僚制色彩,一旦领导者有了较为明显的意思表示后,其他人往往趋向于附和。这样一来,考官和领导们的主观好恶变成了凌驾于竞争原则之上的超竞争准则,考生往往会投其所好,进行贿赂,以便占取优势地位。二是亲朋网络的存在影响着公务员考试的实施。公务员考务人员的人际关系网络都或多或少地影响着考务人员的行为,考务工作者对考生中亲朋好友的倾向性态度,容易使考生并非处于同一起跑线上,破坏了公务员考录的公平公正的原则。

而"熟人社会"对公务员考试权规范运行的具体危害主要体现在三个方面。首先,它弱化了公务员考试制度、规程和标准的"法制"功能,以"关系"代替"契约",以"熟人"的"情感"代替制度、法规的威严,很容易使考试公平和社会正义的天平在"人情"中发生倾斜。其次,以"人情"代替"竞争",以"面子"代替"卷子",淡化了"竞争"的激励,将亲情、交情、友情这种温情脉脉的手段移植到公务员考试录用中来,导致公务员选人不准,用人失察,动摇了国家治理的基础,严重破坏了社会公平正义,影响了社会稳定。再次,公务员考试中的熟人交易,助长了公务员队伍选人用人上的不正之风,引发社会腐败、寻租行为的泛滥,导致整个社会风气败坏。因此,"熟人社会"的过分发育,是对法制社会的腐蚀、市场经济的摧残、和谐社会的瓦解。

(五)法制环境的影响

1. 有法不依与公务员考试权运行的失范

对任何一项制度进行分析,就需要对"制度层面"进行分析。所谓制度层面就是事物的质的规定性的那一面。如果这个被改变,事物的性质就随之变化,成为另外一个东西。就公务员考录制度而言,其制度层面包括公开平等、竞争择优等保证机会均等的原则、观念、规定性的东西。制度的缺陷体现为制度的不完善,这容易导致公正性的偏离。

(1) 观念缺位。以法治考观念的缺位首先表现为以法治考的观念还没有真正形成。我国市场经济的发育程度较低，职业分化不完善。中国传统社会是一个身份等级取向的社会，而不是一个职业取向的社会，低度的社会分化是中国传统社会的基本特征在低度社会分化的传统社会，法治根基浅薄、非规范化的管理行为和社会行为普遍存在，社会中起调节作用的是大量的非正式组织和社区初级制度。在情、理、法三者中重情理轻法制，缺乏用制度化、理性化的规则来约束人们的行为。关系、人情、面子"三座大山"，为国家公务员考试录用制度实施中的变异行为提供了深厚的社会土壤与合法性空间，依法办事的习惯还没有形成，建立法制化社会的道路还很漫长。因此，以公正为公务员考试权的核心价值在中国实现尚需时间。公平竞争的用人环境尚未形成，导致整个公务员制度的运行不畅，为各级政府的自主与政策变通留下了大量空间。①

案例 5—3   湖南湘潭核实提拔 90 后副局长事件存在违规情况②

东方网 4 月 21 日消息：新华社记者从湘潭市委组织部获悉，经湘潭市委组织部调查核实，湘潭市岳塘区拟提拔任用"90 后女副局长"一事确系存在违规情况，湘潭市委组织部已责令岳塘区委撤销对王茜拟任岳塘区发改局副局长的决定，并责成岳塘区委追究相关人员责任。

据湘潭市委组织部介绍，岳塘区拟提拔任用为该区发改局副局长的王茜出生于 1991 年 10 月，2008 年 6 月高中毕业于岳阳市一中，同年 9 月至 2010 年 9 月在英国赫特福德大学（新加坡）金融管理专业学习，获英国国家教育文凭五级。2010 年 9 月参加工作后，本人申请并经原工作单位同意，继续脱产在同一学校同一专业学习本科，但其本科学历尚待教育部留学服务中心认证。

湘潭市委组织部表示，岳塘区委对王茜的提拔任用存在两点问题：一是王茜所获得的英国赫特福德大学（新加坡）本科学历，在

---

① 案例资料源自《公务员可以当作奖品吗》，《法制日报》2003 年 3 月 30 日。
② 刘良恒、周勉：《湖南湘潭核实提拔 90 后副局长事件存在违规情况》，2012 年 4 月 21 日，新华网（http：//news.eastday.com/c/20120421/u1a6503457.html）。

未经教育部留学服务中心认证的情况下认可为"大学"学历是不妥的；二是根据王茜同志的工作经历，其工作年限不符合《公务员法》及《公务员职务任免与职务升降规定（试行）》规定的提拔担任乡科级副职的任职资格。另外，岳塘区委拟任王茜为区发改局副局长属于破格提拔，但区委在研究决定前未按规定程序报上级组织部门审批。

针对违规任用情况，湘潭市委组织部决定，责令岳塘区委撤销对王茜同志拟任区发改局副局长职务的决定，责成岳塘区委对此次干部选拔任用中存在的工作不细、把关不严和违反《干部任用条例》等相关规定的有关责任人，依法依规追究责任。

公务员必须承担相应的工作职责，必须具备一定的工作能力和业务水平，并非人人都能胜任。所以，"考"是录取公务员的必要筛选过程。公务员的考试、录用提拔等都必须依照法定程序进行，任何部门都不得各自为政、各行其是；而且，公务员的试用期为一年，试用期满合格的正式任职，不合格的取消录用资格。这些都是公务员考录制度的原则性规定，是不能变通的。王某工作仅一年半就被提拔任用，无论是工作年限还是工作经验与能力都不符合相关法规。恰恰反映的是一些公共部门录用公务员基本原则的丧失、规则的淡化、法治的淡漠。湘潭市破例提拔公务员不是经验，而是恶例，不但不能加以推广，还应该得到纠正。

（2）立法缺位。立法缺位是指立法层次较低，立法不到位。我国的国家公务员立法始于20世纪80年代，于1984年起草了《国家机关工作人员条例》。1987年党的十三大正式提出建立国家公务员制度后，该条例改名为《国家公务员暂行条例》，并在1988年第七届全国人民代表大会上正式列入立法议程。经过试点及广泛征求意见，国务院于1993年4月24日通过了《国家公务员暂行条例》，并于同年8月4日发布、自10月1日起施行。《国家公务员暂行条例》的颁布实施，标志着我国国家公务员制度的建立，成为实行国家公务员制度的基本法律依据。其后，原人事部又相继制定了国家公务员录用、面试、晋升、考核、辞职辞退暂行规定等36个规定，共同构成了我国公务员制度的规范体系。从总体上看，近年来，我国在国家公务员的立法方面做了大量工作，取得了显著的成效，但也存在明显不足。

（3）执法缺位。执法缺位是指对公务员考试的相关法规有法不依，执法不严。现以案例进行分析说明。①

案例5—4 广东河源市委提拔村干部当公务员

近日，广东河源市委为调动广大农村干部的工作积极性，鼓励其进一步提升素质、做出实绩，推出了一套对优秀村干部的激励机制：从明年起，对具有中专以上文化，40周岁以下，任职满5年、政绩突出、群众公认的村党支部书记，由人事局统一组织考试后，将成绩优秀、经考查符合条件者录用为国家公务员。

首先，广东河源市委的这一行为违背了公务员考试的法律法规。按照法律适用的效力，如此奖励机制即使不用现行的《公务员法》来考量，也与当时实行的《国家公务员暂行条例》精神不尽一致。《暂行条例》第十四条规定："录用国家公务员，必须在编制限额内按照所需职位的要求进行。"第十七条还明确规定："地方各级国家行政机关国家公务员的录用考试，由省级人民政府人事部门负责组织。"而就现行的行政体制而言，村级机构属于群众自治组织，而非国家行政机关的范围，故假若把村干部录用为国家公务员，就会出现如此悖论式结果：一是若将村干部就地录用，即录用后仍在原岗位工作，就需要在村级机构中设置相应的行政编制，如此操作目前显然还存在难以突破的政策"瓶颈"；二是若录用后的村干部离开原岗位异地任职，其录用程序和应当具备国家规定的资格条件又不尽一致（即其与国家规定的资格条件以及各地实际录用中规定的条件相比明显偏低），甚至会令村支书

---

① 案例资料源自《南方都市报》2003年11月6日。

岗位成为跳入国家公务员行列的"跳板"和"殊途",更容易对其他报考者产生不公。

其次,违背了人职匹配的原则。公务员身份作为一种特定的工作岗位,应该招录那些具有专长又专业对口的人才加盟,而不是成为给某些人加封官职或提拔奖赏的"爵位"。作为国家公务员,其每一个岗位都对任职者的专业知识和整体素养有着特定的要求,故而在录用时应该有较强的针对性,这样才更有利于其在特定岗位上展示或发挥其一技之长,也更有利于提高行政机关的行政效能。可假若在录用环节,把这种特定岗位当作一种"待遇",甚至将之当作颁发给优秀村支书的"奖品",就显然有点不妥了。

再者,违背了公务员队伍建设的代谢性原则。因为就目前的公务员队伍状况来说,无论是就其知识结构而言,还是从其整体素质来说,都亟须"版本升级"或"更新换代",更需要引进一大批德能俱佳的复合型人才来改善其落后面貌。而河源市这一激励机制的建立,尽管能够对激发广大村干部的工作热情和解决当地农村干部存在老龄化、素质偏低、能力弱化、后继乏人等问题起到一定的促进作用,却无意间降低了公务员队伍的门槛。因此,河源市奖励给村支书公务员岗位的激励机制,却会对提高公务员队伍整体素质起到一定的掣肘作用,甚至会顾此失彼,影响到对现有公务员队伍的整体素质。

如同政治奖赏对凡进必考原则的破坏一样,各地对大学生村官[①]、选调生、参加"三支一扶"大学毕业生在公务员考试笔试中的加分行为,同样与《公务员法》等公务员考试的政策法规相违背。这些,集中反映了地方政府在制定政策时,就没有考虑到国家公务员考试的政策法规,同时,也是地方政府对公务员考试法律法规有法不依的实际反映。

---

① 案例资料源自《山东:今招聘大学生当村官 享受公务员考试加分》,《济南时报》2008年3月26日。

案例5—5　四川"三支一扶"，服务期满考公务员享加分①

2016年，为促进基层教育、农业、卫生、水利和扶贫等社会事业的发展提供人才支撑，营造鼓励高校毕业生到基层工作的良好氛围，四川省人社厅出台了《关于"十三五"期间实施高校毕业生"三支一扶"计划的通知》（以下简称《通知》），明确在"十三五"期间，每年选拔一批高校毕业生到基层从事支教、支农、支医和扶贫工作，为基层输送和培养一批青年人才。

值得一提的是，与前两轮"三支一扶"计划比较，新一轮"三支一扶"政策制度在多个方面有较大突破。在服务期满就业上，明确给予定向考录公务员、报考事业单位工作人员加分政策。为加大服务期满就业服务力度，实施定向考录公务员、报考事业单位工作人员加分和考核聘用为事业单位工作人员等优惠政策。

四川省《关于"十三五"期间实施高校毕业生"三支一扶"计划的通知》对高校毕业生参加公务员考试加分只是一个政策承诺，但实际情况是，很多地方对于诸如此类的承诺已经付诸实施。②按照正态分布原理，当在考生人数达到相当规模的情况下，两个名次之间考生的分数相差也就是零点几分，甚至同一个分数上会有很多个考生。在竞争如此激烈的情况下，一下子笔试成绩加幅为3—10分，对于同一个标准差③之内的考生，其是否能被录用，并不在考；起决定作用的因素，在于资历而非能力。

---

①《四川三支一扶高校毕业生服务期满定向考录公务员可加分》，《成都日报》2016年9月16日（http：//sc. sina. com. cn/news/m/2016-09-16/detail-ifxvyqvy6514839. shtml）。

② 案例资料源自《河南三级法院招录公务员　大学生村干部加分》，新华网河南频道，2008年5月29日。

③ 标准差是考试统计学上的一个概念，是"一组数据内的每个量数与算术平均数的代表差的平方的均数之平方根。"（参见廖平胜《考试学》，华中师范大学出版社1988年版，第295页）在考试分数的整理中，主要用于各考生之成绩差异的描述。在考试统计学上，一般认为考生的成绩差异量数在一个标准差之内，可视为考生的能力素质状况处于同一水平。

案例5—6　2016上半年四川公务员考试加分政策[①]

根据四川人事考试网发布的《2016上半年四川考试录用公务员公告》获悉，2016上半年四川公务员考试加分政策如下：

（1）"5·12汶川地震"抗震救灾中表现突出的人员，在报考"5·12汶川地震"重灾区机关公务员时，受到省委、省政府和国家部委及以上表彰的，在笔试成绩折合后加3分，受到市（州）、县（市、区）党委、政府和省级机关、市（州）机关表彰的，在笔试成绩折合后加2分；报考省内其他地区公务员时，受到省委、省政府和国家部委及以上表彰的，在笔试成绩折合后加1.5分，受到市（州）、县（市、区）党委、政府和省级机关、市（州）机关表彰的，在笔试成绩折合后加1分。

"5·12汶川地震"重灾区指：汶川县、北川羌族自治县、绵竹市、什邡市、青川县、茂县、安县、都江堰市、平武县、彭州市、理县、江油市、广元市利州区、广元市朝天区、广元市昭化区、旺苍县、梓潼县、绵阳市游仙区、德阳市旌阳区、小金县、绵阳市涪城区、罗江县、黑水县、崇州市、剑阁县、三台县、阆中市、盐亭县、松潘县、苍溪县、芦山县、中江县、大邑县、宝兴县、南江县、广汉市、汉源县、石棉县、九寨沟县。

在"4·20芦山地震"抗震救灾中受到《中共四川省委四川省人民政府关于表彰四川省"4·20"芦山强烈地震抗震救灾先进集体和先进个人的决定》（川委〔2013〕255号）表彰的，报考"4·20芦山地震"重灾区机关公务员时，笔试成绩折合后加3分；报考省内其他地区公务员时，笔试成绩折合后加1.5分。

"4·20芦山地震"重灾区指：芦山县、雅安市雨城区、天全县、雅安市名山区、荥经县、宝兴县、邛崃市的高何镇、天台山镇、道佐乡、火井镇、南宝乡、夹关镇。

同时符合上述加分规定的，不累加，按最高加分规定加分。

---

① 《2016上半年四川公务员考试加分政策》，2016年12月5日（http://www.xue163.com/2117/1/21178695.html）。

（2）少数民族考生报考单位驻地在甘孜州、阿坝州、凉山州和少数民族自治县职位的，笔试成绩折合后加1分。

凡符合上述加分条件的报考人员，须于2016年4月25日前将准考证复印件、相关证明材料原件（符合加分规定的少数民族考生持身份证、户口簿或户籍证明；抗震救灾表现突出人员持立功受奖证书、表彰文件等）和本人联系电话送交招考单位。未在规定时间内提交证明材料的，视为放弃，不予加分。

在本次报考前已享受上述加分照顾录用为公务员的考生，参加本次招考不再享受同项目的加分。

2. 管理主义支配下的考试法治积弊

在公务员考试中，政府考试机构所拥有的考试决定权、执行权、监督权、处罚权体现了国家对考试的控制，具有支配力和强制力，属于行政公权，是国家权力的重要组成部分。孙中山早在1924年《国民政府建国大纲》中就提出考试权是五种国家权力之一，他认为"考试权必须独立，与行政、立法、司法等部门处于平等地位"。由于政府考试机构对考生具有决定权、评价权、处罚权等行政管理权，故其与参试者之间是一种不平等的行政法律关系。调整该种法律关系的考试法应属于行政法范畴。

行政法诞生之初被认为是管理法，其法理依据是：在行政权力和行政相对人权利之间，行政权力是矛盾的主要方面，行政相对人权利是矛盾的次要方面，应当服从于主导地位的行政权。行政法的本质是规范行政相对人的权利，保障行政权力充分高效行使的管理法。"管理论"过于强调行政主体的权威，容易导致权力膨胀，侵犯行政相对人的权益，有悖于法律正义，已为现代法治国家所摒弃。贯穿于行政法的中心主题则成为对具有自我膨胀和侵略天性的行政权力的控制。因此，在公务员考试法制化建设中，不应当再延续传统意义上"管理法"的思维，而应当引入现代意义上"控权法"的理念。其首要目的应是控制国家考试权，规范国家考试权的运行，抑制考试权力膨胀，保障考试参与人的合法权益。但是，在缺乏法治传统又经历计划经济时期"全能政府"的中国，管理主义思想根深蒂固，受其影响，公务员考试法治化进程中重行政管理轻权力控制，甚至有法不依的情形大量存在。

考试权作为一项行政权力，同样要受到国家法律的调控，非法律明文规定而不得为之。在现代法治社会，行政权力的运行与公民权利的行使规则是不同的。对于公民而言，法律没有明文禁止的即意味着有权行使，即"法无明文禁止皆为自由"，但是对于行政机关而言，只有法律明文规定或者授权的才得以为之，即"法无明文规定不可为"。尤其是在涉及剥夺公民权利、科以公民义务时，都必须有明确的法律依据，此所谓职权法定。对于考试权而言，无论是考试决定权，还是考试执行权和考试监督权，都会对应考人员的权利产生重大影响，因此，国家考试法首先必须对考试权的来源及其行使依据做出规定，明确越权无效原则。

然而，在管理主义法治思想的支配下，把"依法治考"理解为是国家教育考试机构运用法律来治理考试[①]，照此思路，"依法治考"重在"治"，依法是手段和方式，"考"是治理的对象。这种观点片面强调国家考试机构的管理职能，却把"依法治考"的主体排除在被管理对象之外，没有将其纳入考试法律规制的范畴内。显然，权力没有受到合法的制约，即使没有滋生权力寻租或者其他腐败现象，也会出现当国家教育考试机构不作为或作为不当时缺乏追究其责任的法律依据。反映在立法上，由于对于考试权的具体行使规则，尤其是程序规则，我国立法鲜有涉及，很多时候是由考试管理机关自行规定，甚至是"依言办事""依习惯办事"和"依长官意志办事"或者"依主观意志办事"，导致考试权的行使在很大程度上游离于法律的规制之外，从而产生一系列问题，主要体现在：一是存在不公正现象。以报考资格条件为例，不少单位对性别、地区、学校等做出硬性限制。如有些省市的人事部门在公务员录用简

---

① 毕洪海：《"依法治考"与教育考试立法》，《湖北招生考试》（理论版）2004年第12期下半月号。

章中规定，只招收普通高校应届毕业生；有的部门则自行规定报考条件，将报名者限定在某市某区、某校某专业等。诸如此类的限制与招考公务员的宗旨是相违背的，但从目前相关的法律规定来看，还缺乏能够有效禁止此类行为的条款。二是存在监督不力现象。首先，监督流于形式，在考录工作中普遍建立了各种监督组织，但在大部分地方这种监督往往流于形式，实际收效并不明显。其次，缺乏法制保障。我国对于如何防止考录过程中不正之风现象的发生，以及如何保障录用考试的可靠性没有详尽的立法保障。同时也没有在司法上设置相应的机构来随时监控录用考试的实施。再次，技术保障缺乏规定标准。目前在我国公务员录用考试中，对考试方法、内容及程度均没有定期地进行科学性、客观性的技术测定，考试的信度与效度得不到有效保证。

三 我国公务员考试的糟粕式微与精华复归

在漫漫历史长河中，考试制度经历了不同的历史阶段和社会考验，在考试制度发展的过程中，有些东西随着历史长河的洗涤愈益呈现在人们眼前，也有很多东西越来越不适应社会的发展而被剔除。下面从两个维度分析中国公务员考试制度中的糟粕式微与精华复归。

（一）宏观层面

宏观层面主要是指公务员考试的主体——国家政府层面，从国家政府的需求层面看中国历史长河中的各种考试，试析当代中国公务员考试中的式微与复归究竟是哪些东西。

1. 公务员考试与社会统治

在中国历史发展过程中，公务员考试制度出现之前的种种考试制度，其本质目的，均在于巩固强化皇权及维护发展官僚政治。因此过去的考试制度都是统治阶级为了维护其封建统治而建立的社会制度。随着社会的发展，这一目的最终式微直至完全不存在。而现在的公务员考试制度，将创新领导干部选拔机制，促使优秀领导人才脱颖而出，造就高素质领导人才队伍，推动中华民族的振兴，巩固和发展中国特色社会主义事业等作为创建、推行公务员考试制度的根本目的。然而，公务员考试制度与过去的科举制度在本质上都有维护社会秩序正常运行的目的，因此，尽管在不同历史时期不同考试的形式和程序不同，但其复归的是维护社会秩序正常运转的潜在社会功能。

2. 公务员考试与社会流动

中国古代的考试制度除了是统治阶级选拔人才的主要渠道之外，对于社会阶层流动也发挥着重大的潜功能。从我国古代考试制度的特点可以看出，我国古代的考试制度在一定程度上有利于人才的纵向流动。但是随着当代社会的发展，不同阶层之间的纵向流动、人才的横向流动成为人们追求自我实现的流动方向，而当代社会的公务员考试制度有利于形成开放、动态的社会分层结构，原有的考试制度使得分层结构之间封闭、固定，造成人与人之间的不平等。另外，当代社会的运行状态需要更深层次的社会整合，而原有的考试制度无法满足这些要求。

公务员考试和当前社会上的干部遴选考试，其本质目的都是希望实现优质资源与优秀人才的匹配。只要有才能，无论出身如何都可以通过参加公务员考试获得与自己才能相匹配的社会资源。因此在对社会流动和社会分层的功能方面，中国的公务员考试制度也有一个式微与复归的过程，原来那种靠门第出身获得特权的式微与当前的任人唯才理念的复归，正是当代中国公务员考试制度的一大特色。

3. 公务员考试与选才理念

中国古代的考试制度，其文化发展始终强调对儒学的学习，与社会发展演进的文化和社会需求恰恰相反。此外，这些考试甚至排斥中西文化科技新成果对考试内容的更新和丰富，使得考试科目走向单一化，考试内容逐渐枯萎，考试命题也较难决定。这样统治阶级的选才理念从本质上就出现了偏差，所以中国古代考试制度选才理念的式微也是社会发展的必然结果。

然而，这一理念的式微也正孕育着新的、适应社会发展的选才理念的复归。比较现在的公务员考试制度便可知道，如今的公务员考试，注重应试者的身心综合能力，此外，与历史上科举考试注重文化素养的要求不同，现今的公务员考试更注重人才的实用能力。

（二）微观层面

微观层面主要从连接社会运行控制者与参与的应试者的中介——公务员考试制度这一维度，对公务员考试制度的变化和考试制度传承历史过程中不变的中轴进行分析。

1. 考试标准

当代中国公务员考试制度有很多标准，包括报考考生的资格标准、考题设计的标准、评卷标准、面试标准等。这些标准都彰显出当代公务员考试的公平性，是对考试本身公平属性的复归。首先，当代的公务员考试制度在伦理层次上实现了公平性：所有考生在人格上是平等的，考试对所有人都是公开的、开放的；其次，当代公务员考试制度在经济层次上实现了公平性：要求考生们公平竞争，考试成绩面前人人平等，这就显示出了考生的起点的同时性和结果的对称性；再次，当代公务员考试制度实现了社会公平：社会公平也称为政治上的公平，要求考试全程透明。中国传统考试标准的式微，正是当代公务员考试标准的复归；也是考试的公平与效率内涵的复归。

2. 考试内容

自汉武帝时代董仲舒提出"罢黜百家，独尊儒术"的主张后，儒家学说经过多次改造逐渐上升为中国封建社会占统治地位的意识形态。自隋代科举制度产生以后，儒家经典便被确定为科考的统一测试内容。但是，科举制度发展到后期，内容日趋僵化，考试形式走向了死板，引导考生以死记硬背、代圣立言的方式应考，又极大地禁锢了考生思想。而今天的公务员考试，其内容丰富而不死板，从语言运用、数字图形考查考生的分析能力、想象力和逻辑思维能力。

考试形式和考试死板内容的式微，并不代表现在的考试就失去了选拔人才的功能和作用。相反，当代的公务员考试通过对原来死板的考试内容和形式的式微，恰恰弥补了原来选拔人才过程中的一些缺陷，是各种考试的深刻内涵和选拔出最佳人才的目的的一个复归。现代的公务员考试，要全面测试人的德、学、才、识、体方面的实际水平，考试内容虽稍有不同但都是以考查应试者的逻辑能力、综合能力、分析能力为主的题型和内容。因此，考试本身虽然一直存在并发展着，但是考试内容和形式有一个从式微到复归的过程。

3. 考试人才观

在意识形态和价值观方面，古代的考试制度注重"崇德尚礼""忠君尊权""知识本位""学而优则仕"的人才价值观，而现在的公务员考试制度则注重与时俱进，看重应试者的综合能力，倾向于应试者价值无涉地看待社会问题，倡导"立党为公""执政为民""崇尚科学""民主开放""开拓创新""能力本位"等紧随时代潮流的价值观；当代的公务员考试制度，采取考试与考核相结合的方式，更重视应考者的实际工作能力和业绩，考试和考核合格之后还有试用期，这与传统考试中的一次考试定升迁的办法相区别。在考试观念方面，公务员考试不断根据社会需求变化更新考试选拔观念，强调"因需设考""考用一致"，这与传统考试的内容、结构死板和长期不变又有所区别；在人才的标准方面，当代公务员考试的标准更为全面，不仅通过考试测评一个人的素质，也通过考试促进人才素质与智能的全面发展；在考试目的的确立上，传统的考试目的过于狭隘，只是为统治阶级挑选维护统治的人才，而现在的考试，则是着眼于中华民族的振兴、现代化建设大业来培养和选拔人才。

公选考试对传统考试的这些人才观的不同方面的式微与复归，恰恰推动了公务员考试制度本身的完善和发展，也推动了整个社会的发展。

第六章 中国公务员考试运行机制的阻滞渊源

公务员考试属于国家考试,其权力由政府①行使。政府是一个特殊的社会行为主体,政府与公众之间是一种特殊的委托代理关系。在公务员考试活动中,政府既是我国公务员考试的主体又是公务员录用考试制度的提供者,同时还是该制度规范的重要活动主体。目前,与经济转轨相匹配,我国处于政府治理的转型期,这对我国公务员考试权的运行状况密切相关,因此,对公务员考试权运行失范的分析,必须从政府的行为分析开始。

按照委托代理理论,政府作为公众的代理人,委托代理关系结构本身所存在的问题,以及政府特殊的优势地位,会出现这样一种逻辑必然:在某种意义上,政府完全按照公众的意愿从事自己的行为,将公众利益的效益最大化作为自身的全部效用目标,全心全意地谋求公众效益,并总是用最优的绩效来实现这些目标,在任何制度环境中,都是一种理想化的期待。公务员录用考

---

① 中外研究者对政府有着不同的理解。在西方学术界,从广义上讲,政府泛指所有公共权力机关;在狭义上,政府仅指公共权力机关中的行政机关(参见《布莱克维尔政治学》,中国政法大学出版社1992年版,第295—296页)。国内一些学者鉴于中国执政党与政府密不可分的内在联系,将执政党同行政机构一并视为政府的研究对象(参见王敬松《中华人民共和国政府与政治》,中共中央党校出版社1995年版)。也有的学者进一步把人大、政协、人民团体和民主党派也纳入政府研究的范围(参见胡伟《政府过程》,浙江人民出版社1998年版),还有的甚至把政府的概念扩大到国有事业单位和经济组织(参见朱光磊《当代中国政府过程》,天津人民出版社1997年版)。本书中政府的研究对象基本限定在执政党和行政机关的范围,同时也包括被组织人事部门授权承担考试业务的"考试中心"或"考试院"等事业单位。

试制度中的政府效标作为和公务员考试权运行中的政府行为亦是如此，这也是从考试系统内部分析公务员考试权运行失范的理论基础。

一 政府职能二重性的内在紧张

政府的职能具有二重性——政治统治与社会管理。国家是阶级统治的工具，政府作为国家的化身，其首要的职能是维护既定的统治秩序，维护统治集团的政治利益。所以，"国家是文明社会的概括，它在一切典型时期毫不例外地都是统治阶级的国家，并且在一切场合在本质上都不能不是镇压被压迫被剥削阶级的机器"，[①] 政治统治是政府职能的重要属性。同时，政府职能的另一属性是社会管理属性，即在现代国家中，任何政府都承担着维护社会稳定、促进社会经济发展的职能。在执行此种职能的过程中，政府的行为主要表现为增进公共利益、为公众提供相应的公共服务。从国家、政府的起源来看，国家、政府的产生源自维护社会秩序、调节社会矛盾的公共需要。"国家是表示：这个社会陷入了不可解决的自我矛盾，分裂为不可调和的对立面而又无力摆脱这些对立面。而为了使这些对立面、这些经济利益相互冲突的阶级，不致在无谓的斗争中把自己和社会消灭，就需要有一种表面上驾驭社会之上的力量，这种力量应当缓和冲突，把冲突保持在'秩序'的范围以内；这种从社会中产生而又自居于社会之上并且日益同社会脱离的力量，就是国家。"[②] 面对个体性力量所不能实现的对象性利益，社会成员必须建立并参加国家共同体，同时让渡一部分个体权利和利益给国家，由此便形成了代表并实现普遍利益的公共权力，以此实现社会成员的利益。因此，在现代宪政体制下，政府及其公共权力产生于人民的直接或间接授权，因而必须为社会提供公共服务，体现社会

---

① 《马克思恩格斯选集》第4卷，人民出版社1991年版，第172页。
② 同上书，第166页。

公共利益，已成为一项根本的宪政原则。而且，任何一个统治集团为了巩固统治秩序的合法性基础，总是极力把既有的统治秩序说成公众意志的体现或公共利益，只要可能性存在，统治集团总是千方百计地寓政治统治于社会管理之中，实现政府职能二重性的高度统一。

但是，政府职能的二重性在高度统一的同时，也存在着深刻的内在紧张。受阶级性的制约，政府公共职能的履行、公共服务的提供，公共性的价值立场、政府行为的价值取向，必须以不损害统治集团的利益、不破坏现有的政治统治秩序为前提。一项对增进社会公共利益有巨大积极意义的社会改革，如果被统治集团认为有影响或有损于统治秩序的稳定的可能性，就不可能被付诸实施。这就是政府职能二重性的内在紧张，著名的"诺斯悖论"命题对这一内在紧张进行了深刻的揭示。① 任何一个政治共同体，都有着内部的共同利益。统治者要实现自身利益的最大化，前提是必须保持现行统治秩序的稳固性，也只有保持统治秩序的稳定和长治久安，统治集团才能牢牢把握既有利益的获取权。于是，维护统治利益就成为统治集团的首要目标和根本利益所在。在政府职能二重性的内在冲突中，其结果往往是不惜让公共利益付出代价。在制度经济学家看来，统治集团的"偏好和有限理性、意识形态刚性、官僚政治、集

---

① 制度经济学家诺思认为，国家、政府有两大效用目标：一是在要素和产品市场上界定所有权结构，使统治者的租金（收入）最大化；二是降低交易费用，以期社会产出最大，从而增加国家的税收。这两个目标往往构成内在矛盾，第二个目标包含一套能使社会产出最大化而完全有效率的产权制度；但第一个目标是企图建立一套基本规则以保证统治者自己收入的最大化，而租金最大化的所有权结构与降低交易费用和促进经济增长的效率体制之间，存在着持久的冲突（参见［美］道格拉斯·诺思《经济史中的结构与变迁》，上海三联书店、人民出版社1994年版，第21—25页）。租金最大化的内在冲动，驱使国家权力干预市场，尽量限制生产要素的供给量，从而使市场价格长期高于成本，但同时导致社会总产出降低。反过来，统治者追求社会产出最大化，从而最大限度地增加税收，则必须建立一套最有效率的产权制度，这要求统治者放弃对生产要素供给量的限制，放弃对租金的追求，使市场尽可能成为完全竞争的市场。总之，统治者对自身利益最大化的需求，往往导致社会产出的下降，出于统治者自身利益的考虑，经济上低效率的考虑则是合理的。

团利益冲突和社会科学知识的局限性",① 导致了政府职能二重性内在紧张的加剧。在稳定压倒一切的形势需求和中国人情社会的环境里，我国的公务员考试改革在政府职能二重性紧张的格局中，做出了公平性先于科学性的无奈选择。

政府职能二重性内在紧张的影响，体现在公务员录用考试上，就是在考试公平性与考试科学性二者的博弈中，公平性的现实诉求要超过考试科学性的内在追求，致使我国公务员录用考试模式单一，笔试和面试的质量监控缺位，考试权的功能发挥不充分。目前，我国公务员考试都是通过同一种模式进行，即按照公开报名、笔试、面试、考核等顺序进行。公开竞争模式的实施，在考试初期确实起到了积极的作用，但是，随着时间的推移，这种单一考试模式在运转过程中却出现了不少问题，暴露了不少弊端。一方面，容易导致考录机关与用人部门之间的矛盾。在这种单一的考录模式下，用人部门都是通过同一种考试来选取所需要的人才，会出现用人部门和考录机关欠缺有效沟通的现象，不能很好地反映考生与拟用职位的匹配情况，因而导致用人部门无法挑选到合适的人才。另一方面，难以达到人职匹配。同一用人部门的职位需求是不同的，不同级别的空缺职位在选人的要求上也会有差别，例如综合管理类公务员和专业技术类的公务员在职位上会有不同的要求和专业倾向，但忽视上述差异而都采用同种考试形式，一张试卷考天下，选出的未必是合适职位的人才。正是由于对考试公平性的过于关注，有不少专家置不同职位的差异性需求于不顾，提出全国统一考试录用公务员的主张，所幸的是这种做法已经和正在受到质疑和批评。②

---

① 林毅夫：《关于制度变迁的经济学理论：幼稚性变迁与强制性变迁》，载《财产权利与制度变迁——产权学派与新制度学派译文集》，上海三联书店、人民出版社1994年版，第397页。

② 本案例材料来源于《新京报》2006年3月9日的《人大代表建议全国统考公务员》和张鸣在北方网2007年7月12日的评论《实行全国统一的官员选任考试制度》、杨支柱2007年7月25日发布于《东方早报》的《公务员全国统一考试不可行》。

案例6—1 人大代表建议全国统考公务员[①]

本报讯（记者徐春柳）　"建议全国建立统一的公务员考试制度，让参加公务员考试的学子们减少时间精力的浪费。"昨天，人大代表、南京大学中文系博导胡有清向记者透露了他的这个建议。

学生几地奔波赶考公务员

胡有清认为公务员考试对政权建设是非常重要的，体现了公平竞争的原则，让大量的应届青年学生可以通过考试进入公务员队伍。今年中央国家机关8000多个岗位招考，近100万人报名，通过资格审查的有40多万人；江苏省4000多个岗位招考，12万多人通过资格审查。二者参考人数与录取人数之比分别约为50比1和30比1，竞争远远高于高考。

"但现在这种分散的公务员考试制度，对国家，对学校，对考生自己，对用人单位，都有不少问题。"胡有清是南京大学中文系的博导，他带的研究生里面有考公务员的。在本省考了公务员，在外省考了，还参加了全国的考试。花了大量的时间，而且都通过了考试，参加了体检。"一个地方一管儿血。"胡有清说，有的学生考中了国家的公务员，说不定就不会去地方，对用人单位也很被动。

统一考试成绩在各省有效

对此，胡有清提出了四点建议，第一，取消各地区的公务员笔试，由国家统一举行全国公务员笔试，与具体用人单位的招考分离。考试时间统一、考试大纲统一，考试成绩在各省、区、市有效，以减少毕业生体力、精力和经济上的不必要的重复消耗。

第二，要参照现行高考录取程序对公务员录取程序予以改进。考生在所在地参加笔试，并且根据自己的考试成绩来填报志愿，从而使公务员招考更显人性化。

有的省已经采取这种做法，受到考生的欢迎。延长笔试成绩的有效期限（如两年），允许在规定期限内以一次初试成绩多次报考

[①] 徐春柳：《人大代表建议全国统考公务员》，《新京报》2006年3月9日。

不同单位；适当错开各类用人单位招考时间，增加双向选择的机会。每年可以考虑安排两至三轮填报志愿的程序。

第三，改变目前入围考生到报考单位所在地体检的做法，委托考生所在地人事部门组织体检，减少考生来回奔波。同时，除特殊要求之外，体检结果互相承认，减少重复体检。

第四，胡有清建议推迟公务员招考启动时间，减少对学校教学和学生学习的影响。

无论是出于什么样的动机和思虑，人大代表此议一出，其他专家遂应者云集，其中具有代表意义的是张鸣先生《实行全国统一的官员选任考试制度》的评论。将目前各地分别实行的公务员考试，统一为全国考试，限定名额，统一考试，统一录取，只要考试合格，便获得公务员资格，然后循资上升；但是各县的主要官员，仍要经过全国统一选拔考试，考试合格，经中央组织部门面试考察，统一派任。

案例6—2 实行全国统一的官员选任考试制度[①]

遏制腐败，在目前条件下，比较可行的途径，是建立和完善官员的选任考试制度，实行公务员入门到升迁的全程考试，实行全国统一定期考试，让科举部分地回来。

科举在近代中国的命运很是曲折，先是被当作阻碍进步的旧制度罪魁遭废除，而后以文官考试的名义复活，却因战乱和军阀割据，未能落到实处。新中国成立后，科举变相地在高考制度上面借尸还魂。到今天，全国统一的高考制度，有科举之名，而无科举之实，而公务员选拔以及升迁的考试，却是各地自行组织，仅仅是干部选任制度的补充形式。

大家都知道，官员选任制度的腐败，是最大的腐败，过去看起

[①] 张鸣：《实行全国统一的官员选任考试制度》，2007年7月12日，北方网（http://www.enorth.com.cn）。

来还行之有效的组织考察、群众推荐、上会定板的干部选任方式，今天已经变成一把手说，组织部长记的"一把手说了算选任式"。在很多地方，"动干部"本身就是"一把手腐败"的一种形式，而且构成了进一步腐败的源头。买来的官，将本求利，把做官当成一种畸形的风险投资，何所不为？即便一把手清廉，用人不要钱，一个人说了算，也难免主观色彩。严峻的现实是，几乎没有任何制度和机制，可以使得这种选任方式与卖官鬻爵划清界限。

在这样一种人事选任制度下，反腐败的力度越大，腐败的力度也就越大，涉案的金额只能越来越大，涉案人员越来越多。道理很简单，这种反腐，实际上只是加大了做官这种"风险投资"的风险，驱使买官的人快作案，作大案。

因此，遏制腐败，在目前条件下，比较可行的途径，是建立和完善官员的选任考试制度，实行公务员入门到升迁的全程考试，实行全国统一定期考试，让科举部分地回来。科举制度，从官员选拔考试的角度，本来是个行之有效的创新，但是这个制度在推行过程中，把教育体系与之捆绑，使学校的教育成为科举制度的附庸，因此窒息了学校教育面向社会发展的生机，导致教育培养不出人才，在近代的转型时期，尤其显示出这种捆绑的弊端。但是，所谓的改革，实际上只需要将选官和教育制度相剥离，科举制度还是应该保留。事实上，民国时期，有识之士一直在做着重建文官考试制度的努力，孙中山先生设计的五院制政府，把考试权独立出来，就是这种尝试的突出体现。事实上，民国时期也进行过全国统一的县长考试，只是由于条件所限，才没有坚持推行下去。

当年民国时期存在的社会和制度障碍，现在已经不复存在，完全有条件实行全国统一的官员选任考试制度，将目前各地分别实行的公务员考试，统一为全国考试，限定名额，统一考试，统一录取，只要考试合格，便获得公务员资格，然后循资上升；但是各县的主要官员，仍要经过全国统一选拔考试，考试合格，经中央组织部门面试考察，统一派任。浙江大学罗小朋教授曾经对笔者表达过县长由中央政府派任的看法，当时笔者即表示，统一派任需经过统一考试，不能由某个机关拍脑袋。现在我们可以组织全国统一的高考，却不能组织全国统一的官员考试，实在没有道理。

实行官员统一选任制度的关键，在于制度本身的严肃性，因此，必须建立相关法律。拿古代科举和现在高考的劲头来办，严禁考试弊案，保障公平公正，迅速确立这种官员选任制度在人民群众中的信心。如是，无论考取的官员自身，还是老百姓，都对官员更有信任感，其合法性程度会因之大大提高。

当然，任何制度都不免有弊端，考试制度也不例外，它势必会将某些有真才实学却不擅长考试的人淘汰出局。但是，就目前而言，考试取官，毕竟是人们所能想到的最公平和公正的方式。在没有找到更适当方式之前，"科举"还不能全丢。假如我们实行的是地方自治和县长直选，那就另当别论了。

这一观点代表了一部分关心公务员考试、关注公务员考试公平性的专家学者的意见，一些考试主管单位也盲目附和这一观点。所幸的是这一牺牲考试科学性的论调得以遏制，杨支柱认为地方性知识和专业知识则需要分地方、分专业的考试，而不适合全国统一考试。①

案例6—3　公务员全国统一考试不可行

张鸣教授7月12日在《南方周末》发表《实行全国统一的官员选任考试制度》一文，主张公务员入门到升迁实行全国统一定期考试，包括县长等领导职务都需要统一考试合格经中央组织部门面试后派任。张教授认为这种统一的考试可以遏制腐败，然而，中央真的有能力组织全国的公务员入门和升迁考试吗？

全国各地的情况千差万别，各类行政职位五花八门，尤其是高级专业技术类公务员可能需要教授级的专家，就算把中央组织部建成一个全能机构，恐怕也未必能够胜任。古代社会及其权力结构那

---

① 中国人才网：《时事评论：专家谈公务员全国统一考试不可行》，2014年11月1日（http://www.cnrencai.com/article/3015.html）。

样简单，科举制尚且只能做到考官不考吏。现代社会及其权力结构要复杂得多，从官到吏、从入门到升迁的全方位统一考试无异于痴人说梦。其结果，勉强组织统一考试后恐怕也不得不委托各省、各部甚至各市、各县组织部门自行或交叉组织面试，反而取消了中央和地方的法定权限划分，导致责任不明，加剧用人中的恣意行为。

张先生用全国统一高考来为想象中的全国统一公务员考试辩护，且莫说统一高考本身未必是一种理想状态，就算是，两者也完全不是一回事。大学录错一个人，也不过浪费国家一点教育经费和家长一些学费、生活费，而公务员被录取后意味着要承担既定的职责，录用一个坏公务员公众所受的损失却远不仅仅是该公务员的工资。高考需要通过考试判断考生的智力、基础知识并通过填报的志愿和相关科目的中学成绩判断其专业前途。而普通公务员只要拥有社会上已完成义务教育的一般人的智力和常识就可以了，更重要的是品德、性格、地方性知识、具体职位所需要的专业知识与技能。品德、性格需要面试，更需要考察其成长经历。地方性知识和专业知识则需要分地方、分专业的考试，而不适合全国统一考试。至于公务员升迁考试，更是必须与具体职位相联系，怎么可能全国统一？

现代行政系统非常复杂，不进行职位分类而谈什么全国统一考试必定陷入荒谬。各国通例，各级行政首脑都是由选民直接选举或选民代表间接选举产生的；行政机关的部门负责人则由行政首脑征得选民代表机关同意后任命，以便他们能更好地配合行政首脑的工作。而最底层的公务员，因为并无智力、能力上择优录取的必要，在许多国家也是不用考试的。如果申请这类职位的人太多，那说明公务员的起点待遇过高，应该降低公务员待遇、减轻纳税人负担，而不是搞什么劳民伤财的全国统一考试。这就是所谓"最低端和最高端文官不用考试"（参见龚祥瑞《文官制度》，人民出版社1985年版）。

最后，即使中央有能力组织全国的公务员入门和升迁考试（包括面试），张教授的方法仍然存在一系列立法和理论上的障碍：为什么地方财政养活的官员由中央而不是地方任免？为了避免这一矛盾，要不要在用人权集中之后将财政权力也全部收归中央？"领导职务"由人民代表选举的宪法规定要不要修改？须知选举与考试这两种用人方法是不能在同一人身上并行的。

二 政府行为自利性与公共性的冲突

政府的自利性是指政府偏离公共效用最大化的目标、追求自身效用最大化的行为属性。从理论上讲，政府作为公众利益的代理人，是人民的公仆，自身没有任何效用目标，或者说，政府的效用目标就是谋求公共效用的最大化。近代以来，人民主权政治理念的传播、政府唯一的合法性来源是公众基于实现公共利益目的的授权等观念的确立，政府职能部门的公共属性被抬到了压倒一切的高度：洛克在《政府论》中明确指出，所有政治权利的设定"都只是为了公众福利"，[①] 政府产生及其存在的合法性基础从根本上决定了公共性乃是政府最本质的属性。在契约论看来，政府作为公共利益体现者和社会正义守护者的角色定位，是政府职能的题中应有之义。在正义论中，罗尔斯指出："正义是社会制度的首要价值，正像真理是思想体系的首要价值一样"，[②] 而政府作为社会制度结构的最重要的组成部分，必须把坚持正义的原则放在第一位，必须做到"由正义所保障的权利不受制于政治的交易或社会利益的权衡"。[③]

政府是由众多行为主体如中央政府的各个部门、地方各级人民政府及其组成部门所组成的，政府行为最终由具体的、现实中的政府官员的行为来体现。没有自我利益追求的政府，只是一种政治理想或理论设计，在现实社会中几乎没有任何踪迹可循——"政府会遵循那些力图创造出一个有效率和公正的社会的经济学家们的学说吗？"[④] 卢

---

① [英] 洛克：《政府论》，瞿菊农、叶启芳译，商务印书馆1996年版，第4页。
② [美] 罗尔斯：《正义论》，何怀宏等译，中国社会科学出版社1988年版，第3页。
③ 同上书，第1—2页。
④ [美] 保罗·A. 萨缪尔森：《经济学》（第十二版），高鸿业等译，中国发展出版社1992年版，第1174—1175页。

梭指出,"在行政官员个人身上,我们可以区分三种本质不同的意志:首先是个人固有的意志,它只倾向于个人的特殊利益;其次是全体行政官的意志,这一团体的意志就其对政府的关系而言是公共的,就其对国家(政府构成国家的一部分)的关系而言则是个别的;再次是人民的意志或主权者的意志"①。在公共选择理论看来,政治市场的主体与商品市场的主体一样,都以个人效用最大化为行为选择的根本原则。布坎南指出,在行政领域或"政治市场"上,"个人是严格按经济人的方式行动的……当人们改变角色时,并没有变为圣人"。② 只要政府官员被假定为是追求自身利益最大化的"经济人",那么他在其行为过程中就存在着奉行机会主义策略的可能性。由此看来,如果对上述卢梭关于政府官员行为价值取向或效用目标进行排序,排在第一位的当然不是公共利益而是政府官员个人的利益,排在末位的才是公共利益。在新制度经济学界看来,社会制度安排才是人的行为选择的基本约束条件,因而,人的行为模式在很大意义上是制度安排的产物。从公共政策的角度来理解,无论公共政策还是制度设计,都是以政府为代表的公共权威在一定时期,为达到一定的目标,经过一定的程序而制定的行动方案或对社会成员做出的某种规制。无论是顺应公众的公共需求而提供公共产品或公共服务,还是根据统治集团的需要去追求特定的行动目标,政府都是通过制定和实施公共政策或制度安排来分配社会资源,调节社会利益关系,支持或限定特定的社会价值取向,实现自己的行政意图的。需要指出的是,任何一个社会都存在着大量公众希望政府解决的问题,但政府拥有的公共资源总是有限的,政府只有按照自己的价值观念,以及问题的轻重缓急,有选择地解决其中的一部分问题。因此,政府的政策或制度设计往往并不与公众的意愿相吻合,其中很多时候是政府的自利性起了作用。

概而言之,政府自利性行为的后果是对公共效用最大化的偏

---

① [法]卢梭:《社会契约论》,何兆武译,商务印书馆1996年版,第83页。
② [美]布坎南:《自由、市场与国家》,吴良建等译,上海三联书店1989年版,第347页。

离，具体体现在以下三个方面：从微观上讲，政府官员追求个人收益最大化的努力导致微观政府行为偏离公共效用最大化的轨道，在"经济人"假设看来，政府官员作为最终意义上的代理人具有双重角色：公职人员和利益个体。因此政府官员的工作行为一方面要维护和增进委托人的利益，另一方面他们又是现实生活中具体的、现实的人，具有个人利益最大化的现实冲动，这使政府官员牺牲公众利益而谋取个体利益成为可能。从中观上讲，政府机构或政府部门追求自身利益最大化导致政府行为偏离公共利益最大化的轨道。政府掌控着全社会资源的配置权，各级政府及其职能部门与资源控制密切相关，各个机构或部门都有可能成为某种利益主体，而且在一些情况下可能会出现"官僚自主性"问题，[①] 甚至会颠倒与委托人的主仆关系，将委托人沦为受操纵的对象而产生"代理人主权"现象。从宏观上讲，地方政府作为相对独立的行为主体，追求地方政府利益最大化和本级政府利益最大化的努力，导致其行为偏离整个国家公共效用最大化的轨道。

在公务员考试中，作为考试主体的政府，其自利性行为，主要集中在微观和中观层面，体现为报考条件和资格设置随意，主考、办考主体权利、责任划分不清，以考试保密为名剥夺考生知情权、侵犯考试合法权益，滥收考试费用、考试费用使用去向不明等问题，甚至会出现主考单位舞弊的丑闻。"中山国考舞弊案"深刻地揭示了这一问题。

案例6—4 中山市梁国影等6人因公务员考试徇私舞弊案被查处[②]

新华网广州8月6日电（记者魏蒙）　就广东省中山市人力资源和社会保障局纪委书记梁国影利用职权篡改其儿子林钰成公务员

[①] Niskanen William, *Bureaucracy and Representative Government*, Chicago: Aldine – Atherton, 1971.

[②] 新华网：《中山市梁国影等6人因公务员考试徇私舞弊案被查处》，2012年8月6日（http://news.xinhuanet.com/2012-08/06/c_112642448.htm）。

考试成绩一案，广东省中山市纪委、监察局在6日傍晚举行的新闻发布会上公布了该案情，并通报了对涉及该案的6名党员干部的初步处理结果。

中山市纪委、监察局相关负责人说，在该案涉及的党员干部中，有处级干部4人，分别为中山市人社局纪委书记梁国影，中山市农业局党委书记、局长陈锦标，中山市农业局党委副书记、副局长何金寿和中山市农业局人事科原科长、现中山市委农办副主任袁旺胜（试用期未满）；科级干部1人，为中山市农业局人事科副科长谌繁华；其他干部1名，为中山市人力资源考试院考务股股长李毅坚。

据了解，在今年广东省举行的县级以上机关公务员考试中，梁国影之子林钰成的笔试成绩为104.1分（行政测验43.6分，申论60.5分），在其报考职位的排名仅为第六。6月7日晚，李毅坚将这一情况用电话告诉了林钰成的母亲梁国影。梁国影要求李毅坚调高林钰成的笔试成绩，使其能够入围面试。李毅坚虽曾提出异议，但考虑到梁国影是中山市人社局分管人力资源考试院的领导，最后两人都同意将林钰成的笔试成绩篡改为并列第三。

在中山市农业局于6月27日举行的公务员招录面试前，袁旺胜是此次面试的轮候考官。梁国影要求他在面试时多关照她儿子林钰成，袁旺胜表示同意。陈锦标和何金寿也曾分别交代作为该局面试轮候考官袁旺胜和该局人事科副科长谌繁华，让其二人面试时关照林钰成。袁旺胜和谌繁华在当天该局招录面试时也曾利用中场休息空隙时间跟参加该局招录的面试考官沟通要求关照。由于得到了面试考官的关照，林钰成的公务员考试面试获得了高分，在该职位排位第一名。

中山市纪委、监察局相关负责人说，根据《中国共产党纪律处分条例》和《行政机关公务员处分条例》的有关规定，经报中山市委与广东省人社厅同意，中山市纪委、监察局已分别对涉案人员进行了立案查处，已做出的处分决定是：

给予梁国影同志开除党籍、开除公职处分，并移送司法机关处理；给予李毅坚同志开除党籍、行政撤职的处分，降职为办事员，并调离中山市人力资源考试院工作岗位；给予陈锦标同志党内严重警告处分,建议免去其中山市农业局局长职务;给予何金寿同志党内严重警告、行政记大过处分,并免去其中山市农业局党委副书记、副局长职务;给予袁旺胜同志党内严重警告、行政记大过处分,取消其中山市委农办副主任职务试用期资格,同时,建议广东省有关部门取消其公务员考试结构化面试考官资格;给予谌繁华同志党内严重警告、行政记大过处分,免去其中山市农业局人事科副科长职务,按副主任科员安排工作,调离人事岗位。同时,建议广东省有关部门取消其公务员结构化面试考官资格。

在通报时,这位负责人还说,与此次公务员考试作弊案有关的其他后续问题,中山市纪委、监察局责成中山市人社局按公务员招录的有关规定,在广东省主管部门的指导下进行处理;同时,还责成中山市人社局、中山市农业局认真剖析案发原因,举一反三,防止类似事件再次发生;已要求中山市人社局公开向社会道歉并诚恳接受社会监督。为加强对中山市农业局、中山市人社局的纪检监察工作,经中山市委同意,这两个局的纪委书记职务将由中山市纪委派干部担任。

此外,报考资格条件的设定也非常重要,它决定了一个公民能否参加选拔公务员的竞争,是体现公平原则的第一步。综观中央及地方国家公务员招考中对报考人员资格的限制,主要包括国籍、户籍、政治思想、年龄、性别、学历、工作经历、个人品德及其他条件。一项调查表明,上述条件限制在具体的实施中,存在不少争议。调查问卷的项目是:

案例6—5 调查问卷

1. 对报考年龄规定在18—35岁,您认为_____

2. 2005年,中央国家机关招考公务员报考条件一栏,80%以上的职位对"限北京籍户口"做出明确的要求,您认为_____

3. 某些地方政府为保证普通高校毕业生就业而限制成人教育类的学生报考,您认为_____

4. 在某些报考职位中，明确要求是社会在职人员才能报考，您认为_____

5. 2005年中央国家机关公务员招考中，一些部委在招考条件中列出"已婚"或"未婚"的规定，您认为_____

6. 成都某考生综合成绩排名第一，但因为身高与规定的160cm相差5cm而被用人单位拒之门外。您认为_____

从调查结果（见表6—1）可知，除了年龄一栏的"合理"中选率比较高外，对其他条件作出的限制，人们普遍认为是不合理的。可见，对这些条件做出限制，不仅不利于人才选拔，而且同时也有失公平。此外，关于除专业对性别要求外（如女子监狱只招女性），招考时对性别加以限制的规定，只有9%的女性认为是合理的，在男性中也只有15%的人认为是合理的。

宪法规定的平等权并不是绝对的，就录用公务员来说，行政机关规定一定条件是必要的，特别是对于某些特殊的领域、行业或工作而言，在某些特殊情况下可以例外，但它必须满足以下条件：①不提供平等机会是为了公共利益，并非为了照顾少数几个人；②限制条件必须是科学的；③限制条件对所有人都一样，不存在差异。但是，如果这种条件（如性别、身体状况等）不科学、超出了工作性质的需要，就可能构成歧视，导致违宪。

表6—1　　　　　　　　公务员报考条件认同度调查

		年龄①	户籍②	学历③	工作经历④	婚姻状况⑤	身高⑥
合理	学生	60%	2%	27%	17%	12%	5%
	社会	48%	1%	6%	17%	10%	14%
不合理	学生	15%	85%	34%	49%	61%	73%
	社会	35%	84%	79%	64%	68%	75%
视情况而定	学生	25%	13%	39%	34%	27%	22%
	社会	17%	15%	15%	19%	22%	11%

资料来源："我国公务员录用考试公平性调研"项目组：《公务员考试录用公平性问题调查报告》，《新余高专学报》2006年第5期。

以上案例告诉我们，中央对公务员考试资格条件的规定不够严肃，同一职位，对考生的资格条件要求却是一年一个样，人为因素干扰极大。我国的公务员考试对资格条件的规定应该是一个极其重要又相当严肃的工作环节，应当由独立的公务员管理机构在广泛的调查研究的基础上以职位本身的要求为中心进行报考资格条件的设定，力戒用人单位的不正当参与，真正给公民营造一个客观公正、平等竞争的考试录用环境。2011年长治"公考状元体检被刷"事件，被闹得沸沸扬扬，对于我国公务员考试的公平性，对于约束考试主体的行为再次亮了红灯。

案例6—6 长治"公考状元体检被刷"事件：
涉案人员受到严肃处理①

新华网太原12月31日电（记者　张羽）　近日，山西省长治市对人社局公务员考录违规问题调查结束，考生宋江明在参加长治市环保局公务员录用考试过程中，长治市人力资源和社会保障局副局长赵波等人存在涉嫌徇私舞弊、玩忽职守、滥用职权、弄虚作假、收受贿赂等严重违纪违法问题，长治市委、长治市纪委、长治市医学院纪委对10名涉案人员分别做出严肃处理。

2011年4月，家住山西省长治市长子县的吉林大学法学硕士宋江明，回家乡参加当地的公务员考试，报考长治市环保局科员，取得了笔试、面试、总成绩第一的成绩。但在8月11日、17日当地人社局组织的公务员录用体检、复检中，宋江明的血红蛋白不符合标准，但其随后的7次血常规检验结果显示正常。山西省长治"公考笔试面试总成绩第一，却因体检被刷"一事经网络披露后，引发社会关注。

2011年11月2日，长治市纪委对网民反映的问题进行核查，并责成卫生部门聘请医学专家对考生宋江明血液检验结果进行分析

---

①　新华网：《长治"公考状元体检被刷"事件：涉案人员受到严肃处理》，2011年12月31日（http://news.xinhuanet.com/legal/2011-12/31/c_111347680.htm）。

论证。长治市纪委牵头，会同长治市人民检察院、长治医学院纪委组成联合调查组对长治市人力资源和社会保障局（简称市人社局）副局长赵波等人在2011年长治市行政机关公务员考录体检中涉嫌徇私舞弊、玩忽职守、滥用职权、弄虚作假、收受贿赂等严重违纪违法问题进行了立案调查。

现已查明：赵波、吉新瑞、韩玉梅等人在2011年长治市行政机关公务员考录体检过程中，篡改考生体检结果，致使本该录用的考生宋江明未被录用；在调查期间，订立攻守同盟，隐瞒事实真相，毁灭证据，干扰办案，造成了恶劣的社会影响，严重损害了党和政府的形象。

近日，长治市委、长治市纪委、长治市医学院纪委对10名涉案人员分别做出严肃处理：决定给予长治市人社局副局长、公务员招考工作领导组办公室主任赵波开除党籍处分，因涉嫌犯罪被检察机关依法逮捕；决定给予长治市人社局公务员管理科科长吉新瑞开除党籍处分，因涉嫌犯罪被检察机关依法逮捕；决定给予长治市医学院附属和平医院健康体检科主任韩玉梅开除党籍处分，因涉嫌犯罪被检察机关依法逮捕。其他7名相关人员也分别受到相应处分或因涉嫌犯罪问题被市公安局刑事拘留。

这个案件触痛了社会公平的脆弱神经，"潜规则"到底在多大范围盛行，公务员考录到底经不经得起公平天平的称量，如何完善公务员考试，公务员考试权的运行性质遭到了前所未有的叩问。

此事最终给了社会大众一个圆满的交代，但同时也将官场中某些"潜规则"暴露了出来。何为"潜规则"？现在流行一种说法，大学生就业比拼的不仅是能力，还比拼"家世背景"，比拼"熟人能力"，比拼"关系深浅"。在某种程度上，"社会关系"似乎已经成为就业的主渠道，家庭背景越来越影响子女就业。

公务员招录的基本原则为公开、平等、竞争、择优，"宋江明事件"显然违背了这一简单原则，取而代之的是权力表征。其实，"宋江明事件"并非游走在制度之外。《公务员法》明确规定：公务员的任用，要坚持任人唯贤、德才兼备的原则。《公务员录用规定（试行）》也要求，不按规定的资格条件和程序录用或录用工作中徇私舞弊，情节严重的，分别予以责令纠正或者宣布无效；对负有领导责任和直接责任的人员，根据情节轻重，给予批评教育、调离录用工作岗位或者严肃处分；构成犯罪的，还要依法追究刑事责任。

三　政府的委托代理问题

委托—代理（principal - agent）理论研究的主要问题是在所有权和控制权两权分离和利益分割的条件下，委托人和代理人之间的关系模式和行为动机与规则等问题，发蒙于经济领域。在政治领域，同样也存在着委托—代理关系，即代议政府受公众的委托管理国家和决定生活价值的权威性分配。在权力机关与行政机关和政府官员的双边关系中，立法机构类似于股东，它通过预算安排，向政府部门显示需求并购买公共产品，成为委托人；行政机构和官员则负责提供这些公共产品和服务，经营各种社会管理实务，成为代理人。现代民主国家的代议制实际上就体现了这样一种制度安排，"代议制就是，大众希望维护自己的利益但没有时间亲自保护自己的利益，于是委托一定数量的人做他们的代表。不过，除非是白痴，任何雇用管家的商人都会监督管家是否尽职进行密切监视，以防止他们玩忽职守、腐化堕落或昏庸无能"。①

信息严重失衡造成权力失控。事实上，对上述"管家"的监督谈何容易。在现代社会组织结构变得日益复杂的情况下，公共管理的职业化、专业化程度越来越高，政府的运作已是一个相当复杂的过程，政府对其组织内部的运作、人员安排、利益倾向、资源配置等情况把握清晰，而公众则很难了解这些方面的信息；同时由于政府在政策制定和执行过程中存在一定程度的封闭性，以及公共物品

---

① ［法］贡斯当：《古代人的自由与现代人的自由》，阎克文、刘满贯译，商务印书馆1999年版，第43页。

生产与效果难以精确、客观测量的规定性，立法机关往往无法深入细致地了解政府管理机构的具体运作情况。这种信息的严重失衡，使得政府和官员实际在公共资源分配、公共政策的制定与执行上具有很大的自主权，甚至在一定程度上很难受到立法机关的控制。

角色与地位的双重倒置。更为重要的是，政府是一个特殊的代理人，公众通过政治契约的委托代理关系授予政府的，不仅是代理的资格，还包括能够对公众事务产生重大影响的公共权力。从那一时刻起，政府就以国家和社会事务的决策者和管理者的角色，充分地运用其掌握的公共权威。其必然的结果是，公众的现实地位发生了倒置：从政治委托人演变成了公共权威的服从者和被管理者。如果政府的权力缺乏有效的监督，政府作为代理人极有可能反客为主，成为公共事务管理实际上的主人，随意超越代理范围。这就是所谓的代理人主权问题——"一个懂得如何最大限度利用其资源的领导者与其说是他人的代理人，不如说他人是他的代理人。"[①] 在公务员考试中，考试的内容选择、科目设置、笔试和面试的质量状况、考试程序的设定等考试权力的行使状况，都与委托—代理问题有关。

考试的质量是考试录用制度的"生命线"，是择优录用、保障考录工作公正的基本前提。但受考试自身的特点所决定，考试命题、阅卷、面试等工作必须处于保密状态，这加剧了公务员考试权力主体对信息的垄断地位，无形中又为考试主体与考生之间的信息失衡找到了合理的注解。由此造成了考试质量方面的突出问题：一是考试手段比较单一，录用考试的主要手段是笔试和面试，对国外较多采用的情景模拟、心理测验、笔迹辨析等辅助方法，在我国还缺乏研究和应用，因而无法全方位地对考生进行准确考查。二是考试科目设置欠合理。按照国外公务员考试的经验，在国家公务员考试科目的设置上一般要考虑职位分类和教育制度衔接的需要。而在我国当前的公务员考试中，职位分类的要求在考试中没有得到科学

[①] 罗伯特·达尔：《谁管谁》，载《政治学手册精选》，商务印书馆1996年版，第407页。

体现，从职位的专业构成去寻找学校专业的"对口"资格条件也做得不够，不利于教育制度导向。三是考试内容不科学。虽然原人事部于 2000 年开始，在招考中央机关公务员时增加了考查考生阅读、分析、写作能力的考试内容，但仍存在重知识、轻能力的倾向。首先，教材内容较简单、常识性知识所占比重较大，不能满足公务员岗位及职位所需要的知识结构和知识体系。其次，试卷结构性差，目标放在测量考生掌握知识的量上，而不是侧重于考生对知识的理解与运用的能力上。由此导致了只测查考生的一种能力，即机械记忆力，从而出现了无法招到有能力人才的现象。

值得欣慰的是，中央国家机关公务员录用考试的命题改革已经非常重视这个问题，在考试科目设置笔试统考《行政职业能力测验》和《申论》两个科目，取消了《公共基础知识》[①]科目的考查，《行政职业能力测验》科目的试题结构、测查重点也发生了相应的变化，已经在知识、能力、技能和潜能的关系处理上做了思考和探讨。[②]

就命题而言，试题的命制是一项复杂的创造性工作，作为选官考试的公务员录用考试更是如此。命题在考试中占有非常重要的位置，试题是测评工具最基本的单位，是考试本体功能的有效载体，因此，命题的成败关系到考试的成败。选择题属于标准化试题范畴，最早产生于 20 世纪 40 年代，60 年代被世界各国广泛采用，并且达到了高峰。20 世纪 80 年代初我国从国外引进选择题，自此选择题便广泛地出现在我国各级各类考试中。选择题被看作一种最具有适应性和最有用的客观性试题，在《行政职业能力测验》中，选择题被广泛地应用着，对于测量考生知识的广度与深度，考查考生的知觉、速度与准确性，进而推断考生是否具备做公务员的内在潜质，具有无可替代的功能。但由于命题技术的专业性和工作的保密

---

① 关于中央国家机关统一招录公务员考试不考《公共基础知识》的在对考生素质与能力考查上是否完整，在此暂不作讨论。

② 参见新浪教育《公务员备考：科学调整心态 冷静面对考试》（http://www.sina.com.cn2006/11/0613：25）。

性，人们对试题质量的监控处于真空状态，公务员录用考试试题的质量如何，主要由考试主体进行认定，而这种政府充分自主而没有任何监督的认定和评价，其公信力如何呢？现实情况是，公务员考试质量评价越来越多地遭遇着自我确证的危险。但是，如果用第三方专业机构对公务员考试的质量进行分析，则十分有利于公务员考试质量的改进与提高。下面是对某地区 2015 年公务员考试《公共基础知识》试题质量的分析评价（部分）。

案例6—7 考试结果的实证分析报告（部分）[①]

1. 试题难度

本次笔试全卷试题的难度系数分布于 0.10—1.00 区间，试卷难度中等。所有试题中，难题（$0.01 \leqslant P \leqslant 0.19$）1 道，较难试题（$0.02 \leqslant P \leqslant 0.39$）5 道，难度适中试题（$0.40 \leqslant P \leqslant 0.59$）17 道，较易试题（$0.60 \leqslant P \leqslant 0.79$）15 道，容易试题（$0.80 \leqslant P \leqslant 1.00$）11 道。

表6—2　　　　试题质量分析统计量　　　　N = 395

题型	题号	R	X_{min}	X_{max}	$\overline{X}$	S	P	CV	D
判断题	1	1	0	1	0.41	0.49	0.41	1.19	0.16
	2	1	0	1	0.53	0.5	0.53	0.94	0.15
	3	1	0	1	0.88	0.32	0.88	0.36	0.16
	4	1	0	1	0.76	0.43	0.76	0.56	0.11
	5	1	0	1	0.58	0.49	0.58	0.85	0.18
	6	1	0	1	0.64	0.48	0.64	0.75	0.21
	7	1	0	1	0.49	0.5	0.49	1.02	0.27
	8	1	0	1	0.9	0.31	0.9	0.34	0.25
	9	1	0	1	0.88	0.33	0.88	0.38	0.02
	10	1	0	1	0.62	0.49	0.62	0.78	0.21
	小计	10	0	10	6.69	1.7	0.67	0.25	

[①] 该报告是受某地区委托，郑州大学考试与人才测评研究中心承担了该地区 2015 年某次考试施测任务，笔者撰写了该报告。

续表

题型	题号	R	X_{min}	X_{max}	$\bar{X}$	S	P	CV	D
	11	1	0	1	0.74	0.44	0.74	0.59	0.22
	12	1	0	1	0.92	0.27	0.92	0.3	0.23
	13	1	0	1	0.29	0.45	0.29	1.56	−0.03
	14	1	0	1	0.75	0.44	0.75	0.58	0.28
	15	1	0	1	0.45	0.5	0.45	1.1	0.01
	16	1	0	1	0.55	0.5	0.55	0.91	0.36
	17	1	0	1	0.72	0.45	0.72	0.62	0.21
	18	1	0	1	0.94	0.23	0.94	0.25	0.06
	19	1	0	1	0.49	0.5	0.49	1.03	0.21
	20	1	0	1	0.53	0.5	0.53	0.94	0.15
	21	1	0	1	0.57	0.5	0.57	0.87	0.21
	22	1	0	1	0.66	0.47	0.66	0.71	0.21
	23	1	0	1	0.4	0.49	0.4	1.23	0.26
	24	1	0	1	0.62	0.49	0.62	0.79	0.15
单选题	25	1	0	1	0.72	0.45	0.72	0.63	0.11
	26	1	0	1	0.79	0.4	0.79	0.51	0.06
	27	1	0	1	0.8	0.4	0.8	0.5	0.18
	28	1	0	1	0.12	0.32	0.12	2.72	0.14
	29	1	0	1	0.55	0.5	0.55	0.91	0.19
	30	1	0	1	0.61	0.49	0.61	0.8	0.04
	31	1	0	1	0.84	0.36	0.84	0.43	0.22
	32	1	0	1	0.26	0.44	0.26	1.69	0.03
	33	1	0	1	0.79	0.4	0.79	0.51	0.18
	34	1	0	1	0.32	0.47	0.32	1.46	0.17
	35	1	0	1	0.54	0.5	0.54	0.92	0.37
	36	1	0	1	0.61	0.49	0.61	0.8	0.29
	37	1	0	1	0.24	0.42	0.24	1.8	0.12
	38	1	0	1	0.46	0.5	0.46	1.08	0.12
	39	1	0	1	0.83	0.38	0.83	0.45	0.37
	40	1	0	1	0.91	0.28	0.91	0.31	0.18

续表

题型	题号	R	X_{min}	X_{max}	$\bar{X}$	S	P	CV	D
单选题	41	1	0	1	0.31	0.46	0.31	1.48	0.14
	42	1	0	1	0.96	0.19	0.96	0.2	0.24
	43	1	0	1	0.88	0.32	0.88	0.37	0.25
	44	1	0	1	0.49	0.5	0.49	1.02	0.3
	45	1	0	1	0.69	0.46	0.69	0.68	0.23
	小计	35	0	35	21.38	4.19	0.61	0.2	
案例题	46	8	0	8	4.07	1.71	0.41	0.42	0.58
	47	10	0	10	5.36	1.86	0.54	0.35	0.51
	小计	18	1	18	9.43	2.94	0.47	0.31	
对策题	48	10	0	10	4.96	2.44	0.5	0.49	0.64
	49	24	0	24	17.15	5.25	0.69	0.31	0.72
	小计	34	1	34	22.11	6.61	0.63	0.3	
总计			58	25	83	59.61	11.05	0.6	0.19

注：R 为全距，X_{min} 为最低分，X_{max} 为最高分，$\bar{X}$ 为平均分，P 为难度，CV 为差异系数，D 为区分度。

不同难度等级试题分别所占题量与分值的比例为：难题的题量比为 2.04%，分值比为 1%；较难题的题量比为 10.2%，分值比为 5%；难度适中试题的题量比为 34.69%，分值比为 49%；较易试题的题量比为 30.61%，分值比为 39%；容易试题的题量比为 22.45%，分值比为 11%。全卷不同题型的难度及所占题量与分值比例分别为：判断题的难度为 0.67，其题量和分值比分别为 20.41%、10%；单项选择题的难度为 0.61，其题量和分值比分别为 71.42%、35%；案例分析题的难度为 0.47，其题量和分值比分别为 4.44%、20%；应用对策题 1 的难度为 0.5，其题量和分值比分别为 2.04%、10%；对策题 2 的难度为 0.69，其题量和分值比分别为 2.04%、25%。

表 6—3　　题型难度与题目难度等级构成比例　　N = 395

题型	全卷 题量%	全卷 分值%	难度	难 题量%	难 分值%	较难 题量%	较难 分值%	适中 题量%	适中 分值%	较易 题量%	较易 分值%	易 题量%	易 分值%
判断题	10	10	0.67	0	0	0	0	4	4	3	3	3	3
	20.41	10		0	0	0	0	25	25	33.33	33.33	33.33	33.33
单选题	35	35	0.61	1	1	5	5	10	10	11	11	8	8
	71.42	35		2.86	2.86	14.29	14.29	28.57	28.57	31.42	31.42	22.86	22.86
案例题	2	20	0.47	0	0	0	0	2	20	0	0	0	0
	4.44	20		0	0	0	0	100	100	0	0	0	0
公文	1	10	0.5	0	0	0	0	1	10	0	0	0	0
	2.04	10		0	0	0	0	100	100	0	0	0	0
对策	1	25	0.69	0	0	0	0	0	0	1	25	0	0
	2.04	25		0	0	0	0	0	0	100	100	0	0
全卷	49	100	0.6	1	1	5	5	17	44	15	39	11	11
	100	100		2.04	1	10.2	5	34.69	44	30.61	39	22.45	11

从上文所列统计显示的主要数据指标看，全卷偏难、适中、偏易三个等级试题，在总题量中的比重分别为12.24%、34.69%和51.06%。三个难度等级试题各自在全卷总分中所占的分值比例为6%、44%和50%。在26道偏易试题中判断题6道、单选题19道、应用对策题1道。全卷仅1道难题，而且出现在单选题中，未发挥实质作用。适中试题中，2道案例分析题的分值比例较大，对全卷总体难度的影响较大，起到了控制全卷总体难度的作用。

2. 试题区分度

全卷试题的区分度系数分布于 -0.03—0.72（各题的区分度详见附表6—7），试卷的区分度良好。其中鉴别能力强的优质试题（D>0.39）4道，占总题量的8.16%，其分值占总分的55%；鉴别能力较强的良好试题（0.30≤D≤0.39）4题，占总题量的8.16%，其分值占总分的4%；鉴别能力一般的试题（0.20≤D≤

0.29）17题，占总题量的34.7%，其分值占总分的17%；鉴别能力较差甚至为负向的试题（D＜0.20）24题，占总题量的48.98%，其分值占总分的24%。

整个试题的区分度系数及不同鉴别能力试题的结构比表明，本次笔试试题的区分度与试题难度的统计结果，符合试题难度与区分度两者关系变化的一般规律，即难度适中的试题通常鉴别力强，难度大和难度小的试题一般鉴别力较差，甚至成负向。例如：本次笔试4道鉴别能力强的试题，其难度和区分度分别为0.41、0.54、0.5、0.69（难度）及0.58、0.51、0.64、0.72（区分度），除1题的难度略微偏易外，其余3题均属中等难度；而在41道鉴别力一般或较差的试题中，有24道题的难度系数为0.61—1.00，其区分度与难度的变化基本一致。

表6—4　　题型区分度与题目区分度等级构成比例　　N = 395

题型	全卷 题量%	全卷 分值%	区分度	优 题量%	优 分值%	良 题量%	良 分值%	较差 题量%	较差 分值%	差 题量%	差 分值%
判断题	10	10	0.13	0	0	0	0	4	4	6	6
				0	0	0	0	40	40	60	60
选择题	35	35	0.029	0	0	4	4	13	13	18	18
				0	0	11.43	11.43	37.14	37.14	51.43	51.43
案例题	2	20	0.68	2	20	0	0	0	0	0	0
				100	100	0	0	0	0	0	0
对策1	1	10	0.39	1	10	0	0	0	0	0	0
				100	100	0	0	0	0	0	0
对策2	1	25	0.27	1	25	0	0	0	0	0	0
				25	100	0	0	0	0	0	0
全卷	49	100	—	4	55	4	4	17	17	24	24
				8.16	55	8.16	4	34.7	17	48.98	24

注：题型的区分度为题型中各试题的区分度平均数。

3. 题目反应特征

根据反应的项目特征及其曲线变化趋势，全卷两类（主观性、客观性）、四种题型（判断题、单选、分析、对策）49道试题，对考生的素质水平具有不同的区分能力。例如：49道小题中，在高、中、低各水平层次均有区分力的试题有28道；仅在低水平层次有区分力的试题9道；在中、高两个水平层次有一定区分力的试题3道；在中、高两个水平层次区分力强的试题1道；高、中、低各水平层次区分力都强的优质试题1道。

从五种题型的反应特征来看，判断题、单选题、对策题在各个水平段的区分力都很强（见项目反应特征曲线图6—1、图6—2、图6—4）；案例分析题整体区分能力较强，尤其是在50分以上的考生中有很强的区分力。从主、客观性两类试题两大类的反应特征来看，主、客观性试题的区分力整体上都强，尤其是主观题的区分能力更强。这表明案例分析题和公文写作、对策性试题主观性试题与考生的整体能力素质呈正相关关系。

案例分析题在50分以上几个水平阶段有较强的区分力（见下面案例题项目反应特征曲线图6—3）；

应用对策题整体上区分力都强（见下面对策题项目特征曲线图6—4）。

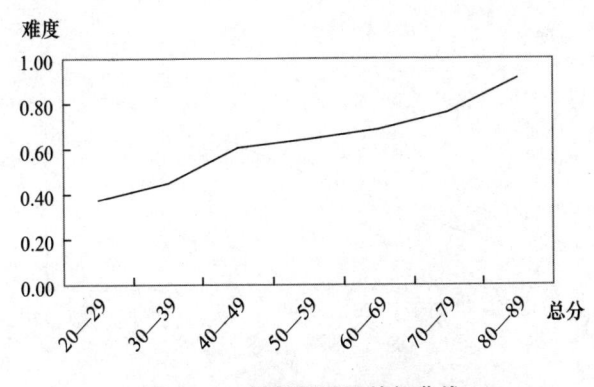

图6—1 判断题项目特征曲线

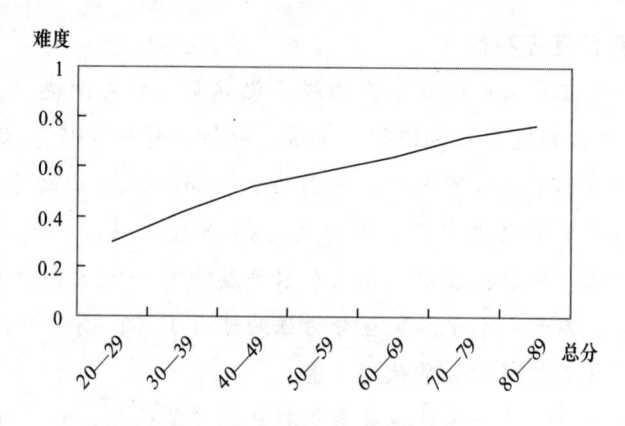

图 6—2　单选题项目特征曲线

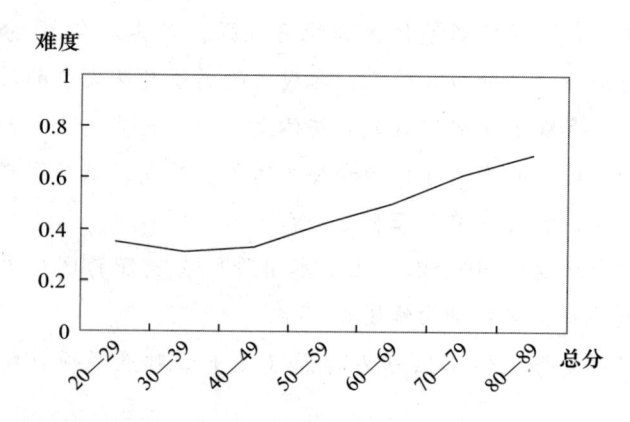

图 6—3　案例题项目特征曲线

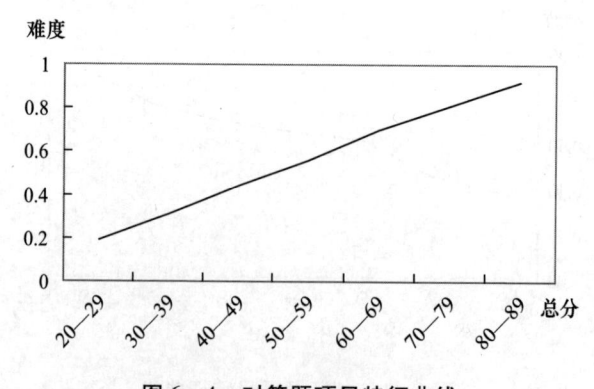

图 6—4　对策题项目特征曲线

主、客观性试题的区分力整体上都强(见客观性、主观性试题项目反应特征曲线图6—5、图6—6),尤其是主观题。

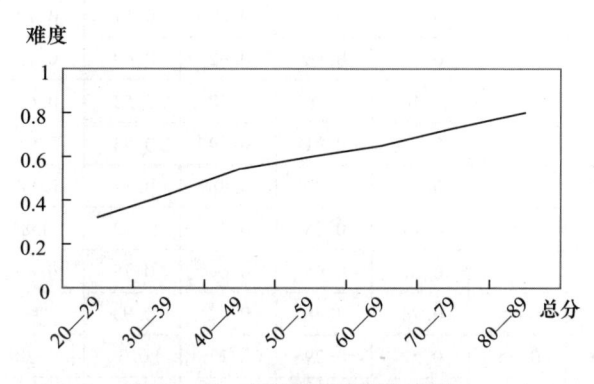

图6—5 客观题项目特征曲线

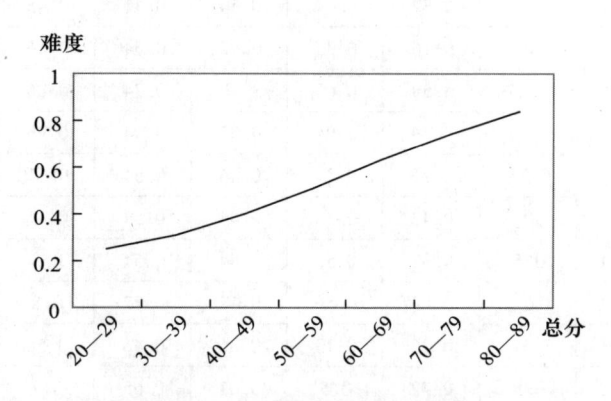

图6—6 主观题项目特征曲线

以上结论的数据支持:

表6—5　　　　　　　全卷对考生的区分能力　　　　　　　N=395

题号	满分	20—29分	30—39分	40—49分	50—59分	60—69分	70—79分	80—89分
1	1	0.25	0.32	0.33	0.36	0.43	0.52	0.67
2	1	0.25	0.32	0.44	0.53	0.55	0.58	1
3	1	0.5	0.79	0.81	0.88	0.91	0.92	1

续表

题号	满分	20—29分	30—39分	40—49分	50—59分	60—69分	70—79分	80—89分
4	1	0.5	0.47	0.77	0.75	0.77	0.84	0.78
5	1	0.25	0.32	0.44	0.62	0.57	0.72	0.78
6	1	0.5	0.21	0.56	0.62	0.68	0.75	0.89
7	1	0.25	0.16	0.4	0.38	0.53	0.69	1
8	1	0.5	0.63	0.81	0.89	0.94	0.97	1
9	1	0.75	0.79	0.92	0.88	0.87	0.88	1
10	1	0	0.47	0.56	0.56	0.62	0.8	1
11	1	0	0.63	0.65	0.69	0.78	0.89	0.89
12	1	0.25	0.74	0.9	0.92	0.93	1	1
13	1	0.75	0.32	0.29	0.27	0.3	0.28	0.22
14	1	0	0.32	0.65	0.7	0.85	0.83	0.89
15	1	0.25	0.32	0.44	0.54	0.41	0.45	0.56
16	1	0	0.16	0.35	0.52	0.54	0.86	1
17	1	0.25	0.58	0.63	0.7	0.74	0.86	0.89
18	1	0.75	0.79	0.94	0.97	0.94	0.95	0.89
19	1	0.25	0.26	0.27	0.46	0.54	0.61	0.67
20	1	0	0.42	0.46	0.48	0.57	0.61	0.67
21	1	0.5	0.32	0.52	0.54	0.54	0.8	0.67
22	1	0	0.63	0.56	0.57	0.72	0.8	0.78
23	1	0	0.26	0.13	0.36	0.46	0.58	0.67
24	1	0.5	0.42	0.5	0.61	0.65	0.7	0.67
25	1	0.25	0.63	0.71	0.68	0.73	0.8	0.89
26	1	0.75	0.58	0.81	0.8	0.79	0.84	0.78
27	1	0.5	0.58	0.73	0.75	0.83	0.91	1
28	1	0	0.05	0.13	0.05	0.14	0.2	0.22
29	1	0.25	0.26	0.4	0.54	0.6	0.63	0.89
30	1	0.5	0.37	0.6	0.65	0.61	0.64	0.67
31	1	0	0.47	0.79	0.85	0.88	0.94	1
32	1	0	0.37	0.21	0.28	0.21	0.34	0.33
33	1	0.5	0.47	0.71	0.77	0.86	0.84	1

续表

题号	满分	20—29 分	30—39 分	40—49 分	50—59 分	60—69 分	70—79 分	80—89 分
34	1	0.25	0.26	0.17	0.29	0.32	0.42	0.78
35	1	0	0.16	0.4	0.43	0.59	0.81	1
36	1	0.5	0.26	0.38	0.57	0.69	0.8	0.67
37	1	0	0.21	0.21	0.2	0.21	0.38	0.33
38	1	0	0.21	0.38	0.42	0.59	0.44	0.33
39	1	0.5	0.58	0.65	0.74	0.92	1	0.89
40	1	0.75	0.68	0.9	0.9	0.92	0.98	1
41	1	0.25	0.16	0.17	0.34	0.3	0.38	0.89
42	1	0.5	0.79	0.94	0.95	0.99	1	1
43	1	0.75	0.68	0.73	0.86	0.93	0.97	1
44	1	0.25	0.21	0.35	0.38	0.54	0.7	0.89
45	1	0.5	0.58	0.54	0.63	0.68	0.92	0.78
46	10	0.33	0.23	0.28	0.35	0.44	0.55	0.69
47	10	0.38	0.38	0.39	0.49	0.57	0.67	0.7
48	10	0.2	0.27	0.31	0.4	0.54	0.73	0.92
49	25	0.19	0.33	0.49	0.63	0.77	0.85	0.92
判断题	10	0.38	0.45	0.6	0.65	0.69	0.77	0.91
选择题	35	0.3	0.42	0.52	0.58	0.64	0.72	0.77
案例题	20	0.35	0.31	0.33	0.42	0.5	0.61	0.69
对策题	35	0.19	0.31	0.44	0.56	0.7	0.81	0.92
客观性题	45	0.32	0.43	0.54	0.6	0.65	0.73	0.8
主观性题	55	0.25	0.31	0.4	0.51	0.63	0.74	0.84
全卷	100	0.28	0.36	0.46	0.55	0.64	0.74	0.82

说明：本次试题质量分析的方法与评价标准的具体方法及工具如下：

1. 试题难度分析

客观性试题难度的计算公式为：$P = \dfrac{R}{N}$

主观性试题难度的计算公式为：$P = \dfrac{\overline{X}}{X_{\max}}$

试题难度的评价标准为：

表6—6　　　　　　　　试题难度评价标准表

难度	标准
0.01—0.19	难
0.20—0.39	较难
0.40—0.59	适中
0.60—0.79	较易
0.80—1.00	易

2. 试题区分度分析

客观性试题区分度的计算公式为：$r_{pq} = \dfrac{\overline{X}_p - \overline{X}_q}{S_x} \cdot \sqrt{pq}$

主观性试题区分度的计算公式为：

$$r = \dfrac{\sum (X_i - \overline{X})(Y_i - \overline{Y})}{\sqrt{\sum (X_i - \overline{X})^2} \sqrt{\sum (Y_i - \overline{Y})^2}}$$

试题区分度的评价标准为：

表6—7　　　　　　　　试题区分度评价标准表

区分度	标准
大于0.39	优
0.30—0.39	良好
0.20—0.29	一般
小于0.20	差

3. 题目反应特征分析

题目反应特征分析是分别以难度指数、总分的各组段分数为纵横坐标，根据各题难度在各分数段的反应特征及其变化趋势绘制特征曲线图，然后分析试题对不同水平被试的鉴别功能。

从上述对试题质量分析评价报告来看，公务员考试的试题并不像考试主管单位出具的定性评价报告或考试工作总结所描绘的一派"歌舞升平"的景象，而是试题质量堪忧。更令人担忧的是，在每次考试结束后，考生和社会公众对考试的结果、考试程序过分关注，而对试题的质量、命题的科学性——这一考试公平的核心与根基从未过问。考试的科学性如果丧失，形式公平便没有意义了。

四 政府行为的内部性

与市场行为不同，在公共领域，政府提供的公共物品具有"非市场产出"的特点，一般不进入或较少进入市场交换，而且会对社会生产生活产生广泛而深远的影响。另外，政府提供的公共产品往往具有垄断性质，公众无法通过货比三家的权衡来选择价廉物美的生产者。因此，很难对公共物品的产出成本进行相对精确的测量，用詹姆斯·威尔逊的话说，"实际上即使是只对什么是国家部门的输出做一番设想都足以令人头昏脑涨"[①]。政府行为既然缺乏像市场组织那样来自消费者或市场的外在压力，那么其行为的主要动力只能来自政府内部，即由政府自己确立行为目标。在此条件下，具有自利性的政府行为很可能不完全是甚至不是以公共利益目标为确立政府行为目标的依据，转而遵循于组织自身的目标，这就是政府行为的内部性。具体言之，就是公共组织或非市场组织自身的目标往往与该组织的法定职能、社会公共目标不一致，而代之以该组织用以评价全体成员、决定工资、提升和津贴、比较次一级组织以协助分配预算、办公室、停车管理的标准。[②] 具体来说，政府行为的

[①] 参见［美］斯蒂尔曼《公共行政学》，李方等译，中国社会科学出版社1998年版，第143页。
[②] ［美］查尔斯·沃尔夫：《市场或政府：权衡两种不完善的选择》，谢旭译，中国发展出版社1994年版，第46页。

内部性表现为，政府官员只热衷于能够带来直接受益的事务，而对那些存在风险或公共效用显著但个人效益缺乏的事务，则敷衍了事或置之不理。所带来的后果是，一方面政府部门在追求预算收入最大化的过程中，一些公共物品的生产严重过剩，另一方面某种公众所需要的公共物品严重奇缺。

政府行为的内部性表现在公务员考试中亦是如此。从实际来看，在利益驱动下，考试部门和考试官员对考试举办权、命题权、施测权、阅卷权等十分热衷，甚至有的地方（部门）举办考试首重经济效益，违规收取考试费用，而对于考试质量评价、试题质量分析、考生对试题的反应与评价、考生权利维护、考试辅导用书的质量、施测程序的优化研究等问题鲜有问津。2007年，福州市工商局在招考公务员时对考生的报考资格做了让人匪夷所思的限定：要求考生为全日制普通院校音乐专业大专及以上学历，24岁以下女性，招考范围省内，乐器演奏水平须达十级，这种随意设置报考条件的动因，竟因为工商局是个大单位，大单位需要音乐和体育之类的特长生，以活跃五一、十一、春节等节假日单位举行的联欢会。①

案例6—8　福州工商局招聘公务员要求乐器演奏须十级

台海网8月18日讯（海峡导报驻福州记者林芹）　近日，搜狐社区、猫扑网、民坊社区等国内许多网站在流传着一则"福州工商局要招女演员"的帖子，帖子说："2007年秋季招考公务员，福州市工商行政管理局招录马尾区工商局科员1名，却要求24岁以下，女性，大专及以上学历，乐器演奏水平须达十级。"许多网友质疑，这岗位是不是为"某人量身定制的"，许多网友很不解，工商系统招录普通工作人员，为何要求乐器演奏水平达十级？这和工商局的正常工作业务有关吗？

针对广大网友的质疑，昨日下午，记者登录福建省公务员考试录用网，果然，在今秋的"公务员招考职位表"里，明确定着：

---

① 林芹：《福州工商局招公务员要求乐器演奏须10级》，2007年8月18日，台海网。

"福州市工商行政管理局招录马尾区工商局科员1名，要求全日制普通院校音乐专业大专及以上学历，24岁以下，女性，招考范围省内，乐器演奏水平须达十级，报考类别为B类。"

记者还发现，招考条件表里，福州市工商系统的工商职位均要求"本科学历"，而马尾工商所的这个职位却放宽到"大专学历"，而且，工商系统其他职位均要求"35周岁以下"，只有马尾工商所的这个职位要求"24岁以下"，再加上"音乐系毕业，音乐演奏水平达十级"，因此，这个岗位在"公务员招考职位表"里显得十分特别。

正是这些特别，引起了许多网民的猜测。那么，这个岗位是不是就如一些网民猜测的——是"内定的"，为某人量身定制的呢？带着这些疑问，昨日下午，记者采访了负责公务员招考事宜的福州市工商局人教处孙处长。

孙处长首先否认了一些网友的质疑。他告诉记者，作为一个大单位，需要招录一些文艺、体育方面的特长生是很正常的现象，此次马尾工商局就是岗位需要招录一名乐器专业的毕业生，每逢五一、十一、春节等节假日，单位都要举行联欢会，特别需要年轻、有特长的文艺人才，活跃干部队伍思想，至于年龄限制，现在都提倡干部年轻化，而工商系统市级机关平均年龄高达48岁，前几年虽然有部队转业下来的文艺兵，但年龄都偏大，如何能在舞台上蹦跳？

省人事厅相关人士也表示，他们在审核各单位上报公务员招录条件上时亦很严格，如有些单位在备注一栏里注明"须在国内/国际某某比赛中获过奖"等令人生疑的字样，都会被他们砍掉。这位人士也表示，工商局设置的"乐器演奏水平须达十级"也不是高不可逾的门槛。

一位不愿透露姓名的音乐系教钢琴教师则表示，音乐演奏十级是最高级别的了，乐器八级至十级为高级程度，十级的水平就应该具备掌握弹奏各种高难度作品的能力，尤其钢琴和小提琴过十级更是难上加难。现在一般的大学生很少去考级，即使是音乐系的学生，毕业时能考到十级的也为数不多。

为了活跃节假日单位举办晚会的气氛，福州市工商局居然擅自规定公务员报考条件，严重违反了考试权的正常运行。从该局的"公务员招考职位表"看，充满着"内定"的嫌疑。其一，《国家公务员录用暂行规定》所确定的公务员录用基本原则是公平和公正。通过考试进入国家公务员队伍，是宪法确定的公民权利。而这份"职位表"，直接对公民的这一宪法权利产生实质性影响——将"乐器演奏水平十级以下的""24周岁以上的""全日制普通院校非音乐专业毕业的"女性公民的公平竞争权进行了技术性屏蔽。其二，在涉及普通公民宪法权利时，行政机关若要做出某种限制性规定，则需要对这种差别性待遇给出足够合理的说明。对工商行政管理职位的胜任与年轻的、乐器十级的女性有何必然关联？达不到标准是否将直接影响或不能胜任工商行政工作？显然，这与考生权利应当实现的本体性目标是不相符的。其三，在宪政社会里，基于"利益相关者参与"和"公民知情权"的原则，凡是与公民权利义务直接相关的政府行为，都必须通过一定的行政程序让公民知悉、了解——这个"全日制普通院校音乐专业大专及以上学历，24岁以下女性，省内乐器演奏水平须达十级"的条件是如何决策出来的？罗尔斯就认为，作为公平的正义，应符合两个正义原则：权利平等、普适开放。圈子化、特殊化的公务员招录已然成为一种失范的"内部掌控"，用人单位与考生位于极端不对等的权力格局中：一者是权力机关频繁自定、修改规则，不断影响公民权利；一者是公民在被自由裁量的游戏规则中权利被剥夺。"内部掌控"的后果是规则制定者永远不违规，而参与者丧失了制度救济的能力。

同时，考试主体自利性诉求对考试公平的干扰问题也很突出，体现为：一是考试层次和级别划定具有随意性。如报考一般办事员与报考主任科员使用同一试卷进行考试，很明显，把两种不同职位要求的人用同一试卷进行测试是不科学也是不公正的。而且与教育实际不相衔接，不管什么级别的职位，一般都是对文化程度画一条线，如中专以上或大专以上，那学士、硕士、博士呢？实事求是地说，他们到底还是有差距的，不过一两次的考试与面试看不出来效果，因为考试的效度是有限的。我国台湾地区对硕士、博士有特殊照顾，硕士和博士可以越级报考；英国公务员考试录用采取分级考试的方式，高学历者有绝对优势；我国公务员考试录用也曾对硕士、博士免考笔试，直接参加面试。2016年中央国家公务员考试录用时，许多岗位对报考者要求有硕士以上学位，虽然违背相关法规，但事实上为高学历者进入政府工作提供了方便之门。二是面试入围比率确定缺乏科学性。目前国家公务员考试录取中，一般都在第一轮考试后采取每一职位以3∶1的比例从高分到低分来安排入围人数，而不划分最低分数线。我们必须承认此时此刻考试成绩是与能力素质成正比关系的，否则我们的考试就应该被否定。不划最低分数线的后果就是让一些素质不高的人通过入围，而一旦入围他们便会利用面试的缺陷，达到被录取的目的。

五　政府主考能力的缺位

（一）政府主考、办考能力需提升

关于政府能力的概念，政治条件和行政运作背景不同，对其理解也不相同。结构功能学派的阿尔蒙德认为，"政府能力是指建立政治行政领导部门和政府行政机构，并使他们具有制定政策和在社会中执行政策，特别是为此公共秩序和维护合法性的能力"①。兰德公司把政府能力分为两个方面：一是"自我控制能力"，即政府确定其目标的能力，主要取决于精英的凝聚力、政府的政治动员能力和加强国家战略实力的决策能力。二是"社会控制能力"，即政府实现自己所确定目标的能力，主要取决于作为合法性重要体现的政府向整个社会扩展的"渗透能力"，通过社会劳动、参与、合作获得实现其目标所需资源的"汲取能力"，以及保证自身意图不被破坏的"规范社会关系能力"。②王绍光和胡鞍钢把政府能力归结

---

① ［美］A. 加布里埃尔：《比较政治学：体系、过程和政策》，曹沛霖等译，上海译文出版社1987年版，第433页。
② 兰德公司：《国家绩效的衡量》，《中国国情分析报告》2002年第77期。

为四种能力,他们认为政府(国家)能力是"将自己的意志、目标转化为现实的能力",具体是汲取能力、调控能力、合法化能力与强制能力四种,其中前两个能力是衡量国家能力的重要指标。①无论对此概念做怎样的界定,只要把它同政府职能联系起来理解就会一目了然:政府职能涉及政府"要干什么"的问题,体现政府对社会应尽的义务,一般由宪法和法律予以规定;而政府能力涉及的是政府"能够干什么"的问题,它是政府履行职能的基本条件和支撑系统。二者的关系是"政府职能匡定了政府能力的基本内容和发展方向,政府能力的大小强弱则决定了政府职能的实现程度"②。基于上述探讨,可以把政府能力界定为政府运用公共权力和公共资源,履行职能、实现自己意图的能力。

在公务员考试中,作为考试主体的政府,是否实现了自己的意图,这种意图的实现是否与履行职能高度相关呢?前述已对公务员考试的笔试质量进行了分析,显示政府的主考能力和办考能力亟待提高。面试情况如何呢?以重庆市政府网政府公开信箱中关于"公务员面试中的不公正"的群众来信办结情况所显示的问题为例:③

案例6—9 公务员面试中的不公正

标题: 　　　　公务员面试中的不公正
邮件字号: 　大渡口信箱[2008]60
发布单位: 　大渡口区政府
呈批件内容:尊敬的重庆市纪委、市委组织部、市人事局、市监察局、大渡口区政府:

我叫胡红玉,是今年上半年报考大渡口区社保局财务岗位的一名考生。我综合成绩位列该组第

---

① 王绍光、胡鞍钢:《中国国家能力报告》,辽宁人民出版社1993年版,第6页。
② 金太军:《政府能力引论》,《宁夏社会科学》1998年第6期。
③ 本案例资料来源自重庆市政府门户网站(http://www.cq.gov.cn/PublicMail/Citizen/ViewReleaseMail.aspx?intReleaseID=96785)。

一，后于5月25日在大渡口区人事局参加了面试，但终因一些人为因素，我落榜了。在此，我要将该区此次招考活动中程序不合法且存在严重舞弊行为的事实予以揭发。也恳请贵职能部门能够切实履行监督职能，立即调查此事，依照相关规定对事件当事人进行严肃处理，并恳请给我一个合理的解释和公正的处理结果。在本次面试中，存在以下明显违规行为：

1. 面试过程中工作人员开着手机且当场接听。面试规则明确要求，所有进入考场的人员一律不得开手机。但在候考室的时候男工作人员曾接过一个电话，当时的考生都看见了，我记得特别清楚因为铃声响的时候我就想这个人取消资格了，结果是工作人员的电话，后来我在候考室活动的时候看到他在把玩手机。在这种情况下，工作人员完全有条件把考生的信息传递出去，为"看人打分"创造了条件。这个可以调查在场考生，也可以调取该工作人员面试期间通话记录为证。

2. 工作人员公然询问考生个人信息。同样是这名工作人员曾两次问我是否是某工学院99级的学生，后来上厕所的时候我才听说一女生是工学院99级的，我们的共同之处一是我们都是小个子；二是我们都穿套裙；三是我们都穿的白上衣。这个可以调查在场考生，询问是否有两名考生外貌特征极其相似。

3. 程序严重违法，各个职位面试顺序没有在考生监督之下进行抽签。比如教委的财务，他们三个的面试号是25到27，三个考生只能抽出自己是25或26或27，考官早就知道每个职位的三名考生在哪几个号面试。这样一来，面试的公正性大打折扣，他们既可以刻意抬高某些人的分，也可以故意压低其他竞争者的得分，甚至打不及格；如果进入面试的人中没有他们心目中的人，也可能全部打不及格。

4. 考官结构严重不合理。大渡口的操作模式是四个固定考官加三个机动考官，教委的考生面试的时候教委派三个领导来当考官，财政局几个面试的时候又由财政局派三个人来。一天下来考官换了七次。而其他区考录单位考官与统一调配考官比例为1∶6或2∶5。

5. 考官打分随意性太大。某考生（大概是第19号）最高分七十几，最低分38，不知道他们的标准是怎么定的，会相差如此之大，特别是打38分的考官有什么理由认为这名考生如此严重不合格。

6. 本考区对面试60分的评分标准值得推敲。所有人都知道，面试不及格是一票否决。整场下来27名考生有8名不及格。上午的几个职位都有一名考生不及格，下午第一个职位有一名考生面试成绩55.6，从后来公示来看，这名考生是笔试第一名，高出第二名16.5分，第三名28分。而社保局财务更是三名考生均不及格。严正抗议这种通过一票否决来达到某种目的的行为。

据此，我请求：

第一，严肃查处面试工作人员的失职行为。责令大渡口区对工作人员不关闭手机以及询问考生个人情况给予一个合理解释。

第二，请面试考官对他们的打分标准给出一个合理解释。所有人都知道，公务员面试不及格是一票否决。去年下半年,我曾参加沙坪坝区的公务员面试,成绩是73分,通过半年的学习自我感觉大有提高,本次面试并未发挥失常。我曾到区人事局要求查看考官打分情况,他们的答复是考官打分要保密,我请求对我的面试成绩予以重新核定,由于大渡口区的面试中没有旁听,也没有录音录像资料,我愿意再次接受考验,作为一名选择考主城区的考生,如果连对自己面试及格都没有信心的话那就根本不用考了。

第三,请求对面试程序和考官组成的合理性予以审查。

公务员考试本身就是为了体现公平公正透明的选人用人机制,我相信各相关职能部门能够急考生之所急,尽快将事情真相调查清楚,将大渡口区招录工作中存在的问题进行依法查处。如果此事在近期不能得到答复,我将保留向上一级机关继续申诉的权利,甚至用法律手段讨回公道。

致
礼

考生:胡红玉

2008年5月28日

办理单位:大渡口区政府

办理结果:来件人你好!

来件收悉后,我区十分重视,立即向区人事局了解情况,现回复如下:

一、基本情况

根据重庆市的统一部署,2008年5月25日,我区组织开展了2008年上半年公开招录公务员面试工作,此次面试共有5个招录单位,9个职位,共27名考生参加了面试,来件人参加了社会保险局社会保险职位 2 的面试。

二、关于面试过程中工作人员开着手机当场接听的问题

通过中国移动通信重庆营业厅公众服务网站查询，来件人反映的男工作人员在 2008 年 5 月 25 日手机通话记录的第一次通话记录时间为 17：33，第一条短信发送时间为 17：39，而整个面试考试的具体时间为 9：30—17：00。因此，不存在来件人所反映的面试过程中工作人员开着手机且当场接听的问题。

三、关于工作人员公然询问考生个人信息的问题

面试中，考生在候考室实行封闭式管理，考生除上厕所在候考室工作人员的陪同下外，候考室工作人员不能与外界发生联系，也进入不了面试室，对面试试题更是一无所知。来件人反映工作询问重庆工学院 99 级某考生信息一事，经调查，通过 5 月 25 日面试进入招录下一环节的应试人员中，并没有重庆工学院 99 级考生。

四、关于各个职位面试顺序没有在考生监督之下进行抽签和考官结构严重不合理的问题

根据相关文件规定，5 月 25 日公招面试中，我区采取了 "4+3" 模式配置考官，即固定考官 4 名，招录单位领导 3 名，其中固定考官从我区考官库中随机抽签确定。

招录职位面试的顺序是在面试前一天，在区纪委工作人员的监督下抽签确定的。

五、关于考官打分随意性太大和本考区面试 60 分的评分标准值得推敲的问题

本次面试由 7 名考官组成，其中 4 名固定考官均有面试考官资格证，且均为副处级以上领导干部，其

余 3 名考官为招录单位领导,他们中,也有部分取得了面试考官资格证,并已多次参加面试工作。但由于每位考官的知识结构、工作要求、认知能力等存在个体差异,因此,每位考官所掌握的评分标准和打分尺度就有所不同,但打出的分值也整体掌握在规定标准内。

同时,市人事局派出的巡视人员和区纪委工作人员对面试进行了全程监督。

发布时间: 2008 年 7 月 3 日

大渡口区举办的这次公务员考试中,面试环节是否如考生胡红玉所反映的那样存在诸多问题,仅从群众来信办理情况和办结结果方面看,很难确定。但这一案例却为我们了解当前我国公务员面试的实然状态提供了依据。从办结结果看,大渡口区政府对考生提出的"关于各个职位面试顺序没有在考生监督之下进行抽签和考官结构严重不合理的问题"的答复是:

根据相关文件规定,5 月 25 日公招面试中,我区采取了"4+3"模式配置考官,即固定考官 4 名,招录单位领导 3 名,其中固定考官从我区考官库中随机抽签确定。招录职位面试的顺序是在面试前一天,在区纪委工作人员的监督下抽签确定的。

其中有两个地方值得推敲:第一,考生反映"关于各个职位面试顺序没有在考生监督之下进行抽签",而答复却是"招录职位面试的顺序是在面试前一天,在区纪委工作人员的监督下抽签确定的"。问题在于面试顺序虽然在纪委监督下抽签确定,但是不是当着所有考生的面、在考生监督之下进行?一般而言,即便是大规模面试,抽签决定面试顺序都是面试当日在候考室当着全体考生面进行。该区只有 27 名参加面试的考生,却提前一天抽签决定次日的面试,如此程序设计是有意安排还是办考能力不足?第二,面试考官只有 7

名，却按照"4+3"模式进行配置，单位领导充任考官的比例接近50%，而这三名领导考官中，"也有部分取得了面试考官资格证"，考官如此结构，评分者信度如何保证？况且，其他区都是"5+2"模式，只有该区如此，理论依据、现实依据和政策依据何在？

第二，关于对"考官打分随意性太大和本考区面试60分的评分标准值得推敲的问题"的答复，更是难以令人信服。据考生反映："某考生（大概是第19号）最高分七十几，最低分38，不知道他们的标准是怎么定的，会相差如此之大，特别是打38分的考官有什么理由认为这名考生如此严重不合格。"虽然做出了"由于每位考官的知识结构、工作要求、认知能力等存在个体差异，因此，每位考官所掌握的评分标准和打分尺度就有所不同，但打出的分值也整体掌握在规定标准内"的解释，但仔细推敲，很难成立。考官资格是对面试考官水平和综合素质的一种资质认定。取得了考官资格，就意味着考官的整体素质和工作水平应该处于统一层次上，如果对其评分结果进行考试统计分析，则评分者信度应该是比较高的，具体到同一考生身上，考官所给分数虽不一致，但应该分布在一定范围之内，从而体现出对该考生的素质判断的一致性。案例中对同一个考生所打分数"最高分七十几，最低分38"，极差高达二三十分，说明考官素质非常值得怀疑。

该案例反映的情况，凸显了目前我国公务员考试面试环节所存在的问题：一是面试组织过程不科学。相关文件指出，"面试可由政府人事部门组织，也可委托用人单位组织实施"。从这几年实践看，面试一般由用人单位组织实施，实际效果并不好。以致社会上形成了这样一种认识"只要进了笼子（即笔试入围的）面试就好办"。这暴露出面试中的幕后交易和技术漏洞。二是面试考官队伍亟待规范。目前，我国的考官队伍主要由两部分人组成，一部分是组织人事部门和用人单位的官员，另一部分是高校和行政学院的专业技术人员。前者具有一定的干部选拔任用经验，但对于政府管理的专业知识缺乏深入研究，对于考生的书面和口头答案理解不深，判断不准。后者虽有扎实的专业知识，但对社会需要和岗位特点研究不够,在面试中,往往能说会道的考生容易得高分,那些不善言辞但同样适宜机关工作的人员则不易得高分。一项调查表明,对于考试录用工作的面试考官,公众推荐人选依次为组织人事部门干部、相关的公务员代表、有高素质和理论修养的党政领导干部,用人单位领导被排除在外。目前,我国大多数地方的公务员面试考官队伍由主管领导、组织人事干部、用人单位领导、纪检干部组成。这充分反映出公众对公务员面试公正性的企盼,也反映出他们对面试考官的要求。可见,政府对公务员考试的主考、办考能力亟须提高,公务员面试考官队伍建设亟待加强。

表6—8　　您认为面试考官应由哪些人组成

排序	组成人选	中选率(%)
1	组织人事部门干部	54.7
2	相关的公务员代表	42.2
3	有高素质和理论修养的党政领导干部	41.4
4	纪检监察部门人员	41
5	用人单位有关领导	28.1
6	教师及社科研究专家、学者	27.7
7	其他	0.8

(二) 体制性根源:职能转型格局中的主考、办考界限不清

现代政府负有广泛的公共管理和公共服务职能,但"广泛"不等于"无限"。在委托代理理论看来,公众委托给政府的事务有其特定范围,与之一致,公众授予政府的公共权力与公共资源也是有边界的。作为代理人,政府也只负有特定范围之内的责任,其拥有的权限与资源也决定了它只具备承担有限责任的能力,所以,"最强大的王朝只有当它不超出国家规定的限制时才是最强大的"①。然而,受

---

① [美]道格拉斯·诺思、罗伯特·托马斯:《西方世界的兴起》,厉以平、蔡磊译,华夏出版社1999年版,第182页。

计划体制的影响，全能型政府的印记深深地刻在我国市场经济时代的政府工作运行中，公务员考试权的运行亦是如此。

再回到委托代理理论的立场上。全能型政府对公共事务和公共资源的垄断，全面干预和控制整个社会生活，随意超越代理权限和代理范围，本身就意味着对委托代理社会契约的超然背离。体现在现实社会生活中，就是给国家治理和社会管理造成了严重的后果。从社会组织发育上理解，其后果有二：一是国家对社会自治空间的严重吞噬，造成了社会自组织的全面萎缩。新中国成立后，适应全能型政府建设的需要，国家逐步在全社会建构成了高度一体化和政治化的社会组织体系，将所有社会成员全部纳入特定的社会组织系统，或人民公社、生产大队，或街道、工厂，或机关、军队，或商店、学校。这些组织无论规模大小、功能如何，一律接受党和政府的领导和管理。在国家垄断社会生产、生活资料的情况下，各个组织从国家那里领取按计划调拨的资源，按计划指令组织生产、履行职责。于是，一切社会组织都成为没有独立意志、没有独立利益的国家计划的执行者，中国实际上已不存在真正意义上自主经营、自负其责的社会组织。二是国家对社会资源的垄断，从根本上消解了个体的行为自主性。政府将所有社会个体纳入行政化的组织体系加以控制所造成的直接后果，是个体对行政组织和政府的全面依附；从责任与义务的角度理解，即在全能政府体制下，个体的基本责任和义务就是对政府意志的无条件服从，同时也把个体决策和选择的责任交给政府，全身投入全能政府的"父爱主义"① 怀抱。

所以，当市场化改革催生出大量自主经营、自负盈亏的市场主体，催生出自治半自治的社会组织，催生出已经拥有相当大自主性社会空间的社会个体的时候，两种不可思议的局面出现了：一是在全能政府的惯性思维驱使下，政府认为这些社会组织仍是自己的附

---

① 全能政府的"父爱主义"是指：在全能政府体制下，政府就像一个大家长，通过单位组织关怀着每一个人的工作、生活和前途。在形形色色的组织关怀下，单位人逐步丧失了自主选择、自我实现的主体性特征，沦为等待寻求组织关怀的客体。面试中规定考生必须持有单位的有效手续方可参加面试，就是"父爱主义"思维的体现。

属物,没有自主选择、自主决策、自主发展的能力,因此面对市场的要求,在转换政府职能时对于应该交给中介组织的事情放心不下,决心难下,仍想把"所有的问题都自己扛"。在公权与私权的博弈中,在政治体制改革的推动下,一种政府体制下的社会组织——在公务员考试中叫作"人事考试中心"或"人事考试院"——出现了。这种政府隶属体制下的考试中心自然唯政府马首是瞻,成为政府的附属物。按政府的意思行事,责任自然由政府承担。所以,政府对每次考试质量的评价总是"成绩斐然""贡献突出""又上了一个新台阶"之类的积极话语。二是在实际运作中,这些自治性半自治性社会组织总是自信不足,往往是面对作为独立法人应承担的社会责任和应尽义务时显得力不从心,于是就转而寻求政府支持、投入政府的怀抱。在现实运作上想方设法挂靠政府,力求从政府的大权中分得一杯羹,造成了第三部门、自治性社会组织的非正常发育和畸形发展。按此逻辑,负责公务员考试的政府主管部门与承办考试业务的人事考试中心或考试院之间的界限很难划清,主考与办考的权力和责任,犹如一个人把自己的钱从上衣左边口袋放到裤子右边的口袋里。从原人事部人事考试中心开始,大都是公务员考试主管部门的下设机构:"人事部人事考试中心(以下简称中心)是中华人民共和国人事部直属事业单位,其前身为人事部全国职称考试指导中心。"① 省、市两级也是如此,如"河南省人事考试中心,为河南省人事厅下属财政全额预算管理的正处级事业单位";② 成都市考试中心的职责开宗明义地指出:"成都市人事考试中心是市人事局的直属事业单位,成立于1993年4月,是从事各类人事考试的专设机构";③ 益阳市考试中心职能开篇就是"益阳市人事考试中心是益阳市人事局下属的负责组织各种专业技

---

① 资料来源:中国人事考试网(http://www.cpta.com.cn/Desktop.aspx? PATH = rsksw/sy/ksjg_ ym)。
② 资料来源:河南人事考试网(http://www.hnrsks.com)。
③ 资料来源:大中华四川人才网(http://www.scjob110.com/AspxPub/InfoSingle. aspx? Key = 14113)。

术职称、外语水平考试,公务员录(聘)用考试和市委、市政府决定的各类人事招聘考试的专门机构。"① 因此,考试的科学性,考试的权威性以及对命题、施测、阅卷等考试质量的监督自然就无从谈起了。

---

① 资料来源:益阳人事人才网(http://www.yyrs.net.cn/ReadNews.asp?NewsID=29)。

第七章　中国公务员考试权运行的政治逻辑和控制原理

考试制度属于国家政治制度的范畴，凡是成文法规性考试的创建与实施，都是国家意志的体现，既表现为一种社会行为，又以行政行为或者政治行为的样态存在。公务员考试将国家意志以考试法规、政策、标准、内容、考试结果效应等方式具体体现到人们的培养目标、职业要求、行为规范及合法权益之中，增进个人与政府和社会的关系，促使应考者以国家意志为指向，以相关标准为奋斗的方向和进取的目标。政府是考试的主体，是公务员考试权运行的主导力量，因此，对公务员考试权的控制，集中地体现在对政府行为的控制。

一　我国公务员考试权运行的政治逻辑

公务员考试权运行的失范，是现行政治体制和行政管理体制弊端的综合反映，而不是单一权利主体作用的结果，也不是某项特殊制度安排缺陷的产物。因此，对公务员考试权力的控制，必须着眼于考试主体的政治逻辑，深化考试管理体制改革，为公务员考试权的规范运行，构建一个与政府治理转型相适应的政治制度环境。

（一）有限政府：公务员考试权力主体的合理分置

公务员考试主体可分为主考主体和办考主体。主考主体是政府，代表国家行使公务员考试的决定权、管理权、设计权和监督权;办考主体是受政府委托、经政府授权具体承担办理考试命题、施测、阅卷和质量评价等具体考试业务的权利主体,是独立于或相对独立于政府的社会组织。"产权是信用的基础,明晰的产权是人们追求长远利益的动力,只有追求长远利益的人才会讲究信誉。"①私人和企业一样,政府考试公信力的基础也应是有限的公共职能和公共权力,为此,必须对政府的主考职能和公务员考试的办考职能进行清晰的界定,从根本上实现由计划经济条件下的全能政府向市场经济条件下有限政府的转变。

问题在于,由于政府职能调整所涉及的政治制度框架问题没有解决,政府行为尚没有受到法律机制严格有效的控制,即使在原则上划定了政府的有限职能范围,政府仍然可以轻而易举地突破限制,随意扩张自身的职能。因此由于全能政府的后遗症,政府在职能履行上错位、越位、缺位的问题普遍存在,其后果是政府一方面承担了大量自己不能做、做不好的事务,另一方面又在政府核心职能的履行上表现出力不从心的局限,降低了政府的效能。而且,过多过滥的行政干预导致政府权力在运行中发生严重异化,催生出形形色色的寻租和腐败现象。

所以,在公务员考试权运行的控制上,必须坚持"两手抓":一手抓政府主考权力限制,按照有限政府的要求规范政府主考行为。要按照市场的机制和规则,发挥市场在政府适宜放权的考试业务领域配置资源的基础性作用,对命题、阅卷、考试质量评价甚至是施测等业务授权给有资质的社会组织去承担,将政府的主要精力放在考试决策、规则制定和对考试业务的监督上以及对社会组织的资质认定、业绩考评与奖惩上。一手抓第三部门培育,在政府授权的前提下,实现公务员考试业务的充分竞争,提高办考质量和效率。要通过大力发展和培育社会自治组织,如考试行业协会、学会、研究会、民办非企业组织等,支持有条件承担考试业务的高等

---

① 亨廷顿:《第三波——20世纪后期民主化浪潮》,上海三联书店1998年版,第59页。

第七章　中国公务员考试权运行的政治逻辑和控制原理

院校、科研院所的发展，让这些社会自治组织替代政府为考生和社会提供考试服务。同时要改善和优化政府与现行隶属组织"人事考试中心"的关系，明晰自己与考试中心（院）之间的关系，划清界限，彻底改变考试中心"二政府"的形象，使其与其他草根考试组织一同竞争，推动考试质量的不断提高。

（二）法治政府：以法治考的制度保障

近现代社会以民主为基础的法治理论为资产阶级所首创。法治的基本理论前提是主权在民原则，认为人民在自然状态天然地享有生命权、财产权、自由权和维护自身安全等一系列天赋人权，但自然状态也是有缺陷的，如缺乏裁决是非的标准以及裁决是非的机制。为此，人们相互协议，让渡一部分权力交给公共机关，使之按大家或其选派的代表所表达的意志行使权力。公共机关行使权力的目的在于维护政治社会中所有成员的权利和利益，增进他们的生活福利。一旦公共机关违背缔约的目的，人民有举行革命、另立新政府的权利。总之，人民先于政治社会即通常所谓的国家而存在，一国的主权存在于人民，公共机关的统治来自被统治者的同意。正是从这里，资产阶级合乎逻辑地引申出对公共机关运用权力的过程和行为进行监控的法治理念。

从主权在民原则出发，资产阶级进而提出了法治理论赖以立基于其上的两大假设：一是关于人性的假设。认为人性是不确定的，极易受外界因素影响而发生变化和波动，因其理智和知识非常有限，并非总能够前后一致地作出准确的判断和行动。此外，人性还有恶的一面，人对人就犹如狼对狼一样。美国联邦党人则从反面论证对权力进行监控的必要性，认为如果人都是天使，就不需要任何政府了；如果是天使统治人，就不需要对政府有任何外来的或内在的控制了。[①] 遗憾的是人既非天使，也非受天使统治，无论是治理者还是受治理者都是极为普通、有各种世俗欲求的凡人，因此为了

---

① 《联邦党人文集》，商务印书馆1980年版，第246页。

确保掌权者权力运行的可预期性和公益性，就必须用预设的规则体系约束掌权者及其权力运行过程，这就是法治。可见，法治是基于对人性所做的悲观假设，是基于对掌权者的深度不信任。杰弗逊说得好："在权力面前，不要奢谈对人类的信心。"法治理论从人性的角度排除了托付任何人任何集团以无限权力的可能性。一是关于权力和政府的假设。认为权力是一条汹涌的河流，是一把双刃剑，是一种极易腐化的力量。阿克顿指出："权力导致腐败，绝对的权力绝对导致腐败。"而掌握巨大公共权力的政府"即使在其最好的情况下，也不过是一件免不了的祸害"①。政府是在保护社会、维护自由的名义下建立起来的，但恰恰是掌握权力的政府最容易构成对社会和自由的侵害。为了防止政府公共权力在运行中发生异变，资产阶级思想家、政治家在制度安排上设计了两个层面的制约机制：一是社会与国家、人民与政府之间以权利制约权力的机制；二是国家机关之间权力分立相互制衡的机制，两者集中体现于宪法之中。从这个意义上可以说，宪法只不过是限制政府权力的工具而已。以宪法为核心，包括其他一系列法律，便构成一道约束、限制、防范政府的坚固屏障。

法治政府不仅意味着政府能够借助严格执行法律和制度，有效维护法律和社会制度的尊严与权威，更重要的是政府自身能够做到严格依法行政，自觉接受法律制度的约束。无论是大卫·休谟的"无赖假定"②还是阿克顿的"权力腐败论"③，都充斥着现代宪政哲学对公共权力及其行使者的戒备与不信任。所以，只能从外在于人性的政治制度安排中去寻求解决问题的办法，通过设定权力行使的界限，通过建立完善的监督机制使权力的运作得以有效的控制。

---

① 《潘恩选集》，商务印书馆1981年版，第3页。
② 所谓"无赖假定"是指：在设计政府制度和确定该制度中的若干制约和监控机构时，必须把每个成员都假定是一无赖，并设想他的一切作为都是为了谋求私利，别无其他目的。参见《休谟政治论文选》，商务印书馆1993年版，第27页。
③ 阿克顿认为，"一切权力都使人腐败，绝对权力导致绝对的腐败"。参见阿克顿《自由与权力》，商务印书馆2001年版，第342页。

第七章　中国公务员考试权运行的政治逻辑和控制原理

这就需要法治，建立法治政府。法治政府意味着政府没有超越法律之上的权威，政府的职能和权力范围被法律严格而清晰的界定，并受到体现这种法律精神强制性安排的有效约束；意味着政府履职行权的程序和方式受到法律规范、法律程序的严格控制；更意味着政府必须依法负责，对自己的不当行为承担相应的法律责任和侵权赔偿责任。

当我们将视野收回到中国现实法治中来，就会发现一个矛盾摆在我们面前，作为后发型法治国家，我们进行的是政府主导下的法治建设，即由国家权力推动法治的发展，然而我们却不应该忽视另外一个被改造的对象即国家本身。法治的最根本含义即确立法的统治（rule of law），明确法律的至上地位，运用法律对国家权力进行掌控。但现实中却存在另外一番图景：一方面，国家在整个现代化过程中居于核心和领导地位，现代法律制度不但要靠国家来建立，而且本身就是现代国家发展的一部分，国家权力渗入社会并把法律设施推行到基层，实际上并无本质区别；另一方面，宪政则要求根据宪法组织国家，根据法律行使权力，法治的实现更要求限制专断的权力、保证个人自由，而此要求又只能通过法律的实施加以实现。问题是，在什么情况下国家愿意牺牲其统治上的便利而主动或不得不服从宪法和法治的原则呢？显然，人们对国家的期待和对法治的要求里包含了某种矛盾：一方面要求用法律来限制国家权力，另一方面又把实现法治的希望寄托在国家身上。这种矛盾可被称为"国家悖论"。[①] 正是国家悖论的存在，公务员考试权的运行状况才越来越引起了全社会的关注。

受我国传统法治政治观念的影响，工具主义法律意识在政府行为中还广泛存在，承担侵权责任更是任重道远，广东省公务员考试惠州考区出现考试事故，就是一例。

[①] 梁治平：《在边缘处思考》，法律出版社2003年版，第136页。

案例 7—1　惠州公务员考试现事故考试中心主任停职①

3月22日举行的广东省公务员考试惠州考区出现考试事故，日前惠州市对当事人做出严肃处理，违反人事考试纪律的惠州市人事考试中心主任被停职，并将按相关规定进一步处理。省公务员主管部门决定对惠州考区报考乡镇职位的考生《申论（一）》单科科目组织重考，报考惠州其他职位的考生不受影响。惠州市人事考试中心将对重考考生提供适当补助。

对考题疑问未请示擅作决定人事考试中心主任被停职

3月22日上午，在实施广东省考试录用公务员考试笔试中，惠州考区有报考乡镇职位的考生发现，《申论（一）》（乡镇职位）第四道题目要求字数为300字以内，而答题卡上写的却是800字，考生就此提出疑问，并请考务工作人员及时答复。考生事后交流发现，在50多个考室中，不同的监考员对该题的应答字数通知了不同的要求：有的监考员通知800字以内，有的通知不少于800字，还有的未通知，考生便按300字以内的原题要求答题（南方都市报3月25日曾报道《800字以内？不少于800字？300字以内？公务员省考有题目应答字数出现3种版本，考生担心影响成绩》）。

经惠州市公务员考试主管部门调查并做出结论：惠州市人事考试中心主任按考务规定本应逐级报告，但其本人未请示报告，凭个人经验做出错误判断，擅自决定并下达指令，通知《申论（一）》（乡镇职位）科目考试的考生，把第四题的答题字数要求由"篇幅不超过300字"更改为"篇幅不超过800字"，导致与省考试答题规定字数要求不统一。

考试事故发生后，惠州市立即向省公务员考录主管部门报告详细情况。经调查认定，这是一起工作人员个人违反人事考试请示报告纪律，人为造成的考试事故。惠州市已对责任人市人事考试中心主任做出停职处理，并将按相关规定做进一步处理。

---

① 记者胡服，通讯员李郁英：《惠州公务员考试现事故考试中心主任停职》，《南方都市报》（微博），2015年4月8日（http://gd.qq.com/a/20150408/010766.htm）。

重考考生将获适当补助相关事宜将电话短信通知

省级公务员主管部门表示，为维护公务员考试的公平、公正，切实保障考生的利益，根据《中华人民共和国公务员法》《公务员录用规定（试行）》《广东省公务员录用办法（试行）》等规定，决定对3月22日举行的广东省2015年考试录用公务员惠州考区《申论（一）》（乡镇职位）的单科笔试成绩宣布无效，重新组织报考惠州考区乡镇职位考生《申论（一）》科目的笔试，其行政职业能力测验（一）科目考试有效。报考惠州考区其他职位的考生两门科目笔试不受影响。

考虑交通、食宿因素，市人事考试中心将对参加此次惠州考区重考的考生给予适当补助，并不再收取报名费用。具有重考资格，不参加重考的人员，退还原缴纳的全额考试费90元/人。

此次考试事故中，广东省公务员考试主管部门虽然做了严肃处理，但事故暴露出的追责和监督机制漏洞仍需重视。试卷是测量考生素质和能力的工具与标尺，测量工具出了问题，能不影响考生的作答吗？由此可见让政府对自己的工作失误以及承担侵权责任方面的问题。

行政法诞生之初被认为是管理法，其本质是规范相对人权利，保障行政权力充分高效行使。而现代社会则强调行政法应当是控权法，即约束政府的权力，以防止滥用。尽管国家考试属行政行为，是国家意志的体现，但具体到公务员考试权力的运行，需要从几个方面控制政府对考试权的行使。

1. 考试机构管理权限的控制。就是通过国家考试立法，组建从国家到县一级政府统一组织、实施和管理考试的部门，明确规定其考试的决定权、执行权、管理权，强调凡是法律没有授权的，政府考试机构不得为之，以此确保国家考试一系列操作在法制的轨道上运行。

2. 严格考试管理程序的规定。完备的程序是遏制权力运行无序和失范的关键。如前所述，从法理的角度探求，考试制度其实就是一项崇尚"程序正义"的程序制度，正是基于"程序正义"理念，我国古代科举制度和现代高考制度才有了不容置疑的权威性。我国从科举考试开始，在长期的考试实践中已经形成的一整套包括命题、制卷、监考、督考、试卷评判以及录取（用）在内的正当而又合理的程序，应当在即将制定的《国家考试法》中予以确认。

3. 着力维护参加考试人员的合法权利。因为在考试法律关系中，参加考试的公民处于弱势地位，所以，应当着力于保护公民参加考试的权利，如公平竞争权、知情权、考试资源使用保障权、申辩权、申诉权、申请经济赔偿权、依法提起诉讼权等。但在我国现行的公务员考试实践中，上述考生的权利往往难以维护。①

案例7—2　湖北公务员考试近30名考生得负分误判维权难②

据中国之声《新闻纵横》报道，上周，湖北省2014年省市县乡考试录用公务员笔试成绩公布了。可是，当大家或信心满满或提心吊胆地点开成绩查询网页时，有近30位考生看到的，却是一个触目惊心的负分。

就算交个白卷，顶多也就是个0分，这负数的考分是怎么回事呢？再看成绩通知单上的一行字，明白了，原来，这些考生是被判"雷同卷"，被认定是抄袭，并被"给予取消本次考试资格并禁考五年的处理"。

不过，考生们却高呼冤枉，认为自己是被误判了，因为他们甚至压根就没在同一个考场里考，怎么抄袭，又何来雷同？

对此，湖北省公务员局表示：判定的依据是"试卷甄别系统"，是通过数据分析得出的结论。那么，说"试卷雷同"的，有什么证据？说堪比窦娥的，又如何证明清白？

今年报考湖北公务员考试的张先生，是一名中学教师。他说之前为了备考，白天上班，晚上熬夜复习。而上周查询成绩时，他意

---

① 叶雷：《期待公务员"阳光面试"》，《秘书》2008年第2期，第21页。
② 中国广播网（微博）：《湖北公务员考试近30名考生得负分误判维权难》，2014年5月21日（http://news.qq.com/a/20140521/016095.htm）。

外发现期盼已久的笔试结果竟然是：行测-2，申论0分。

张先生：当时我真的是惊呆了，我觉得怎么可能啊有负分这种情况。然后我查了下，负分说是属于违纪行为。我就不知道这里违纪在哪里。

在湖北省2014年度考试录用公务员考试查分系统中，可以看到张先生的成绩通知单显示："根据《公务员录用考试违纪违规行为处理办法（试行）》第七章第一项的规定，给予取消本次考试资格并禁考五年的处理"。张先生查阅具体规定，违纪原因赫然写着"抄袭和协助抄袭"。也有其他考生在网上发帖表示有相同遭遇。考生卢小姐说：别人不太可能看到我的卷子，而且我们大家相互都不在同一个考场，隔很远，都不认识。要求他们提供旁证，他就说国家根据计算机和专家认定你们就是违纪了，不需要其他证据，而且要记入一生的诚信档案。大家都是学生、年轻人，以后买房买车，所有的事情都在诚信档案。

这几天，卢小姐通过QQ群的方式，联系了近三十位有相同遭遇的考生，这些坚称自己清白的考生，想弄明白到底是因为什么被认定为抄袭。在湖北省公务员局，这些考生得知，雷同试卷甄别认定是国家公务员考试安全中心提供的，并且不需要其他旁证。

工作人员：证据是国家公务员考试安全中心提供的证据。

考生：您也要提供给我们，让我们知道哪里有问题啊？

工作人员：那个证据不是给你看的，是我们内部看的。据我们这边理解的话，就这个证据就可以认同作弊的了，我们不需要旁证。

考生：您的意思是说，我们不需要调考场的视频，不需要试卷的比对？不需要别的证据，是吗？

工作人员：对，对。

考生：我们什么时候能看到这些试卷？

工作人员：你可以到法院直接提请行政诉讼。

根据媒体报道，早在2008年国家人力资源和社会保障部首次启用雷同试卷甄别系统之后，每年都有多地多位考生对于被雷同试卷甄别技术判"违纪"不服，认为被"误伤"。今年，在广西、陕西等地，同样有考生反映此类问题。面对部分考生质疑，雷同试卷甄别系统如何服众？能否完全排除"误伤"可能？

在2009年国家人力资源和社会保障部首次启用雷同试卷甄别系统时，公务员考试处副处长王世潮曾这样表示：雷同试卷分析，一般针对团伙作弊，因为作弊者的答题信息上有一些共同的特征，我们把这些共同的特征找出来，为后期侦查、破案提供依据。

作为一种针对作弊的考后防范技术，雷同试卷甄别系统的结果对于考生的成绩，可以说是"一票否决"。考生卢小姐说，公务员行测考试都是客观题，如果排除作弊因素，两位考生的答案如果出现巧合，是否就会遭"误判"？"雷同"的判定标准究竟是什么呢？

卢小姐：我们就怀疑是不是这个系统出问题了，这个本身就不合理。国考有一些易错题，比如说常识题和数学计算题，就很容易错，雷同的概率就很大。大家都喜欢蒙B蒙C，这样错的概率就很高了。

万一出现"误判"，考生应该如何维权？就相关情况，记者以考生身份联系了湖北省公务员局，工作人员认为：甄别系统只要查出来就是作弊行为。如果考生有异议，可以向湖北省人事考试院提出申辩，也可以去法院进行诉讼。

工作人员：这个判定是国家公务员考试安全中心做出的雷同的判定，做了数据的分析，属于打小抄的作弊行为。

记者：就仅靠这一项吗？

工作人员：具体我们不清楚这个结论产生的依据。

记者：你们确信这个系统肯定是没有任何差错的吗？

工作人员：对，在技术的应用上，国家的原则是宁可放过一千不可冤枉一人。

记者：那有没有可能别人抄了我的卷子呢？

工作人员：要么是抄袭，要么是协助抄袭。

记者：要是他看了我我不知道这种情况呢，也不行？

工作人员：公务员考试不存在那个别人看了你不知道的情况，这个我不跟你过多解释。因此根据公务员考试违纪违规的处理办法，你可以提出陈述，或者申辩，向省人事考试院，或者向法院直接提出刑侦诉讼，都可以。

在湖北省人事考试院，记者得到的答复是，向信访部门提交申诉，然后等待回复，而具体回复时间尚不清楚。

记者：这样的情况多吗？

工作人员：多，一百多人，你带身份证写个申诉到我们这里来吧。

记者：这个申诉要多少时间能得到答复。

工作人员：那你要过来把这个东西，信访件交给信访部门，信访部门最后会给你个答复。

截至发稿前，考生卢小姐说，最新收到省公务员局的口头答复是：再次鉴定，还是认定为作弊。

刚才记者在报道中也提到，一方面，每年都有考生认为被雷同试卷甄别系统"误伤"；另一方面，这个系统的结论又起到"一票否决"的作用。客观地说，这里面存在"假错冤案"的可能性还是存在的。这也让报道中公务员局工作人员那句"宁可放过一千，不可冤枉一人"显得有些无力。

4. 认真区分考试作弊行为中罪与非罪的标准。罪与非罪的标准关系到某一考试违法行为是否构成犯罪并承担刑事责任，要确立严格的罪与非罪的标准，明确列出哪些作弊行为达到何种程度应当负刑事责任，使法律更具有操作性，这样既可以避免一般考试违法行为受到刑事追究，又可以避免违法不究情况的发生。从目前的公务员考试实践来看，对考试舞弊行为的处罚已经加大了力度，近日，凉山破获公务员考试舞弊案①，并对作弊者给予了严惩。

---

① 案例资料源自：《滕州查出9名公务员考试舞弊者》，山东广播网（http://www.sdgb.cn/23857.aspx）。

案例 7—3　凉山破获最大公务员考试舞弊案[①]

近年来，公务员成了"香饽饽"，千军万马挤独木桥争着去端"铁饭碗"。为从中牟取暴利，包括 3 名研究生在内的 12 人团伙"导演"了国家公务员考试、事业单位考试、各类职称考试、大学英语四六级在内的多起考试舞弊案，已构成了一条非法利益链。今年，该团伙又在西昌市制造了"9·27"公务员考试舞弊案，被凉山警方一举捣毁。

西昌市公安局近日向媒体通报，在今年 9 月 27 日的全省公务员考试中，该市警方成功侦破一起利用高科技设备考试作弊案，涉案考生通过一块毫不起眼的"橡皮擦"接收从考场外传递过来的答题信息。

此次作弊案共涉及 22 名考生，他们报考的职位大多是乡镇基层干部。目前，涉案考生的成绩已被取消，王某、任某等 12 人因涉嫌非法获取国家秘密罪被警方依法刑事拘留，其中 6 人已被批捕，案件还在进一步深挖中。

考试现场

四考生作弊被发现

9 月 27 日，2014 年下半年全省公开考试录用公务员笔试在西昌市航天学校、一中、四小几个考点进行。11 时许，考场监考人员向西昌市公安局安全保卫组民警报警，称发现多名考生有利用电子设备作弊行为。在《行政职业能力测验》考试中，监考老师发现有多名考生利用电子设备作弊，随即报警。

接警后，凉山州、西昌市公安机关立即启动预案，在考点工作人员的协助下，现场将沈某等 4 名作弊考生控制。通过调查，民警迅速在西昌市健康路抓获了准备聚餐庆功的王某等 10 名凉山籍、湖北籍犯罪嫌疑人。此案引起了凉山州和西昌市两级公安机关的高度重视，并成立了"9·27"专案组。

[①] 胡明、景文军，记者唐万贵：《凉山破获最大公务员考试舞弊案》，《四川法制报》，2014 年 11 月 27 日（http://www.sichuanpeace.org.cn/system/20141127/000097051.html）。

当晚，民警对犯罪嫌疑人临时住所进行了搜查，缴获了大量的高科技设备：发射器2套、接收器33个，密拍相机1个、密拍笔2支、假公章1枚等近40件，以及发现了大量的假身份证、考生准考证及大量全国各地考生照片等作案设备。

组织策划

事成收费最高17万元

参与策划作弊的嫌疑人对犯罪事实供认不讳。其中，王某、卢某等人是本地人，任某、李某等6人来自湖北。而任某和后来落网的李某、吴某三人均为研究生，任某的双胞胎兄弟也参与了作案。

经查，今年8月，王某、卢某等人商议，准备在9月的全省公务员考试中替考生作弊，从中牟利。王某电话联系了在湖北的任某，让任某找枪手到西昌参加公务员考试，同时购买作弊设备。

随后，任某在网上联系购买了伪装成橡皮擦的接收器24个，发射器2套等电子作弊设备。9月，任某纠集长期从事考试作弊的同乡杨某、李某、焦某，来自安徽的李某和湖南的吴某，以及他的双胞胎兄弟一共7人，到西昌参加公务员考试作弊及代考。

与此同时，王某、卢某等5人，则分头联系准备参加此次公务员考试的考生。据警方介绍，嫌疑人通过亲戚朋友、同学、战友等方式联系考生，称能通过作弊手段助他们"一臂之力"。先收取一部分押金，事成之后，每名考生收取13万元至17万元不等的好处费。

手段隐蔽

"橡皮擦"接收答案

9月26日上午，杨某等"考生"到西昌几个考点"踩点"，并调试安装设备。晚上，任某等人在西昌市健康路一酒店调试作弊设备、教考生如何使用作弊设备，并安排枪手代考的事项。

9月27日上午，考试如期进行。涉案人员在进入考场后，通过密拍设备将试题扫描后传输出考场，考场外的人则在网吧通过网络百度搜寻答案，或请专业人士做题，而后再将答案传送到考生的作弊接收器上。

据办案民警介绍，犯罪嫌疑人使用的舞弊设备中，有像中性笔模样的密拍设备，有橡皮擦模样的接收答案的显示器，还有米粒大小的耳机。

但在检查如此严格的考场，"枪手"又是如何进入考场的？警方通过调查发现，不法人员在考试之前通过人像合成将考生和代考者的照片替换，制作了假身份证和准考证进入考场。

作案网络涉及全国多个省份

据了解，涉案人员中的任某、李某、吴某等3人具有研究生学历，而李某是法律专业的研究生，一个学法之人，却走上犯法之路。

9月28日，王某等11名犯罪嫌疑人被西昌市公安局依法刑事拘留。

10月22日，犯罪嫌疑人王某等人因涉嫌触犯非法获取国家秘密罪，西昌市公安局报请检察机关批准逮捕。目前，已有6人被批捕。

考生且三某某、沈某、阿某某三人因利用作弊设备作弊，被处以行政拘留10日。同时依照相关规定，三人本次考试成绩被取消，并报省级公务员管理部门给予其5年内不得报考公务员的处理。

此外，警方调查发现，该团伙涉及的范围特别广，曾多次组织策划其他考试作弊的惯犯、累犯，且涉及多个省份。该团伙参与考试的种类繁多，包括公务员考试、事业单位考试、各类职称考试、大学英语四六级等。他们作弊设备先进，不容易被发现，作案人员还具备一定的反侦查能力，试图逃避公安机关的打击。"此次作弊案，从查获的作弊设备，以及作案人员数量，都是凉山州建州以来最大的一次，也是全省目前挖得较深、网络摧毁比较完整的一次。"西昌市副市长、市公安局局长魏刚告诉记者。

5. 完善考生权利救济途径。由于参加考试的考生居于相对弱势的地位，考试立法应当有力地保护考生参加考试和知晓考试结果的权利，在其考试权利受到不法侵害时，能得到方便、迅速、有效的法律救济。一是考试机构在对被处罚人做出处罚决定之前，应当告知被处罚人做出处罚决定的理由和根据，并听取其对事实的陈述和申辩；二是被处罚人对考试机构做出的处理决定不服的，在接到处分决定15天内，可以向做出处分决定的考试机构的上一级考试机构提出申诉，后者在接到申诉后30天内予以复议，并做出最终的复议决定；三是被处罚人对受到的行政处罚决定不服，可以根据国家《行政复议法》《行政诉讼法》的规定，申请行政复议或者提起行政诉讼；四是被处罚人对违反考试法规和刑法的相关规定受到的刑事处罚决定不服，可以依据国家《刑事诉讼法》相关规定提出上诉或者申诉。此外，还应积极发展非诉讼纠纷解决机制，可参照天津市2005年开始实行的国家教育考试争议裁决办法的做法，成立公信力较高的裁决组织，对国家教育考试中发生的争议进行居间裁决，这一做法收到了较好效果，教育部也给予了充分肯定。

（三）民主政府：考试权力约束机制的理性构建

民主政治的要义是政府的权威来自公众的授权，公众作为政治委托人通过民主选举的制度化机制，选择其合意的政治代理人来治理公共事务和提供公共服务。民主政治既是委托代理机制的制度落实，也是政治委托人控制、制约代理人最重要的政治机制。因此，公众通过政治参与，广泛地参与到公共政策过程中来，有利于加强政府与公众之间的政治沟通，增强政府与公众之间的互动关系，同时也限制了政府官员在制定公共政策上的自主性，防止和减少政府官员在制定和实施公共政策过程中从事权力寻租活动。当前，在我国约束机制还不健全，甚至合理的责任追究机制尚待完善的情况下，引入公众评价机制，是强化委托人对代理人的责任约束的便于操作的有效办法。在公务员考试权运行的民主监督进程中，山东潍坊公务员面试首次邀请普通市民旁听[①]为我们

---

① 案例资料源自蔚晓贤等《山东潍坊公务员面试首次邀请普通市民旁听》，《齐鲁晚报》2008年4月8日。

提供了有益的启示。

案例7—4 山东济宁邀群众代表监督公考考点巡查各环节[①]

4月13—14日,山东省济宁市2013年考试录用公务员笔试在各考点如期举行。山东省济宁市群众监督评议团的34名群众代表作为社会监督员,在考试不涉密的范围内,选择参与巡视、旁听、查看监控录像等,对各个考点进行全过程的监督。群众代表对公务员考录工作的及时监督,促进公务员主管部门对考试的各个环节进行更严密、规范化的改善,进一步实现了组织人事制度的科学化、规范化、民主化。

据了解,从2010年开始,山东省济宁市群众监督评议团的群众代表作为社会监督员参加各级公务员招考、事业单位招考、职称外语考试、军转考试、村官招考等考试的督考、巡考活动36次,参加群众代表532人次,社会监督员实时参与、全程监督考试的各个环节。

(四)责任政府:考试主体之间责任的明晰化分工

政府是一个由众多行为主体构成的庞大组织体系,在政府体系内部各行为主体职能分工存在诸多交叉重叠、各自职责范围与权力边界模糊不清的情况下,政府行为主体很难切实履行自己的责任,即使产生了严重的违规行为,也很难对其责任做出客观评判,更无法追究相应的责任。公务员考试权力的运行十分突出地体现了这一问题。在公务员考试活动中,从公告发布到笔试面试成绩报告,从招考条件和报考资格设定到笔试、面试实施,从命题设计、试卷生成到试卷印刷、押运、保管,涉及多个环节,参与部门多,程序复杂,主办考队伍庞大,因此,必须明确公务员考试系统内部各权力主体之间明晰化、规范化、制度化的职责分工,形成具体化的责任

[①] 郭永、任雪峰、许旭:《山东济宁邀群众代表监督公考考点巡查各环节》,《济宁日报》,2013年4月16日(http://www.sd.xinhuanet.com/sd/jin/2013-04/16/c_115401628.htm)。

考核和监督机制，使各个考试主体能够充分明确自己不可推卸的行政责任，以切实履行自己的应尽义务，实现权力、责任、利益、能力的四位一体。与此同时，责任制的落实对于提高考试质量具有重要意义，江苏省2008年的公务员考试的命题尝试实行专家负责制，试题质量的专业化、科学性水平得到明显提高。①

案例7—5　江苏公务员考试事件

2008年江苏公务员笔试3月9日在全省14个考区开考，122865名考生为竞争4406个公务员岗位展开第一场"厮杀"，考录比约为28∶1。与往年不同的是，从今年开始，江苏公务员考试命题实行专家负责制，"申论"部分命题和政府要解决的实际问题联系更为紧密，包括新的劳动合同法、政府对灾害事故如何应急处置、从"中国制造"到"中国创造"等，重点就是考查考生的实战能力。有关专家认为，2008年江苏省公务员申论考试具有两大特色，三个变化，一个现实意义。"两大特色"即指材料和命题的特色。一是命题的制作更加注重系统性；二是材料的排列更加注重应用性。三个变化，一是中观与微观相结合；二是对工作内容的提前考查；三是强调了细节的重要性，特别是在行政职业能力测验中，主要考查考生对各种信息的筛选组织综合能力，尤其是综合判断推理能力。与往年相比，今年的命题专业化程度提高很多，尤其考试区分度的体现是今年一个重大改革。

在依法治考的形势下，因公务员考试的独特影响和社会效应，对公务员考试主体的责任要求最终要落实到法律责任上。作为国家选官考试的公务员考试，其法律责任是指违反国家考试法规所规范的社会关系而需要承担的制裁性后果。法律责任是一种社会责任，国家考试的法律责任属于多种法律责任并存，既有行政责任、民事

---

① 案例资料源自：《命题首次实行专家负责制　江苏今年公务员考试侧重信息筛选能力》，《领导决策信息》2008年第10期，第15页。

责任，也有刑事责任。由于国家考试的结果涉及参考人员的切身利益，所以在考试准备和实施阶段以及考试结果提供的整个过程中，总有个别人出于自身利益的考虑，置考试法律法规于不顾，违纪作弊，千方百计达到自己的目的；个别考试工作人员或以权谋私，或失职渎职，给国家考试造成不良影响。所以，对考试机构、考区考点、考试工作人员、参考人员以及社会其他人员违反国家考试法律规范要求的各种失职渎职、违法违纪行为应予以遏制和惩罚，构成犯罪的，依法追究刑事责任，这是纠正违反国家考试法行为的重要手段，对于确保国家考试的公平公正，维护国家考试秩序和考试权威有着十分重要的意义。

二　我国公务员考试权运行的控制原理

需要指出的是，考试主体是政府，但考试权力的行使则是由具有主考办考能力，拥有相应职责和权力，负责公务员考试管理、设计、实施、监督的个人、群体与组织机构来承担的。因此，对考试权力运行的控制，实际就是对考试主体的控制。考试主体这一社会角色具有双重属性：一方面，作为公务员考试的主办者，考试权力的行使主体同时也是控制主体；另一方面，作为公务员考试权力的实施主体，对公务员考试权运行的控制必然落实到具体的人员身上，因此，公务员考试的控制主体同时又成为控制的对象。这与"考试是一种反身评价活动"的思想不谋而合。

所谓原理，"通常指某一领域、部门或科学中具有普遍意义的基本规律。科学的原理以大量实践为基础，故其正确性为实践所检验与确定"[①]，反映了客观事物的实质及其运动的基本规律，对实践起着重要的指导作用。要实现对笔试主观性试题评分误差的科学控制，必须正确理解和掌握控制原理、差异原理和责任原理。

---

① 《辞海》编辑委员会编：《辞海》（缩印本），上海辞书出版社1989年版，第151页。

（一）人本原理

考试是人在社会中存在和发展的一种具体方式。人本原理体现在考试活动中，是以现实的、活动的人为主，客体的人本化活动，根源于人及其社会发展的多种需求；测度、甄别、评价人的身心素质个体差异，是考试的本体功能，确立充当考试主客体的人在施测和应试的主体地位，正确发挥两者的功能和创造性，是考试活动价值最大化的关键；服务于人的发展、促进人的发展，通过考试深化人的自我认识，完善人的意志和品格，是考试的根本目的。[①] 人本原理在公务员考试权运行控制中的运用，主要体现在把考生作为考试的主体，牢固确立考生在应试活动中的主体地位。通过规范政府的主考行为，规范考试主体在考试活动各环节的实施行为，真正做到尊重考生、服务考生、关爱考生、切实维护考生的合法权益，为考生真实展现聪明才智、充分发挥能动性和创造性创设适宜的环境，使考生通过公开、平等、竞争、有序的应试实践活动，得到身心素质的全面锻炼和提高。

（二）控制原理

"现实考试活动的运行过程，实际上是一个符合现实考试目的需要的控制过程"[②]，科学严密的控制，既是公务员考试权协调运行的重要机制，又是保证考试质量的客观需求。考试权运行是一个多环节的有序流程，有序、可控是公务员考试的基本特征，有序即考试设计、实施呈序次性步骤推进，各环节序次分明，因而使考试具有可控性。与其他考试相比，公务员考试更容易受到考试内外诸多因素的干扰，直接影响从报考到施测，再到评分活动各个阶段的正常运行，致使考试误差率增大，严重阻碍笔试、面试测评功能的发挥，造成考试目的不能很好地实现。因此，为了实现公务员考试

---

① 廖平胜：《考试学原理》，华中师范大学出版社 2003 年版，第 181 页。
② 同上书，第 280 页。

的协调运行，必须首先确定系统的控制标准 a。在系统运行中，反映控制标准 a 的值 Z 是不断变化的因素参数 S 的函数，即 $Z = f(S)$。由于自变量 S 的值是不断变化的，所以 Z 的值也必然处于不断变化之中，为了保证 Z 与 a 值的一致性，必须采取相应措施来调节系统输出值 Z 与标准值 a 之间的偏差，实现考试目的。现以申论试题评分误差的控制进行分析。

首先，有序可控是申论试题评分的基本特性。申论属于笔试主观性试题，其阅卷评分活动是一个多环节的有序流程，包括建立评分组织、制订评分计划、试评、制定评分细则、阅卷评分、合分、登分、质量监控等环节，形成了序次推进的步骤。笔试评分运行的这种有序和层次性，是主观性试题评分误差控制的内在基础。有序性决定着可控性，因此，笔试主观性试题阅卷评分流程本身的有序和可控，为我们找出影响阅卷评分的干扰性因素，制定控制规程，提供了客观依据。

其次，严密控制是降低评分误差、增强评分准确性的客观需要。由申论试题评分误差的特性及其控制价值所决定，必须以稳定有序的评分流程为控制基础，根据笔试主观性试题评分的目的要求、性质特点及现实运行环境，制定出科学严密的评分误差控制规程，综合应用各种控制方法，采取有效排除与评分目的无关因素干扰的控制措施，对整个评分流程实行严密监控，以实现主观性试题评分的准确性和科学性。

（三）差异原理

人的身心素质个别差异的客观存在及其可测性，决定了考试活动和考试权力控制必须遵循差异原理。差异原理适用于公务员考试的命题环节和施测环节，但比较多地应用于评分环节，尤其是申论和公共基础知识以及面试过程。在公务员考试笔试主观性试题评分误差控制的过程中，阅卷评分人员承担着评分主体和评分误差控制客体的双重角色。评分误差的控制是通过采取相应措施规范阅卷评分人员的行为，以排除与评分目的无关因素对阅卷评分人员的干扰来实现的。就阅卷评分环节而言，考生对主观性试题的作答客观上成为检测阅卷评分人员的业务能力与素质的"题本"，阅卷评分人员成了"被试"。阅卷评分人员所评分数的系统性偏高偏低或随机性忽高忽低，是由评分人员的思想水平、业务能力、身体素质和心理素质等个体差异所造成的；控制评分误差的过程，实质上是对阅卷评分人员的身心素质①外化行为进行检测和评价的一种活动。从这个意义上说，笔试主观性试题评分误差控制必须遵循差异原理。

首先，阅卷评分人员在主观性试题评分活动中的身心素质个别差异的客观存在，是笔试主观性试题产生评分误差的主要因素。由于这种素质差异具有可测性，即阅卷评分人员的身心素质个别差异通过自己的评分活动呈现于外，表现为所评分数的不准确或不一致，可以考查和评价，从而为评分误差控制提供了事实依据。其次，检测、评价并监控阅卷评分人员身心素质的个别差异，是控制评分误差的主要手段和重要机制。阅卷评分人员业务素质与能力个体差异的可测性，决定了笔试主观性试题评分误差的可控性。在明确评分目标、评分计划和制定评分规程后，阅卷评分人员是否遵照执行以及效果怎么样，主要是通过对其所评分数进行质量统计分析来判断，对阅卷人员评分质量作出评价，以此督导评分人员遵守操作规程，做到评分客观公正。最后，能否准确地检测阅卷评分人员业务素质与能力差异，决定着评分误差控制的成效。在评分过程中，能否测出阅卷评分人员之间的真实差异，并对他们的差异予以控制，是决定笔试主观性试题评分活动有无价值的基本前提。只有有效地控制了笔试主观性试题的评分误差，才有可能使所评分数客观反映考生的真实水平，实现考试的目的。

（四）责任原理

所谓责任原理，是指在笔试主观性试题评分活动中，要激发考

---

① 这里的"身心素质"是狭义概念，仅指阅卷评分人员在评分活动中的思想水平、业务能力、身体适应状况和评卷心理。

试工作人员的积极性，使其认真履行考试计划，模范遵守考试规程。要不断提高他们的业务素质和能力，就必须首先做到分工合理、任务明确、责权一致，增强考试误差的控制能力。

从管理学的视角看，职责是整体赋予个体的任务，也是维护整体正常秩序的一种约束力。公务员考试误差控制是一个复杂的系统，合理分工是考试活动正常运行的必然要求。并且，在合理分工的基础上，必须进一步确定命题、施测和阅卷环节每个工作人员的权限，规定应当担负的职责和义务，做到界限清楚、内容具体、落实到人。列宁说过，管理的基本原则是一定的人对所管的一定的工作完全负责。在考试活动中，要做到每个工作人员尽职尽责，必须使其职责、权限、利益和能力相互匹配和协调，它们之间的关系遵守等边三角形定理（见图7—1）①。职责、权限、利益是三角形的三边，是相等的，能力是三角形的高，根据具体情况，可略小于职责。

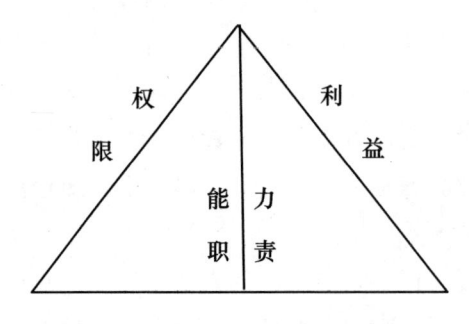

图7—1 责、权、利、能三角定理

按照等边三角形定理，在阅卷评分环节可根据业务能力的大小确定评分专家组、评分学科领导小组的人员组成和阅卷评分人员，使不同职位的人员享有不同的权利，履行相应的职责，承担相应的责任。这样，一方面可以使评分专家、评分学科领导小组成员和阅

---

① 参见周三多、陈传明、鲁明泓编著《管理学——原理与方法》（第三版），复旦大学出版社1999年版，第127页。

卷评分人员，时刻感到自己的业务能力与权限、职责相比总是不够，促使其不断学习和研究，提高阅卷评分的业务能力；另一方面可警示阅卷评分人员慎重行使权利，认真履行职责，不断提高笔试主观性试题阅卷评分的水平，从管理上降低评分误差。在命题、施测环节对命题误差、施测误差如考试作弊、面试考官评分不一致等的控制也非常重要，责任原理同样适用。

第八章　当代社会价值诉求中公务员考试权的体制重构

公务员考试权的控制仅靠宏观政治制度的约束和基本原理的指导是远远不够的，还需要在管理体制上进行创新，不断强化对考试主体的权力约束机制。我国公务员考试权的行使主体是政府，具体而言，政府公务员考试主管部门即组织、人力资源行政部门是公务员考试权的权力主体，承担主考和办考的任务。当前，这些负责公务员录用工作的各级组织部门和人事部门，属于党委、政府的工作部门，组织考试录用时，受党政机关领导；因此在公务员考试工作中容易受到各级领导机关的干扰，尤其是在报考、面试等受人为主观意志影响较大的环节，难免受到地方各种因素的干扰，各类"关系"和"条子"令考务人员无所适从，一定程度上影响了录用的公正、公平，使录用制度有法难依，法律的尊严受到挑战。此外，我国长期的封建专制传统，使政府机关形成了重"情理"轻"法度"的不良环境，家长制作风根深蒂固；反映在公务员录用上就是任人唯亲、弄虚作假、徇私舞弊。因此建立独立于政府的公务员考试选拔机构很有必要。

一　公务员考试管理者结构重塑：主办考分离，主考多元化

（一）主办考分离

1. 人力资源行政部门与人事考试中心（院）的关系

考试中心与人力资源行政部门的关系比较复杂。就当前我国

公务员考试机构的设置情况看，部分考试机构隶属于政府部门，如海南省考试局和一些地市人事局的公务员考试科；部分省、直辖市级公务员考试机构则独立为事业单位法人，但在社会公众的印象中仍是政府机构的延伸。这些人事考试中心也受政府的委托，承担着公务员考试管理的部分职能。这种看似二元化实则是一元化的体制，突出地存在着政事不分的弊端，政府既管决策也管业务，人事考试中心既管公务员考试业务同时又兼具部分行政管理的职能，拥有部分决策的职权。由此造成公务员考试机构既是公务员考试的决策机构，又是公务员考试的执行机构，使得人事考试中心（院）既是裁判员，又是运动员，在很大程度上影响了考试权的规范运行。同时，随着公民权利意识的觉醒，考生通过信访和司法渠道寻求考试权利救济的案件越来越多，公务员考试机构事务繁杂、不堪重负，这种主考办考合而为一的体制受到了严峻的挑战。

实践中的掣肘加上治理理论的催生，独立于政府之外的权威性、专业性公务员考试机构呼之欲出，成为公务员考试改革的一个重要方向。这种"权威性、专业性公务员考试机构"必须具备以下条件：一是要有三支队伍，即有一批能够胜任公务员考试命题业务、阅卷业务和面试业务的专家学者，组成权威的命题队伍、笔试阅卷队伍和面试考官队伍；有一支懂公务员考试运作机理和人的素质外化规律、能够进行测评技术开发的技术研发队伍；有一支懂业务、熟知公务员考试管理和规程操控的管理队伍。二是要有一套科学、完整的公务员考试运作机制和保密措施，保证公务员考试权规范运行，让公务员考试制度具有较强的社会公信力。三是要有较强的服务能力，能够给公务员录用单位、公务员考试管理部门和考生提供各自需要的有效信息，从而为考生和公务员录用单位实现双向多层次的选择创造条件。如美国，在招录公务员之前，不仅在报刊和电视广播中公开报道国家公务员的报考事项，联邦政府还在全国设立100个"职业情报中心"，800个免费"热线"电话号码，供全国各地报考者使用，询问有关公务员报考、考试的事宜。在此状况下，现有隶属于人力资源行政部门的公务员考试中心必须从"二政府"的位置中退出，不再是政府的事业单位，转而成为服务性的社会组织。

2. 国外模式的启示

当前不少西方国家如美、英等的文官考试录用机构，均实行考试权独立，职能上不受各级行政机关的干预。英、美的考试机构基本是独立的，不受行政组织的控制，以公正超然的地位行使考试权。德、法两国考试机关虽从属于行政系统，但在考试录用方面也有相当的独立性，法国高级公务员的考试由国家行政学院办理，拥有命题、监督、评定成绩、排列名次等全部权力，不受行政机关影响。日本文官考试机构基本独立，不受行政组织的控制，能以公正超然的地位行使考试权。日本公务人员考试录用机关分为两个：人事院主持16种官职的14种官职考试；外务省受人事院委托、主持外交官和职员的考试，人事院设任用局（局内设一名考试审议官和四名首席考试专门官）负责全部考试工作。相对独立的考试机关保证了文官考试的公正、平等和科学，使文官考试具有生命力。我国作为公务员考试大国，也应尝试设立独立的公务员考试管理机构，或者对考录管理机关实行垂直管理，成立由人力资源行政、纪检监察等部门组成的公务员考试选拔委员会，直接隶属于人民代表大会或同级人民政府，使公务员考试权从行政权中独立出来，自主行使公务员考试的决定权、执行权和监督权，尽量减少行政权对考试权的制约，最大限度地实现考试录用的客观公正，从体制上防止无关因素对公务员考试权运行的干扰，杜绝考试过程中各考试主体不合理行为的产生，实现公务员考试权的应有价值。

3. 两权分离的格局

公务员考试机构的相对独立，其必然的结果是形成主考权与办考权相分离的权力运行格局。主考权，在操作层面上体现为考试决定权。公务员考试的主考权由政府行使，其主要内容是考试决定权、管理权、设计权、考务监督权、违规惩处权。办考权，在操作层面上体现为考试业务权,由相对独立的公务员考试选拔机构——公务员考试选拔委员会行使,承担公务员考试的所有事务性工作,如具体承担办理考试命题、施测、阅卷和质量评价等具体考试业务,但要力戒用人单位参与其间。当然,公务员考试选拔委员会可根据考试目的,将上述业务性工作交由具备相应资质的第三部门承担。在对考生进行全面考试考核基础上,公务员考试选拔委员会从高分到低分确定录取名单,向用人单位推荐,如无特殊理由,用人单位不得拒绝;之后由用人单位组织考察、体检、公示、录用的工作。新加坡就有独立于政府部门之外的公共服务委员会,这个机构职权非常大,主要负责公务员的录用、晋升、纪律等。该委员会是由总理直接管理的独立机构,任何人和机构不得干涉或影响其工作,由此保证了公务员考试录用的公正性和客观性。

(二) 办考主体多元化

办考主体,也称考试的业务主体。自20世纪80年代以来,一场轰轰烈烈的公共管理体制改革运动席卷欧美等国家。这场打着"新公共管理""重塑政府""后官僚行政""企业化政府"等各种旗帜的改革运动,其主旨就是要通过私有化改革,重新调整政府与市场的关系,通过打破公共领域与私人领域的管理界限,大胆引入私营部门的管理经验,塑造出职能有限、品质优良的政府。

1. 第三部门的启示

什么是第三部门,学术界的相关概念很多。但"第三部门"这一概念最早是由美国学者莱维特(Levitt)使用的。他认为在社会组织非公即私的二维划分中,还有这样一大批社会组织,他们所从事的都是政府和私营部门"不愿做、做不好或不常做"的事情,这些组织被称为"第三部门"(the third sector)[①],第三部门

[①] 除了第三部门外,还有非营利组织、非政府组织、社会团体、第三种类型组织、公民社会部门等。

的特征是组织性、民间性、非营利性、自治性和志愿性。自改革开放以来,我国第三部门日益在社会经济发展中发挥着越来越大的作用:奠定了基层民主特别是社会自治组织的基础,成为沟通政府与公民的重要桥梁,已经成为影响政府决策的重要因素和推动政府改革的强大动力源,对政府构成了有力的制约。[①] 其存在的突出问题有:第一,政社不分是我国第三部门最大的特点,这不但因为政府不肯放权,也有第三部门先天依赖性之故。在政府机构改革中从政府系统剥离出去或政府自上而下筹建的组织,往往作为政府的附属机构发生作用;而应社会之需自然产生的组织也由于种种原因主动挂靠政府机关,丧失了独立性和自主性。上述原因造成政府与第三部门关系极其模糊。第二,能力不足是当前第三部门的共性问题。受权能政府对社会资源垄断的影响,第三部门的活动能力、管理能力、创新能力和可持续发展能力严重不足。第三,法制欠缺成为第三部门发展的藩篱。法律法规对第三部门控制、限制的基调和烦琐的手续规定,在相当长的时期里会制约第三部门的发展。[②] 除此之外还有其他问题(见表8—1)。[③] 由此可见,在政府治理的转轨时期,公务员考试权运行的失范,既与政府关系密切,也与第三部门的自主性、自治性能力的亟待提高息息相关。因此,划清政府与第三部门的边界,切实转换政府职能,进而明晰公务员考试的政府主管部门与考试中心的权力和责任的边界,将为我国公务员考试权运行失范的治理提供一个新的思路。

[①] 俞可平:《中国公民社会的兴起与治理的变迁》,载俞可平《治理与善治》,社会科学文献出版社2000年版,第348页。
[②] 王名:《中国非政府公共部门》(下),《中国行政管理》2001年第6期。
[③] 王名、刘国翰、何建宇:《中国社团改革:从政府选择到社会选择》,社会科学文献出版社2001年版,第108页。

表8—1　　　　　　　　我国社团面临的主要问题

类型	比例(%)	排序	类型	比例(%)	排序
缺乏资金	41.4	1	开展的活动得不到社会的回应	3.6	7
缺乏活动场所与办公设备	11.7	2	相关法律法规不健全	3.4	8
缺乏人才	9.9	3	缺乏项目	3.0	9
政府的支持力度不够	8.5	4	不存在问题	1.8	10
组织内部管理问题	7.5	5	政府的行政干预太大	1.1	11
缺乏信息交流与培训机会	5.2	6	其他	9.3	

2. 多中心主义的理想

按照第三部门理论，结合我国公务员考试实际，大力发展和培育社会自治组织，如考试行业协会、学会、研究会、民办非企业组织等，支持有条件承担考试业务的高等院校、科研院所的发展，替代政府为考生和社会提供考试服务，形成多元化的办考主体。同时要改善和优化政府与现所属组织"人事考试中心（院）"的关系，明晰与考试中心（院）之间的关系，划清界限，使其与其他草根考试组织一样，在政府授权的前提下，实现多个办考主体对公务员考试业务的充分竞争，提高办考质量和效率。

两权分离的公务员考试权运行格局的形成，必然要求执行权行使主体的多中心主义，即公务员考试业务的承担机构不能只是一个人事考试中心（院），而是要具备承担考试命题、施测、阅卷和考试质量分析与评价资质的相应考试组织，打破人事考试中心（院）一统公务员考试天下的垄断格局，其价值有三。

（1）有利于促进角色转换，推进两权分离。将市场机制引入公务员考试业务领域，把包括人事考试中心在内的公务员考试业务组织推到了同一起跑线上。相对于人事考试中心（院）而言，其他的公务员考试业务组织都是"草根"性质。要在公务员考试业务市场上处于竞争优势，必须不断提高自己的业务水平，能够从公务员考试选拔委员会那里接收更多的委托业务。这样从公务员考试权运行上把公务员考试管理部门摆到了委托方的地位，其主要职能则是决策、委托、监督、奖惩，促使公务员考试主管部门从"划桨"向"掌舵"的角色转变。

（2）有利于形成"鲇鱼效应"，提高考试质量。沙丁鱼，生性喜欢安静，追求平稳，在长途运输中容易因窒息而死亡；鲇鱼生性好动，把鲇鱼放入槽中后，使沙丁鱼感到威胁而紧张起来，加速游动，于是沙丁鱼便活着到了港口，这就是著名的"鲇鱼效应"。公务员考试业务，长期以来由直属于人力资源行政部门的考试中心垄断，由于没有相应的竞争压力，久而久之，这些考试中心成了考试业务市场上的"沙丁鱼"。而公务员业务主体"多中心主义"的实施，在市场中引入竞争机制，这些具备相应资质的考试业务组织在政府的监管下开展良性竞争，在优胜劣汰的激烈竞争中提高了公务员考试的质量，推进了公务员考试的科学化进程，同时也形成了一大批资深的公务员考试业务组织，为公务员考试权的规范运行做了充足的准备。

（3）有利于增强服务意识，维护考生权利。考生作为考试的客体，是公务员考试主体作用的对象，这是由考试客体的客观性、可控性和对象性所决定的。受传统体制的作用和传统观念的影响，在以"一方完全无条件服从另一方"为管理宗旨的时代，"考生实无主体地位可言，在其总体上，他们不过是活动着的被检测、被监管的物"[①]。时至今日，这种认识仍然根深蒂固：国家作为考试举办者，享有绝对的主动权，公民只能被动参与考试，接受选拔，因而，在相关的制度设计上，这种"权利—义务"不对等状态体现得尤其明显。例如，目前在依法治考中，对考试违纪行为的救济偏重于对考试参与者的制裁，考试组织者的违规失职行为很少受到相应惩处，责任的承担失衡；另外，当考试内容的设计影响公民受教育内容，甚至不利于人性的自由发展和社会的进步时，这种考试内容的不当设计，也应视为对公民考试权的侵害，与此相应的救济措施

---

① 廖平胜：《考试学原理》，华中师范大学出版社2003年版，第190页。

在我国尤为缺乏。然而在"多中心主义"格局所主导的公务员考试业务市场中，考生不仅是考试主体作用的对象，还是中介性考试组织服务的主体，除了考试保密的业务外，这些中介性公务员考试组织还必须为考生提供周到细致的服务。对于公务员报考业务，必须为考生提供详尽的信息，把招考信息通过一切可能的媒介公布于众、广而告之，并根据考生自身状况提供职位报考咨询服务；对于施测业务，在考场的设计与准备上应该做到：考场所需工作场所设置齐全，工作设备完好；试场环境安静、通风良好、光线适宜，四壁及应试桌凳上没有与考试内容相关的文字或图表，座位数及前后左右的间距符合标准，座次随机编排，各试场座位号张贴位置统一，各试场设置规格无明显差异；试场指示图清晰明了，试场编号无错漏等。与此同时，还要查验考场其他工作的准备情况，如司铃设施及其准确性，医务人员、保安人员、后勤服务人员的配备，以及施测所需物品的购置等是否符合规定要求。在考生权利的维护方面，要完善考生侵权的救济方式，为公民维护考试权利提供切实可行的途径；如采用考试仲裁制度、考试申诉制度，以及行政复议、诉讼、请求国家赔偿、补偿制度等，让考试参与者能够获得有效救济。

3. 面临的问题与挑战

虽然公务员考试业务主体的"多中心主义"为考试权的运行勾画了一幅壮丽的画卷，但这种理想状态却面临着现实的挑战。

（1）政府是否愿意放开？我国的《公务员法》明确规定："中央机关及其直属机构公务员的录用，由中央公务员主管部门负责组织。地方各级机关公务员的录用，由省级公务员主管部门负责组织，必要时省级公务员主管部门可以授权设区的市级公务员主管部门组织。"[①] 此法规规定了公务员考试权归政府"组织"。但是，"负责组织"不是"唯一组织"，这并不意味着公务员考试权完全

---

① 《中华人民共和国公务员法》第二十二条，2005年4月27日第十届全国人民代表大会常务委员会第十五次会议通过。

由公务员考试主管部门行使，它们可以行使决定权，也可以行使执行权，也可以行使监督权。问题在于，长期以来公务员考试权由人力资源行政部门统一行使，作为政府实际组成部分的考试中心（院）不仅在公务员考试的过程中获得了权威，而且使绝大多数阶层和与考试中心（院）相关的群体获得了利益。再者，把考试中心（院）从政府序列中独立出去，意味着政府部分考试权的丧失，这种情势下，政府真的愿意把公务员考试中心（院）从自己身边挥泪推开吗？

（2）中心是否愿意离开？人事考试中心（院）作为公务员考试业务运作的核心机构之一，在公务员考试中取得了权威，赢得了社会公众对其作为政府机构的信任，确立了考试中心（院）的"二政府"形象。正是这种"二政府"地位使考试中心（院）在取得利益的同时，也与政府建立了考试业务风险共担机制。考试中心（院）从国家政府实质意义上的政府机构向中介性社会组织转轨，意味着特权的丧失和利益的萎缩，同时还有生存的压力和责任的独担。因此，如果真的从政府系统中剥离出去，考试中心（院）会欣然接受吗？

（3）中介是否能够干开？从社会中介组织自身看，社会中介组织的运作主体是具体的、社会的人，其判断、决策和行动能力都要受到个人的知识水平、认知结构、个人素质等条件的制约，存在着组织自身行政化、官僚化的可能，同样也存在着滥用权力的可能[①]。政府办不好的事情，社会中介就能办好？尤其是对于公务员考试这样"天大的事情"。从其资源动员能力看，"资金匮乏，已成为制约我国第三部门发展的头号因素"[②]，此外还有人才不足，"其资源动员能力相对于政府是弱小的"[③]，但对于公务员考试这种大规模、

[①] 孙晓莉：《中国现代化进程中的国家与社会》，中国社会科学出版社 2001 年版，第 68 页。

[②] 陈振明：《公共管理学——一种不同于传统行政学的研究途径》（第二版），中国人民大学出版社 2003 年版，第 417 页。

[③] 覃红霞：《高校招生考试法治研究》，华中师范大学出版社 2007 年版，第 157 页。

高利害性考试而言，又是必需的——这一矛盾显然不容回避。从公众认同度看，"对官办性质的第三部门，我国公众往往将其作为第二政府对待；而对于实力弱小的草根组织，公众往往对其持怀疑态度，从而忽视他们的存在或坚持对他们进行审慎的评价"[①]。公务员考试属于国家考试，作为公务员考试权的行使主体必须有足够的权威，考试的社会公信力才能保证。所以，作为第三部门的中介组织承办公务员考试业务，行使公务员考试的权力，还有很长的路要走。

4. 双轨制：业务主体多元化的现实选择

主考办考分离和办考主体多元化，既是我国公务员考试权规范运行的需要，也是政府治理改革的必然。当前，面对考试业务承办主体社会化的挑战，必须用双轨制的路径推进这场渐进式改革。

（1）划清边界，强化监管。在政府与考试中心（院）难以分开的情况下，要通过法律来界定二者之间的职能、管理范围和工作方式，界定作为事业单位的考试中心（院）的机构性质、工作职责和法律地位，减少政府的直接管理，革除考试中心（院）对政府的权力依赖。同时要加强对政府主考和考试中心（院）的监管，使二者在各自的工作职责内各司其职、各负其责，保证公务员考试权的规范运行。

（2）政府授权，支持发展。与此同时，要大力支持承办公务员考试业务的社会中介组织的发展，对那些具备承办公务员考试业务的社会组织进行准确定位，理清政府与社会中介组织的关系，使中介组织真正成为自主经营、自负盈亏、自担风险的第三部门。要在资金、人才、项目方面给予相应的支持。政府要积极为其解决发展过程中的资金困难，要委托能够胜任公务员考试相关业务的草根组织承担考试业务，要领导、监督社会中介组织开展工作，使其健康

[①] 陈振明：《公共管理学——一种不同于传统行政学的研究途径》（第二版），中国人民大学出版社2003年版，第418页。

成长为推动公务员考试权规范运行的中坚力量。

二 公务员考试涉及者角色调整：考生参与和社会监督

目前，我国尚未建立一个较完善的、科学的公务员考试监督体系。在现有的监督模式下，监督部门与考录主管部门责权不清，监督部门不了解考录业务，在公务员考试中其监督范围、监督内容、监督手段均不明确，所以很难与考录部门协调。这些问题如不理顺、不解决，监督就形同虚设。而且，到目前为止，我国还没有一部真正意义上关于公务员考试的法律出台。法律上的欠缺，就使实际的公务员考试录用工作有了极大的随意性。无论是资格的设定，还是考试科目和内容的确定，面试内容和方式的选择，都受不确定因素影响很大，使公务员考试的公平性、公正性大打折扣。所以国家应该尽快出台关于公务员考试的专门法律，减少公务员考试中的主观随意性。目前我国公务员考试监督工作，也由人力资源行政部门承担，这种制度设计，其实质就是要取消对公务员管理的检查监督。建立独立的对公务员管理工作检查监督的机构已是我国公务员管理工作中一项非常紧迫的任务。唯有如此，才能够在权力相互制约中保证检查监督工作的有效性，保证公务员考试录用工作沿着公开、公正、公平的方向进行，使国家公务员考试真正能达到竞争择优、选贤任能、提高行政效能的目的。

（一）健全内部和外部监督

1. 健全内部监督

健全公务员考录制度的法律监督机制，建立完善的管理、监督、处罚条例，要对录用考试程序进行具体立法，保证程序的公正与透明。我国应建立《试题编制管理条例》《备选人才库管理条例》《公务员考录监督条例》《公务员考录违纪处罚条例》等完善的配套法规和措施，进一步完善公务员考录过程中的监督机制，从而达到对考官和考试执法人员的有效监督和约束，确保公正、公平、公开原则的贯彻落实。

2. 健全外部监督

在公务员考录过程中要严格按照能力标准选拔人才，严把公务员"录用关"，组织人事部门应加强自我监督，建议在各省范围内开展综合性的人事执法检查，并将执行考录政策作为检查的重点内容。各部门应严格按照考录程序进行操作，防止个别领导说了算和"走后门"现象的发生，对于违反政策规定的机关和人员给予严厉处罚严格处理，各部门还要加强日常的监督检查工作。

（二）加强社会监督

作为推行公务员制度的一面旗帜，考试录用制度在实践中坚持公开、平等、竞争、择优的原则，只有将选人用人制度置于群众和舆论的监督之下，才能赢得社会普遍的认可。公务员考录制度要做到"玻璃房子里的竞争"，就要加强社会监督体系建设。

1. 强化社会监督

为了使公务员考录工作取信于民，取信于社会，必须进一步提高考录工作的公开性和透明度，公务员考录工作也要自觉接受社会各界的监督。第一要实行相关信息公开制。每次招考都要求做到考录政策、录用计划、资格条件、考试成绩、录用结果"五公开"。通过媒体、网站、张榜公告等形式，使人民群众及时全面地了解招考的指标、政策、程序等。第二要实行公示制。对每一考录程序的结果，都及时向社会进行公示。通过社会的反映和监督，形成全社会关注和参与的合力，提高考录工作的公信度和准确性。第三是要积极发挥信访举报的功能。招考期间，省人事厅应该设立咨询监督电话，指定信访接待专人。要对信访者热情接待，信访内容要认真核实，逐一答复，及时整改。特别是对问题举报，做到有报必查、有查必果，实事求是、公正客观。

2. 加强事前监督

对公务员考录工作不能再滞留于传统型、常规性的一般监督，要加大宣传，转变观念，从侧重事后监督向侧重关口前移，从源头上预防和治理违纪违法问题的发生。除上面所讲的群众监督外，可以采取公报、报刊、广播电视、互联网等媒体监督的方式，宣传公务员考录工作的程序规定，公布"阳光下操作"的监督举报措施，增强广大民众的参与热情和反腐倡廉的信心，推动有效监督工作的顺利开展。

3. 引入大众监督

在面试中引入听证制度，实行考生家长和普通群众代表参与监督的制度。要健全社会监督体系，主动邀请人大代表、政协委员、新闻媒体等对考试过程进行监督，以避免暗箱操作所带来的负面效应。公务员考录制度自建立以来，只是由人力资源行政部门对录用过程进行监督，缺乏社会监督体系的有效监督。人力资源行政部门应该借鉴高校招生考试的经验，建立起相对稳定的社会监督队伍。这一队伍可以由纪检、监察、公证机构、新闻媒体、群众团体的代表组成，并随时接受人大代表、政协委员的监督。通过建立一支有力的监督队伍，力求实现考录工作的规范有序。在面试中引入听证制度，大胆实行考生家长和普通群众代表参与监督制度。在组织人大代表、政协委员、纪检监察机关工作人员全程参与监督，对面试的每个环节实施全方位监督的基础上，大胆推行考生家长和普通群众代表参与面试监督制度，同时，鼓励新闻媒体参与对面试各环节的监督。这种以公开促公正的做法，有利于扩大社会监督面，增强监督影响力，进而强化面试工作的公正性，维护公务员考试工作的公信力。

三　公务员考试程序的规划完善

任何一种考试，从目的确立到蓝图设计、组织实施，再到考试结果的分析处理，犹如多环节的链条，各环节相互独立又环环相扣，形成了一个有序的流程。整个流程要避免无关因素干扰，才能实现对考试权的有效控制。而公务员考试，要实现对其考试权运行的有效控制，关键在控制考试主体即政府的行为，从而实现考试的社会效益。

（一）考试设计权控制

控制公务员考试的设计权，是政府在公务员考试中命题管理的主体职能，它伴随命题管理的始终，实际上是为规范考试设计行为和实现既定命题管理目标而进行的具有逻辑序次的调控。目的在于尽力排除无关因素的干扰，促使考试设计规范实施，保证公务员考试测评工具的科学性。对考试设计权控制，主要按照考试目的的需求，以考试设计目标为根据和导向，以公务员考试设计的运作规程、质量标准和方法手段为条件，其控制方式包括以下几种。

1. 法规控权

这里的"法规"，既包括公务员考试的有关法律、规章，也包括用以控制公务员考试权运行的制度设计，但不包括公务员考试运行各环节必须遵守的规则、程序，这属于公务员考试权运行的微观领域，属于程序控权的范畴。

（1）法律法规对公务员考试权的控制。主要是通过国家考试立法，组建国家级统一管理公务员考试的部门，以法律、法规的形式阐明考试的决定权、执行权、管理权，凡法律、法规没有授权，政府考试机关均不得举办。所以，法规控权的主要内容应当是规范考试全过程的规定性、程序性、操作性做法的法律规范。法规的设置，应当既有原则性，又有前瞻性和可操作性。具体地说，应该包括六个方面的规定：一是考试机构及考试工作人员的职责和义务，包括考试机构的设置、各层级考试机构的职责划分及考试工作人员的义务；二是报名应考，包括公民报名权、对残疾人员报考权的维护、参考人员的权利与义务；三是命题与制卷，主要规定命题规则、命题方式、命题的组织与管理、试题文字使用、试卷印制的规定和要求；四是考试组织，主要对考试信息的公示、考区考点设置、考试组织、答卷管理等考务工作做出规定；五是试卷评判，主要规定评卷工作组织、评卷管理与实施、成绩提供等；六是安全与保密,主要就命题、试卷印制、试卷运送、试卷保管室、电子形式考试、评卷工作、考试成绩、试题试卷、考试宣传的安全保密要求以及考试安全报告制度等做出规定。

(2)制度设计对公务员考试权运行的控制。首先是考录条件与录用形式的设计。公务员考试录用是一种公平竞争的形式,每一个符合条件的社会成员都可参与考试竞争,不能因为种族、性别、出身、职业、财产等差别而排斥其中的一部分成员。目前在我国公平竞争的一个现实障碍是公民身份的限制,要废除身份制和地域制,建立真正平等、公平的考试竞争机制,打破地域身份界限是招考的重点,也是难点。地域范围的大小,与招考的范围层次相关。从一个省来看,分为省(自治区、直辖市)、地(市)、县(区)、乡(镇)四个层次,招考一般以主任科员以下职级的公务员为主。我国应该借鉴西方国家公务员改革的经验,废止各地在公务员录用中性别歧视等"土政策",严格按照中央的有关政策做到录用的公平、公正与公开,使公务员考录制度真正达到信息化与公开化。

其次是分级别报考,吸引高层次人才进入公务员系统。发达国家在公务员考录制度的改革中基本是遵循学历与报考公务员级别挂钩的原则,如英国对报考行政级文官的人员,要求其学历应是大学本科毕业并获得第一等或第二等荣誉学位,也就是必须是大学的优秀毕业生才有报考这一级别文官的资格,而对执行级文官也要求其具有大学毕业或文法学校毕业的资格。而日本在明治维新后建立的东京大学,则是日本当时唯一的综合性大学,其目标也十分明确,就是培养国家的现代化管理干部,事实上当时东京大学的毕业生大都参与国家的各级管理工作,对推动日本现代化建设起了重要的作用。法国的低级公务员需初等学校学历文凭,中级公务员需中级学校学历文凭,高级公务员需大学学历文凭。我国应该借鉴国外的这些经验对公务员实行分级别报考,这种对考生学历的限制,在某种意义上也是一种积极的社会导向,即对那些有志于从事公务员事业的人来说,他必须努力考上好的大学,然后才有可能进入这一管理者阶层。

自1999年以来，经过多次高校扩招后，我国公民的学历层次大有提高，然而大学生的就业形势却日趋严峻，所以分级别报考的规定很有必要，如规定凡报考县级以上公务员者必须具有本科以上学历，报考乡级公务员必须具有专科以上学历。同时，随着公务员考录制度适用范围的扩大，对报考者年龄的要求也应适当放宽，似应根据职位的高低设置不同的年限，如规定报考科级以下公务员者年龄不超过35周岁，报考副处级、处级公务员者不超过40周岁，报考副厅级、厅级公务员者不超过45周岁等。取消"报考省级以上政府工作部门的须具有两年以上基层工作经历"的规定，予天下人以平等竞争省级以上公务员的机会，但对有基层工作经验且考核成绩优秀者应予优先考虑。为了鼓励高学历者报考公务员，也应对具有硕士、博士学位报考者给予适当加分。此外，要缩小高层公务员选举和委任的适用范围，逐步扩大公务员考录范围。韩国实行初级、高级公务员分级考录，对于高学历的考生可以选报高级公务员，直接担任第五级以上的公务员。我国各级政府在推行公务员制度转换过程中，对局级以下领导干部也曾实行过竞争上岗制度，其程序、方式、内容与公务员招考大同小异。今后可将某些领导岗位公务员选拔列入考录范围，以吸引更多科技界、文化界、经济界、教育界的高级人才加入国家公务员序列。

2. 规程控权

规程控权包括两方面的内容，即规范控权和程序控权，在公务员考试权运行的控制中，都属于预先控制的范畴。即在考试设计、施测、阅卷评分各环节启动之前，必须事先设计考试运行程序，制定具体的规范和标准。

（1）程序控制。实际上，从考试设计到考试实施结束，应是一个有序的整体，各环节衔接紧密，不能互相割裂。但在实践中，就公务员考试作为影响较大的国家考试而言，考试设计主体和实施主体不统一，两大主体各司其职，各负其责。所以，为了使公务员考试权在各个环节正常运行，不因主体的变换而受到无关因素的干扰，必须对其运作程序予以明确和规范。公务员考试权的正常运转程序是：制定实施方案，发布公告，组织报名，命题制卷，布置考场，施测，阅卷评分，处理考试结果，质量评价。这九大环节内部，各有自己的子程序。

（2）规范控制。在每个环节的考试活动启动之前，根据考试的基本原理和原则，参照同类考试的经验，以考试各环节的管理规程或实施细则的形式，就考试设计活动、实施活动所涉及各类人员的职、权、责，各项工作的技术规程、方法原则等，分门别类地制定出明确的规范要求，使之成为考试权运行期间各类人员履职尽责的行为准则，以保证对考试权力进行有效控制。如在考试设计环节，所涉及的设计规程有：试题编审人员素质条件及资格认定规程，试题编审的程序、原则与质量标准，确立测评内容要素、能力要素的依据、原则与程序，编制命题计划的技术规范，确立试卷结构、配制标准卷、制定评分标准的技术规程，试题保密的技术规程等。

3. 内容控权

（1）改革现在的行政职业能力测试与申论考试内容，注重考试内容的科学性。"博士生考不过硕士生，硕士生考不过本科生"的奇怪现象，提醒我们要整合考试内容，由国家根据公务员拟任职位必需的知识和能力需求组编统一教材。建议对"行政职业能力测验"的难度把握应按照"容易题：中等题：难题比例大体按25∶50∶25"的比例分配。另外，"言语理解与表达"题中，如有短文阅读，字数应控制在500字为宜，否则，只读这两三篇文章就要花很多时间。就申论考试而言，文章也并非篇幅越长越好，冗长的资料增加了考生阅读时间，减少了思考、分析和写作时间。应该克服"申论"给定材料只是"问题资料"的问题，增加"成绩资料"。让考生既能从"问题资料"中找出教训、提出改进的对策，又能从"成绩资料"中总结经验，并上升为理论总结。

（2）增加考察要素，注重公务员考试内容综合性、全面性。一是加强心理素质考察。公务员录用的实质是为国家机关选拔合适的工作人员，做到"知人"而"善用"，"知人"是"善用"的基础。人的素质包括身体素质和心理素质两个方面，心理素质是人的基本素质，通过心理素质的考察能达到"人适其事，事得其人"的目的；但根据"灰箱"理论，心理素质相比身体素质而言具有内隐性和稳定性，比较复杂，不容易考察。目前我国公务员录用考试中对心理素质考察不足，主要表现在心理素质测评内容不够全面，当然，也有方法欠科学的问题。虽然我国公务员考录中的笔试部分包含了行政职业能力测试，面试中有对人员情绪稳定性的考察，但这些仅仅考察了公务员心理素质的某些方面，对于全面地了解人、发掘人才潜在素质是远远不够的。因此，我国必须借鉴国外经验，在公务员考录的实际工作中加大心理素质考察的内容。

二是探索把普通话水平测试、英语、计算机操作考试加入公务员考试内容。我国加入WTO后与国际经济接轨的进程加快，政府部门涉及的国际经济及法律事务日益增多，要加快实现我国政府电子政务的进程，这就要求公务员必须有更多的知识储备，通晓外语、电脑、WTO的规则、涉外事务等日益成为我国公务员必备的能力。但是在我国公务员队伍中，目前懂外语、计算机、WTO规则等政府急需的人才比例较少。一项近期调查显示，北京市公务员在实际工作中从未使用过电脑和互联网的占被调查人数的23.7%，学历和知识结构的巨大偏差必然影响公务员对国际形势掌握和新知识运用的能力。有些地方已经开始注重公务员的外语水平，天津市在2007年的公务员考试说明中规定"报考市级机关的考生如没有取得学士及以上学位，也没有通过大学外语四级或博思职业英语三级考试，需加试外语（英语、日语、俄语任选一种）"。建议今后各地可以根据实际情况尝试在公务员考试内容中加入英语、计算机、经济外贸等知识，促进公务员队伍整体素质的提高。

三是借鉴公选考试考查专业科目的方法，加大专业技能的测试比重，实现考试内容专业化。可以考虑单独设置专业技能科目的办法，在考试轮制上实行二轮三试制，在第一轮考试中进行两试，即公共科目的考试和专业科目的考试，根据两科的考试成绩来确定面试名单。不论是哪一级公务员考试，都要根据职位需要，测试专业科目，但要注意把笔试、面试的方式、内容区别开来，有所侧重，防止出现重复考试内容的现象。

4. 技术控权

随着人类改造自然的深度及广度的拓展，技术的含义在不断发展变化，现在已很难对技术给出统一的定义。许多人甚至在完全不同的含义上使用技术概念，或将技术理解成一种能力或知识，或把技术理解为一种实现目的的手段体系，英国大不列颠百科全书将技术定义为："人类改变或控制客观环境的手段或活动。"① 在公务员考试权运行的控制中，技术控制是对考试活动运行过程中的主体性控制，是考试权控制由理论形态转化为现实运作的基本形式，从中观层面讲，需要引入现代的考试与测评技术，提高考试的信度与效度；从微观层面看，其控制范围包括主考、施测人员遴选规程，主考、施测人员行为准则，命题、施测、评分计划编制技术规范，考试设计的程序、方式、原则与质量标准，制定实施细则的技术规程，考试质量监控标准，考试安全规则和技术手段等。

对考试权的控制主要体现在对传统测评技术深度开发的基础上，需引入三大考试技术。

（1）引入分级分类考试技术。针对我国公务员招考职务太低太少而导致"英雄无用武之地"的现象，笔者认为可以参照国外的考试方法，实行分级分类考试。如上章所介绍的英国公务员考试分为行政级、执行级、文书级、助理文书级四个级别；德国分为高级、上级、中级、下级四种；日本则分为上、中、下三级；土耳其因拟录用职位的性质差异还对公务员录用考试内容做出了不同的规定等。我国应该对主任科员以下非领导岗位的公务员和领导岗位的公务员进行分别考试，并且按照职位类别进行分类考试。目前，我国公务员职位类别按照职位的性质、特点和管理需要，划分为综合管

---

① 转引自林侠《科学精神》，中国社会科学院哲学研究所网（http://www.cass.net.cn）。

理类、专业技术类和行政执法类等。① 我们可以在以往划分 A 类、B 类考试的基础上，借鉴国外经验，把公务员考试分为基本资格考试和针对职位所需的专项考试。基本资格考试侧重于把基本素质关，职位所需的专项考试，根据"缺编开考"的原则，由主管部门和用人单位统一向社会公开报名公告，组织专业考试。针对目前缺少对特殊职位考查的专业试题，建议今后可对财税、法律、建筑、电子、人事、工商、涉外文秘等系统或职类实行分类考试，采用专业试题。

（2）开发心理素质测评技术。我国现有的心理素质测评方法存在严重问题，难以满足公务员心理素质考察需要。目前我国对心理素质考察大部分都是采用心理测验的自陈量表法，自陈式量表是属于笔试的测评方法，这种方法主要是被试者根据测试题目与自身情况进行对应打分，是一种自我评价的手段，这种测评方法在实际应用中主要存在以下缺陷：一是评价主体不同，评价标准不同，导致测评的结果不同。自陈式量表是被测试者自我评价，但有些自陈式量表的测验题目没有明确的指向性，有些题目的语言表述不清楚或存在歧义，这让应试者很难回答。此外，自我评价中难免有考生对自己情况了解不够客观，所谓"当局者迷，旁观者清"，笔者认为自我评价未必比其他评价更客观，更能反映应试者的人格心理。二是自陈量表有些题目设置有明显的考察意图，这会使答题者答题具有倾向性，他们受社会赞许效应的影响在题目的作答上会有意识地隐瞒自己的真实情况，配合出题人的意思做出回答，这样就达不到测试的目的。三是测试题目多，统计数据与结果分析程序繁杂。每个自陈式量表的题目量都较大，对结果的统计分析造成的行政损耗不可避免，这也是至今公务员录用考试中未采用此方法测评人员心理素质的原因之一。目前我们亟须开发一种新的方法用于测量公务员心理素质。

---

① 《中华人民共和国公务员法》第十四条，第十届全国人民代表大会常务委员会第十五次会议通过。

（3）深化面质①技术。面试是常用的一种人才测评技术，往往综合地采用多种手段，实现对被试者的全面评价。面试方法测评的优势在于：一是面试属于一种他评方法，都由一个或者同一组考官对不同考生的表现进行比较分析，按照统一的标准打分，这样更有利于结果的客观公正。二是面试考官可以采用聊天的方式提出问题，通过意图不明显的提问，让答题者在轻松的情景中表达出自己的真实想法，考官根据每人的回答情况考察他们人格特质并且可以进一步考察他们潜在的心理素质。面质技术的使用，有助于考官运用重复提问同一问题或深入追问的方式弄清应试者有没有表述清楚问题，或是以此来深究应试者企图含糊敷衍考官的真正动机，这样能保证面试的深度和清晰度。面试在问题设置和提问方式上弥补了自陈式量表不足。三是面质技术能有效避免自陈式量表繁杂的结果统计。自陈式量表题目的设置上是以量取胜，而在面试中由于考官可以对考生进一步追问，因此可以认为面试在设置题目上应该是以质取胜。

从公务员考试的现实需求看，如果能把面试与心理测验两者结合起来，在面试中借鉴心理测验的内容，对公务员的人格等心理素质以面试形式考察，这样可以取长补短，有利于更全面客观地选拔人才。2001年中央国家机关招考公务员，在面试中加入心理素质测试，对个性倾向与拟任职位的匹配做出分析评价。虽然当时的心理测试成绩仅供用人部门参考，不计入总分，但这已经是公务员考录方法改革的良好开端。今后我们要在实践中积极开发公务员心理

---

① 面质，是用于心理咨询领域的概念，也称对质，也有人称为对峙或对立，是指咨询者当面指出来访者自身存在的情感、观念、行为的矛盾，促使其面对或正视这些矛盾的一种语言表达方式。咨询者实施面质的目的，并不在于向来访者说明他说错了什么话或做错了什么事。不是"指出错误"，而是"反射矛盾"。前者的重心落在纠正错误上，后者的重心则落在讨论问题、帮助当事人上。由于心理防御机制的作用，有些来访者不愿意承认自己的无能或失败，在谈及自身的问题时显得躲躲闪闪，不肯正视现实。面质的目的就在于协助来访者认识自我，鼓励他们消除过度的心理防御机制，正视自己的问题。从而使问题得到妥善的解决。目前，面质技术作为一种测评技术，正在尝试用于公务员录用考试和公选考试等人事考试的面试环节。

素质的面试测评方法，提高选拔人才的科学性。

（二）考试实施权控制

对公务员考试实施权的控制，按照考试实施权运行的时序，主要分为两个阶段。

1. 施测前控制阶段

对此阶段各项工作运行的控制，主要倾向于控制依据的制定和运行环节准备情况的检查。

（1）制定规则，健全控制依据。内容全面、程序严密、要求具体、可操作性强的考试实施规则，是控制考试实施的客观依据和必备条件。为此，在考试实施之前，应根据考试大纲或考试说明书规定的相关原则和要求，针对当次考试实施的实际环境和条件，制定考试实施的总体方案，以及每一工作环节的规程与细则，以此为规范考试实施运行的依据和控制各实施环节工作质量的标准，推动考试实施朝着预定目标有序运行。在具体操作上，可通过考试实施方案和各项工作的实施规则，对试、答卷印制的时间、地点、数量、版式及所用纸张、字体、字号的规格，试卷分装与密封的规则、运送方式、交接程序与保密措施，考点、考场设置的原则、规范、数量、地点及时间，试场设置的规则要求，应试规则及违纪处理规章，监考、巡视人员的数量、条件、职责和行为规范，分别做出明文规定。并按考试实施进程，以公告、文件或其他形式适时公布，让有关人员及时全面了解，便于他们在工作中遵照执行。

（2）分项查验，严格控制把关。在试卷印制、发送、保管工作方面，查验、把关的重点内容有三项：其一，保密措施。科学严密的试卷保密措施，是维护考试客观性、公平性的关键。除试题命制、试卷组配需严防泄密外，试卷印制过程的每一环节都要有专人负责，并选配可靠的监制人员严格监控，考试所需试卷务必一次印制完毕，切忌中断或分期印制。其二，试、答卷印制质量。试卷印刷的任务，应交由技术设备先进、技术力量雄厚、保密条件好的印刷厂承担。试、答卷所用纸张、字体、字号的规格，必须在开印前做出统一明确的规定。其三，试卷的分装、发送与保管。这是试卷印制完毕至施测正式开始前查验、把关的重点，必须分发准确、密封规范、发送安全、保管妥善。其具体要求是：印好的试卷要选择安全可靠的地点存放，并选派责任心强、确有看护能力的人员负责看管。试卷的分发与包装，应以主考机关核准的人数和规格为依据，建立严格的试卷分发规程，遵照分发程序和装封规则，依次进行试卷清点、复核、装袋、密封、编号工作，最后由试卷分装负责人核验，并在试卷分发记录簿上签字，以存档备查。各考区、考点或考场试卷的发送，必须提前一天将试卷如数完全送达各考场，保证施测能如期进行。

在考场、试场的设置方面，重在设置规范的查验与把关。其基本要求是，考场、试场设置既符合考生身心特点，有利于考生真实水平的正常发挥，又不致提供作弊的条件。设置考场、试场，是考试实施测前的中心工作之一，主要任务包括悬挂考场标牌，打扫环境及室内卫生，设置考场办公、试卷收发保管、监考人员考间休息、医疗保健及茶水饮用场所，摆设试场桌凳，张贴试场指示图、试场规则、试场号、座位号等。考场、试场设置一般在施测前两天应全部准备。施测前一天，主管部门和巡视人员应对所属考场、试场进行全面核查验收，看是否符合既定设置规范。检查验收结束后，试场设置不得重新变动，除允许考生熟悉试场环境外，严禁其他人员入内。

在监考和巡视人员的选聘和培训方面，主要是对两类人员的素质条件，以及他们对自身职责、履职规范和相关考试实施规则的掌握情况实行把关。监考、巡视人员是施测环节考试实施的核心主体，施测过程的控制，各项施测规程的落实，考生水平的真实发挥，考试结果的真实性等，全赖于他们的素质水平和对施测活动的驾驭能力。因此，对这两类人员的甄选，必须依据资格条件严把质量关，不可简单拼凑，更不能出于某种目的，特意安插监考、巡视人员。经审查合格的监考、巡视人员必须进行履职前的专门培训，使之切实明确监考、巡视的职责及行为准则，真正掌握施测的各项规程与要求，了解学生应试心理，熟悉违纪事件的处理原则和方法，以便他们在施测过程中能正确行使自己的职权，保证施测按预定规则运行。

2. 施测中控制阶段

在考试运行全程中，施测环节是施考主体和应考主体产生交互的唯一环节，是关系考试成败的核心环节之一，也是考试实施控制的关键，历来是考试活动两种主体乃至社会各界关注的焦点。施测中控制的注意力应集中投向两个规范：一是监考者的操作规范，二是施考主体和应考主体的行为规范。由于施测过程要历经测前预备、正式测试、测后收场三个阶段，所以施测环节的控制，可按施测的流程序次分别根据要求进行监控。

监考者在进入试场前，必须熟知考规考纪、工作职责和程序，熟悉试场设置情况、考场办公场所、考间休息地点与测试日程，备齐施测所需各种物品，不得短缺，按规定时间和路线领取试卷、进入试场。进入试场后，依照先后顺序完成正式测试前的各项任务：分发草稿纸或统一配发的答题用品，指示考生对号入座，宣布考场规则，分发答卷纸和试卷，试前解说，指导考生填写姓名、考号等。监考者在执行以上任务时，必须庄重自然、态度和蔼，试卷当众启封，试前解说语言清晰、语速适中，若陈述有关答卷要求，不得让考生翻阅试卷，试卷分发无遗漏。测前各项预备工作，必须在正式测试开始前结束，切忌因拖延而占用考生答卷的时间。在测试收场阶段，听到测试终止信号后，监考者应立即宣布停止答卷，要求考生起立，并迅速有序地退出试场。监考者随即回收试卷、答卷、草稿纸和统一配发的铅笔、橡皮等。试、答卷收齐后，按本试场考号的序次进行清点，并与实考人数核对。确无遗漏，再按照程序处理试、答卷：首先，对监考人员使用、多余、缺考、未答、舞弊的试、答卷，分别在卷头或总分处注明"作废""缺考""白卷""违纪"字样；再装订、归袋，填写内封和记录表，并按统一规格密封；然后退出试场，将试卷袋径直送达指定地点。试、答卷清理、装袋、密封的基本要求是四无：无遗漏，无错序，无倒装，无违规操作。

(三) 考试评分权控制

公务员考试施测环节结束后,随即进入评分环节。对公务员考试评分权的控制,属于微观性技术控制的范畴。现以公务员笔试《公共基础知识》科目主观性试题评分误差控制的技术运用为实证,说明技术对考试评分权的控制。

按照评分运行的逻辑序次,上述技术控制宜分预先控制、现场控制和反馈控制三个阶段进行。

1. 第一阶段:预先控制

预先控制是在笔试主观性试题评分活动正式启动之前实施,也叫理论性技术控制,目的是防止因各种与评分目的无关的因素干扰而使评分误差控制计划的落实受到影响,或因阅卷评分活动失控而产生评分误差,具体技术控制手段有以下几种。

(1) 目标控制

目标控制是根据考试目的在评分活动中的要求、笔试主观性试题评分误差控制的实际任务和具体环境条件制定出总体规划目标,再以此为依据,针对试评、评分实施细则编制、试卷评阅、合分登分、质量监控等环节的工作任务和要求,分别制定出可供操作的具体目标,并以此为检查各环节工作质量、纠正评分过程中工作偏差的标准与依据。

(2) 规程控制

规程控制是对笔试主观性试题评分误差实施微观控制的基本手段,它为控制评分误差提供了具体的技术性操作标准。在评分活动启动之前,根据评分管理的基本原理和原则,结合以前该类试题评分误差控制经验,就评分各环节所涉及各类人员的职、权、责,各项工作实际运作的技术规程、原则方法等,分门别类地定出明确的规范与要求,使之成为所有阅卷评分人员履职尽责、规范操作的行为准则。同时,也为主观性试题评分活动在各环节出现的误差进行现实控制和反馈控制,提供重要依据。

（3）资源控制与时空控制

人力、物力、财力和信息是评分活动的物质基础。在笔试主观性试题评分活动中，如何实现对物质资源、人力资源和信息资源的综合调配与合理组控，保证评分活动的正常运行，是控制评分误差必须注意的问题。为此，一方面要对人力资源和物力资源通盘考虑，合理配置，保证评分所需各类人员齐备，资材、设施质量完好，配置到位，为阅卷评分活动的正常运行做好后勤保障。另一方面要严格控制评分系统内外的各类信息，做到评分系统内部信息不泄露，外部干扰信息被有效屏蔽，确保评分信息安全。实践证明，合理的时间安排、恰当的地点选择，也是有效控制笔试主观性试题评分产生误差的重要因素。所以，必须对评分时间、地点和评卷进度、活动处所等以制度的形式做出指令性规定，实现对评分误差的全方位控制。

2. 第二阶段：现场控制

现场控制即现实性技术控制，是对笔试主观性试题阅卷评分运行各环节的控制，目的是运用查验、监控和协调等手段，强化评分规程，纠正评分工作偏误，检验评分管理目标的落实情况和制定的科学性，并有针对性地采取措施，及时调整和纠正可能存在的问题，从而对评分误差进行过程性控制。

（1）组织试评，制定评分细则

评分标准是判卷的依据和标尺，其本身是否科学，阅卷评分人员对评分标准的理解、掌握的准确程度如何，是关系到笔试主观性试题评分是否客观、公正的前提。因此，在正式评阅主观性试题之前，必须通过试评环节使阅卷评分人员理解参考答案，把握答案的实质精神，并根据考试性质和类型对参考答案和评分标准进行适度修订，形成评分细则，增强参考答案的科学性和评分标准的可操作性。

一方面，修订参考答案，保证评分量尺准确。参考答案与评分标准是主观性试题评分的标尺，其科学性程度如何，是评分是否准确的先决条件。以公选笔试为例，领导干部能力考查分为两个层次，一个层次是以记忆理解、分析判断、语言表达为主要内容的基础能力；另一个层次是以规划决策、目标实现和开拓创新为主要内容的核心能力。具体来讲，公选笔试辨析题主要考查考生分析判断能力和语言表达能力；案例分析、论述和申论题、写作题主要考查考生的计划决策能力、目标实现能力和开拓创新能力等核心能力。因此，公选笔试主观性试题评分标准的制定，应当根据所测能力要素和相应的考试内容来拟定答案要点。如果评分标准的答案要点不能反映试题所测的能力要素，则可能影响评分的准确性，产生评分误差。某市公务员考试公共基础知识科目的一道辨析题参考答案要点（见案例8—1）就反映了这个问题。

案例8—1　某市公务员考试辨析题

题目：23. 减轻农民负担是党在农村的一项基本政策。

参考答案要点：

正确。（1分）

（1）减轻农民负担是党在农村的一项基本政策，党中央、国务院对减轻农民负担一直十分重视，各地有关部门也做了大量工作，使农民负担增长的势头得到遏制，但农民负担的问题并没有从根本上解决，在一些地方还相当严重。（1分）

（2）各地各部门要从巩固工农联盟的政权基础、维护国家长治久安的高度认识减轻农民负担工作的重要性。（1分）

（3）做好当前减轻农民负担工作，具有特殊重要的意义，它直接关系到农民增收、关系到农村市场的启动，进而影响到拉动内需和国民经济的全局。（1分）

（4）在一定意义上说，减负就是增收，减负才能增收，只有真正摆脱了负担不断加重的困境，才能使农民有能力、有积极性去增加投入，调整结构，发展生产，增加收入。（1分）

农村和农民问题，是我国农村和农业政策十分关注的基本问题。应该说，报考农业局副局长岗位的考生对这道题目所考查的内容并不陌生。但从第23题质量统计分析的各项指标（见表8—2）

和项目特征曲线（见图8—1）来看，该题的平均分（$\overline{X}$）为1.7，全距（R）为3，难度（P）为0.34，属较难试题；-0.20的区分度（D）表明，该题反向区分。究其原因，评分标准中的（1）和（2）两个答案要点不能反映出欲测"理解、分析和判断"这个能力要素。所以，在主观性试题试评环节注重分析，查找原因，对原定参考答案和评分标准进行修订，或调整评分标准，或调整答案要点，增强考生作答的不同表述方式同欲测能力要素的对应性，便于阅卷人员评分。

表8—2　　　　　　　第23题质量分析统计量

题号	满分	全距（R）	最高分（X_{max}）	最低分（X_{min}）	平均分（$\overline{X}$）	标准差（S）	难度（P）	差异系数（CV）	区分度（D）
23	5	3	3	0	1.7	0.73	0.34	0.43	-0.20

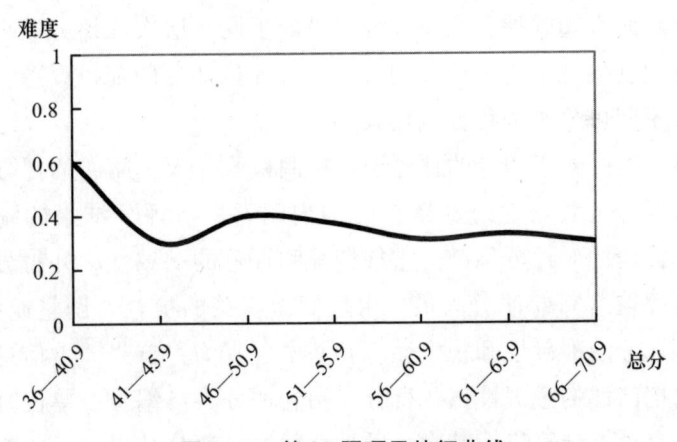

图8—1　第23题项目特征曲线

另一方面，调整评分标准，增强可操作性。增强评分标准的可操作性，是控制笔试主观性试题评分误差的有效途径。"评分标准欲有效甄别答题的质量，就必须使评分标准自身具有严密的逻辑体系，而不仅仅是罗列要点。如果采用要点评分，至少要交代要点之间的内在关系，以利于评分的操作。"① 在修订该类试题参考答案和评分标准时，不但要列清参考答案的要点，而且要明确每道题目所测查的是哪种能力，这种能力要素在考生作答过程中可能以何种形式外化。同时还要进一步明确能力要素应分布在哪些答案要点中，实现按能力要素赋分和按答案要点赋分的耦合。这样，既让阅卷评分人员明确了每道试题测查了哪种能力要素及其分布于哪个（些）要点，增强了评分标准的可操作性，又保证了每个能力要素的测评获得相应的分值，增强了评分的准确性。

（2）评分过程的动态性控制

对笔试主观性试题评分误差的动态性控制，主要是运用系统原理、差异原理和信息论原理，采用计算机网络技术和光学识别技术，通过计算单位时间内每位阅卷评分人员主观性试题的给分分布、平均分和标准差等试题质量统计分析量，进行假设检验，对阅卷评分过程进行动态监控，以实现对评分误差的有效控制。这种控制建立在所有阅卷评分人员业务水平处于同一层次和评分活动实现了标准化基础之上，主要控制阅卷评分人员评分的随机误差。因阅卷方式不同可分为两种控制模式。

第一类：人工阅卷的评分误差控制模式。人工阅卷的评分误差控制模式，主要是通过对单位时间内阅卷人员评分结果的统计分析，掌握他们对评分标准的把握情况和评分的一致性，并将分析结果及时反馈给阅卷评分人员，由他们做有关的检查、调整或纠正，以保证评分的准确性和稳定性。其基本过程为：首先，由信息录入组及时把已评的主观性试题得分、阅卷评分人员编号、单位时间代码等信息录入计算机。其次，质量分析组对评分结果进行分析，并将分析结果及时反馈给专家组和评卷组。再次，评卷组根据分析结果和专家组意见对阅卷评分工作进行相应调整，纠正评分偏误，并将处理结果报质量分析组和专家组。质量分析所用软件为社会统计分析软件 SPSS 10.0 以上版本，其控制的具体方法是：

---

① 刘芃：《论试题的合理性》，《中国考试》2002 年第 6 期。

第八章　当代社会价值诉求中公务员考试权的体制重构

第一，用横向差异检验法控制阅卷评分人员之间的评分一致性。表8—3显示的是A市的一道论述题各阅卷评分人员评分的总体分布。在统计学上，平均分（$\bar{X}$）反映了样本分布的集中趋势，用作衡量阅卷评分人员的评分情况时，则是考查阅卷评分人员评分是否一致的良好指标。如表8—3所示，该论述题总体平均分为8.348分，01号阅卷评分员在该题上的平均分为7.012，与该批次总体平均分相比偏低；而02号阅卷评分员在该题上的平均分为9.476，与该批次总体平均分相比明显偏高。这5位阅卷评分人员本批次的评分是否具有显著性差异，可以通过F检验来确定；而01号、02号阅卷评分员的评分与该题总体平均分是否具有显著性差异，可以通过各阅卷评分人员所评分数的平均分与该题平均分的差异性检验来确定。标准差（S）表明了考生分数分布的离散程度，以此作为衡量阅卷评分人员评分质量的指标时，则表明阅卷评分人员对考生作答水平差异判断的准确性程度。从表8—3可以看出，01号阅卷评分员在该题上的标准差为4.532，离散程度较大，而02号和04号阅卷评分员所评分数的离散程度过小，说明01号评分人员可能夸大了考生间的水平差异，而02号、04号阅卷评分员可能没有反映考生在该题作答上的水平差异。

第二，用纵向差异检验法控制阅卷评分人员对评分标准的把握程度。阅卷评分人员的评分一致性程度，实际上体现了他们对评分标准的把握是否一致。表8—4是B市申论写作题评分分布情况，统计量指标显示，该题的平均分（$\bar{X}$）为45.8464，标准差（S）为6.656。从平均分上看，阅卷评分人员给该题的评分总体偏高；从标准差上看，03号阅卷评分员评分的标准差为2.8800，表明其评分过于集中，有可能打"保险分"；从最低分与最高分和全距看，02号、03号阅卷评分员的评分都集中在高分段，说明他们对评分标准的掌握有可能过宽。

表8—3　　A市公共基础知识论述题评分质量统计分析

编号	满分	试卷份数	平均分（$\bar{X}$）	标准差（S）	最高（X_{max}）	最低（X_{min}）
01	12	30	7.012	4.532	11.00	3.00
02	12	30	9.476	1.968	11.00	7.00
03	12	30	9.058	2.841	10.00	4.00
04	12	30	7.936	2.017	10.00	6.00
05	12	30	8.259	3.453	10.00	5.00
合计	—	—	8.348	2.962	11.00	3.00

表8—4　　B市阅卷评分人员对申论写作题评分质量分析统计量

编号	满分	平均分（$\bar{X}$）	标准差（S）	最低（X_{min}）	最高（X_{max}）	全距（R）
01	60.00	47.9425	6.3013	5.00	57.00	52.00
02	60.00	48.2807	4.8688	38.00	60.00	22.00
03	60.00	48.6724	2.8800	44.00	57.00	13.00
总体	60.00	45.8464	6.6560	5.00	60.00	55.00

第三，用尺度差异检验法控制同一阅卷员在不同时段的评分一致性。把同一阅卷评分人员在各个单位时间内所评试卷的份数和平均分输入计算机内，按该阅卷员评卷的单位时间、所评试题的平均分数、试卷份数、最低分、最高分、全距等统计量分项列表，并进行假设检验，即可反映出其在不同单位时间的评分一致性程度。

第四，用参数、图形控制法增强评分误差控制的直观性。把每道主观性试题的平均分（$\bar{X}$）、标准差（S）、频数、频率等统计量，制定出每题评分倾向性标准的各种参数表格与图形，作为衡量阅卷评分人员评分是否准确、是否稳定等问题的依据。其控制过程为：

首先，从答卷中随机抽取一份试卷复印并发至每位阅卷评分人员，各阅卷评分人员独立评阅；同时，专家组讨论并评分。其次，质量分析组对每位阅卷评分人员的评分结果做数据统计分析，按阅

第八章 当代社会价值诉求中公务员考试权的体制重构

卷评分人员数、平均分（$\bar{X}$）、标准差（S）、全距（R）、最低分（X_{min}）、最高分（X_{max}）等统计量，绘制全体阅卷评分人员第×题评分质量分析统计量表（见表8—5），同时绘制频数与频率分布表（见表8—6）并报专家组。再次，专家组利用计算机处理结果，对每位阅卷评分人员的评分进行深入分析，以掌握每个阅卷评分人员的评分情况。然后，召开阅卷评分人员会议，将分析结果和需要注意的问题、改进意见以文字和图表的形式予以反馈。最后，各阅卷评分人员从频数与频率分布表中找出自己所评分数在总体中所处位置及与他人评分的差距，按照专家意见进行评分调整。

表8—5　全体阅卷评分人员第×题评分质量分析统计量

阅卷评分员数	平均分（$\bar{X}$）	最低分（X_{min}）	最高分（X_{max}）	标准差（S）	全距（R）

注：此表为样表。

表8—6　全体阅卷评分人员第×题评分频数与频率分布

所评分数段	频数	频率（%）	累计频数	累计频率（%）
⋮	⋮	⋮	⋮	⋮
合计		100	—	—

注：此表为样表。

第二类，计算机网上阅卷评分误差的控制模式。所谓计算机网上阅卷，就是利用计算机网络技术、电子扫描技术和光学识别技术等现代技术手段，将纸介质试卷通过扫描生成图像后建立大型数据库，最后通过专用服务器形成阅卷局域网，阅卷评分人员在计算机网上阅卷，阅卷过程被全程控制的过程（见图8—2）。网上阅卷的工作流程是：纸介质答卷扫描—生成图像文件—按试题将图像文件剪切后编排保密号码—试题分发至阅卷评分人员—阅卷评分—按考生保密号自动汇总成绩。

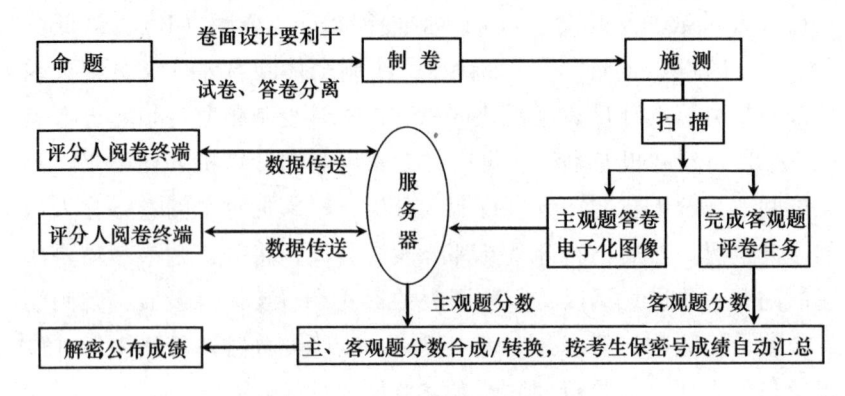

```
命题 ──卷面设计要利于试卷、答卷分离──> 制卷 ──> 施测
                                                  │
                                                  ▼
                                                 扫描
评分人阅卷终端 ──数据传送──> 服务器 <── 主观题答卷电子化图像
评分人阅卷终端 ──数据传送──>        <── 完成客观题评卷任务
                              主观题分数    客观题分数
解密公布成绩 <── 主、客观题分数合成/转换，按考生保密号成绩自动汇总
```

图8—2 计算机网上阅卷流程

利用计算机网上阅卷系统控制主观性试题评分误差，是一套结构完整的方法体系，它通过对全体阅卷评分人员的全过程动态监控来实现，基本控制程序是：第一，设定误差值（a）。第二，计算机按评卷任务随机派发试题给阅卷人员，阅卷评分人员使用身份认证机制打开数据库。每位考生答卷均由两位阅卷评分人员在各自计算机上单独评阅。第三，当两位阅卷评分人员 A1 和 A2 在某题上的给分之差 | M1 − M2 | 不超过规定的误差值 a 时，阅卷系统将自动取其平均分 M =（M1 + M2）/2 作为该题得分；当两位评分人员的给分之差超出规定的误差值 a 时，该题目将自动调给第三位评分人员 A3 评阅，给出分数 M3。第四，第三位评分人员给分与前两位评分人员的平均分之差 | M3 −（M1 + M2）/2 | 如果小于或等于规定的误差值 a，则该题的得分为第三位评分员的评分 M3 与前两位评分人员评分平均数之和，即 M = [M3 +（M1 + M2）/2] /2；如果超出规定的误差值 a，则计算机将自动把答卷提交给评卷业务组组长，由其裁定最终得分（见图8—3）。

需要指出的是，计算机网上阅卷系统一般用于大规模的社会性考试，主观性试题评分一般多采用单题制和复评法。而对于诸如领导干部竞争上岗等小规模的考试，其主观性试题的阅卷评分人员有时达到三个以上，其评分一致性的检测则通过肯德尔和谐系数计算来判定。

计算机网上评卷系统利用了分级管理和统计分析等技术，便于对笔试主观性试题评分的进度和质量实施监控，能够准确有效控制评分误差：系统以图表和统计数据的形式实时显示每位阅卷评分人员及其对各个题目的评卷工作量和进度，便于科学安排、调整评卷时间和人员数量；系统实时给出单位时间内阅卷评分人员的评分分布、平均分、标准差等试题质量分析统计量，便于直观显示各阅卷评分人员的评分偏差情况；系统通过对已评试题的进一步检查，对有疑问的评分可按程序提交有关人员再评；或根据整体误差情况、试题的难度、历史参照等因素，对一定分数区间的试题得分做出整体上的相应调整。

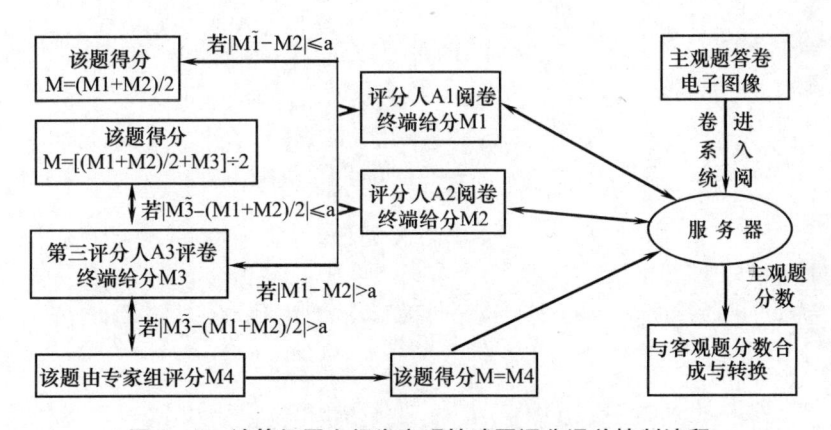

图8—3 计算机网上阅卷主观性试题评分误差控制流程

（3）加强合分登分管理，控制粗大误差

合分与登分是笔试主观性试题评分误差控制的重要环节，如不加强管理，极易出现粗大误差。合分与登分是笔试主观性试题阅卷评分的终结环节，即使阅卷评分人员的评分再准确，如果在这个环节出了疏漏或差错，也会导致阅卷工作前功尽弃，影响考试质量，危及考试公平。因此，必须明确职责、严明纪律，严格按照操作规程开展工作，加强检查监督，严防合错、合漏分数，漏登、错登和涂改分数，确保笔试主观性试题分数安全。

3. 第三阶段：反馈控制

笔试主观性试题评分误差的反馈控制是以质量分析组反馈的信息为依据，对阅卷评分过程中出现的偏误实行补救性调控，又称回归性技术控制，其控制功能体现于两个方面：一是查验补救，即把反馈到的评分质量分析信息与各项既定目标与标准进行对比分析，发现问题、究查原因，从而控制评分误差；二是积累经验，即对于阅卷评分过程中出现的问题和获得的经验，分析的原因和提出的解决办法，分门别类地予以整理，形成理性认识，为同类笔试下一次评分误差的控制提供改进依据。

第九章　公务员考试权运行的环境保障

任何一种制度的建立和发展都要受到各种环境的影响，公务员考试权的运行也不例外。经济、政治、文化、社会和法制系统构成了我国公务员考试权运行的生态环境，良好有序的环境是我国公务员考试权良性运行的前提。

在公务员考试与环境的关系日益紧密的当今时代，从社会环境对公务员考试的影响出发，对公务员考试权运行进行深入探讨，必将有利于公务员考试制度的建设。公务员考试作为一种社会活动，在社会发展的历程中是加强环。它的经济、政治、文化、社会和法制环境成为考试活动系统存在、运行、发展的基础。

一　经济环境保障

我国的政治改革如何走出"攻坚区"和"深水区"，是关乎每个公民切身利益的现实问题。在干部选拔考试中，面对多元化的利益博弈，唯有在全面深化公务员考试制度的同时，突出重点、找准突破口，才能收到事半功倍之效。调整利益格局，并利用当今社会丰富的网络资源，做好利益的"加减法"：既优化存量又做好增量，既提高效率又注重公平，才能使公务员考试的组织者和应试者都通过自己的努力享受考试的成果。

（一）市场审视角度下鼓励多元主体治理创新

十八届三中全会明确提出要"推进国家治理体系和治理能力现代化"，这被称为继工业、农业、国防和科学技术四个现代化之后的"第五个现代化"。国家治理体系强调的是一个国家整个治理结构的重新架构和科学分工。公务员考试作为我国政治录用的重要机制，是国家治理体系的有机组成部分，必须以创新的理念来实现治理能力的现代化。在市场经济如此发达的今天，唯利是图不是简单的四个字，其背后隐含着利益链条，而这些暗箱操作也在不同程度上破坏着政治、经济生态的平衡关系。在经济背景下，应当有一种隐性约束力，在其进行暗地交易的时候，适时发挥规制作用。当经济利益与道德约束碰撞时，道德的约束力就此体现。我国正处于社会转型期，从我国国情出发，动态管理经济变量来敦促公务员考试规范化很有必要：一是鼓励公众参与公务员考试的监督。二是保护应试者的合法权益，大力惩处违规违纪者，从根本上杜绝公务员考试权恶性运行的危机。三是国家确保司法体系和第三方考试机构的相对独立性，拓宽考试主体的考试参与空间，为公务员考试权运行的良性体制生成奠定基础。

（二）用网络技术改善信用制度的经济生态

进入"互联网+"时代，用户既是网站内容的浏览者，也是网站内容的制造者。公众监督的力量突出表现在微博、微信等公众媒体上，因此，用网络技术改善公务员考试的经济环境，有利于民众的积极参与，加大了公众自下而上的监督力度，构架了行使监督权利的新渠道。公务员考试权的运行，要合理对待信息媒介中的民意。新媒体使公众不再完全被动接受自上而下的信息灌输，而是从信息接收方的尾端，转向了海量信息的源头，公众可以借助微博、微信或贴吧等网络平台来获取信息资源，也可以作为信息源直接发布信息，这种交互作用使公众不再是相对孤立的个体，而是可以在线上线下多渠道表达意见的群体。在新媒体的有力推动下，公众的权利意识显著增强，也加强了对类似公务员考试等政治行为的公正性和公信力的监督，完善了公务员考试权运行的经济环境。

二 政治环境保障

对公务员考试权运行路径的探索，要同法治建设有机结合，将政治理念、政治素养与要求合理配置，即在法律框架内大胆推进制度建设探索，用"法理社会理论"作为考试权良性运行的基石；善于用法治思维和法治方式来规范考试程序，杜绝所有形式的"权力寻租"现象；用法制巩固和维护公务员考试成果，唯有如此，才能确保改革步子坚实稳健、不断向前推进。

（一）"法理社会理论"的法制要求

政府应该用制度来履行对于社会契约的功能释放，以保障公民个体的劳动能够通过市场获得比较合理的回报。从政府历年公布的有关数据中可知，政府的绩效距离公众的期望相去甚远，以选拔考试为例，在关乎每一位考生切身利益的重要考试中，针对类似"泄题""萝卜招聘"等的粗陋现象，应当坚决亮出法律长剑，用法律高压线加以规范。

首先，从法律层面来说，应明确法律的条文与责任，并且针对此类相关的犯罪行为应该有专门的法律界定，严格设置公务员考试的密级和情节的严重程度，明确相关人员的责任划分与责任承担，如此才能从外围建立高压线，为公务员考试权的运行荡平荆棘；在执法过程中，相关部门应当做到有法必依，不徇私枉法，不包庇纵容。通过逐步制定、完善公务员考试等相关法律法规，还社会一片净空，为公务员考试权的良性运行构建健康有序的政治环境。

其次，应当建立权责明确、行为规范、监督有效、保障有力的行政执法体制。每一位公务员考试的涉及者都应在履行职责的时候，严格按照法定程序行使权力、履行义务，以体现法律的权威与公正公平。①

最后,要逐步形成公众参与、专家论证和政府决策相结合的考试行政决策机制,在公务员考试制度不断走向完善的过程中,实现依法决策、科学决策和民主决策;同时,逐步推进社会听证制度,征询公众意见,以提高公务员考试决策的民主化和科学化;定期对考试决策的执行情况进行跟踪与反馈,完善相关责任人制度,推进公务员考试权运行的相关法律建设。

(二) 防止"权力寻租"滋生

"权力"有限化,破除"寻租"温床。一是应解放管理思想,一系列管理问题的暴露如同"多米诺骨牌"似的引发连锁反应,导致社会矛盾愈演愈烈。近几年,各地不断进行着考试管理体制的改革,这些改革应该从深化诚信思想意识,拓展管理视野,开阔管理思路出发,从"政府控制"向"政府主导"转变。如 2013 年 3 月 17 日,国务院总理李克强在回答中央电视台记者提问时说,"改革贵在行动,喊破嗓子不如甩开膀子"。前进道路几多荆棘,只有放开手脚真抓实干,才能使政府从"居高临下的施策者"变成"参与者""引导者"和"调节者"。② 二是要打破特权,向权力滥用者说"不"。"滥权"反映在公务员考试中,就是行政不作为、滥用职权、执法不公、跑关系和寻租等不正之风。在行政体制改革上,把政府改革简单变成单位利益的加减,这些对于政治环境的改善起阻碍的消极作用。应当剔除缺乏公平、民主和监督的仓促改革,通过制度性的措施和变革,力求不失异化让权力资本得益。

(三) "社会公仆"的时代践行

伴随政府与社会的共同发展,政府作为公共权力的使用者,其权力之大,可支配的资源之多,超过了以往任何一个时代。政府拥

---

① 高世楫、姜海燕:《中国现代监管体系建设任重而道远》,2009 年 3 月 4 日 (http://www.720428.com)。

② 陈振明:《公共管理学》,中国人民大学出版社 2005 年版,第 182—183 页。

有如此大的权力，便于其合理配置更多社会资源，还利于民。而政府由社会公仆变为社会主人，也引发了一系列社会矛盾。从"熟人社会"到"匿名社会"，公众越来越难接受"期待与现实的落差"，也会对社会变革提出更高层次的要求。政府应该增强公仆意识，优化行为、践行社会理想，实现从"管理型政府"向"服务型政府"的过渡；从思想上真正做到尊重群众，理解群众，权为民所用；在政治立场上能够代表公众利益，切实为民所想；而在情感上贴近群众，"走基层""听心声"，为公众"代言"；在行动上，应当"勤、快、准、稳"，以实现好、发展好、维护好广大人民群众的根本利益为己任，如此，才能为公务员考试权的良性运行创造良好的政治环境和舆论环境。

三 文化环境保障

我国的考试文化由来已久，应深刻把握文化思想脉搏，将正确的价值取向与公正理性的思想基石结合起来；对古训中"学而优则仕"与"居庙堂之高则忧其民，处江湖之远则忧其君"诠释出更具时代价值的新解读；在教育理念中将碎片化的价值理念用到和谐健康的文化氛围当中来，凝聚成社会正能量，为公务员考试权的运行创造良好的文化环境。

（一）端正思想理念

孔子的"为人之道"分为几个不同层次："三十而立，四十而不惑，五十而知天命，六十而耳顺。""出仕"，担任了一定的公职，只是社会地位的提高，并非意味着思想道德修养、"觉悟"也达到了相应的高度；因此，立志上进的"仕而优"者，就应该也必须继续"学"，不断提高自己的"觉悟"。如果在全社会形成这样一种积极的文化氛围，必然有利于构建公务员考试权运行的良好文化环境。孔子儒学的"学"，不是现代汉语"学习"这个词的泛指含义，而有特定的内涵：学习做"人"、做"君子"，也就是成为当时统治阶级认为的合格成员。孔门儒学的"学",从熟悉掌握做"君子"的日常礼仪行为规范开始,"修身、齐家、治国、平天下",是要"觉悟"到自己的人生责任,并且逐步学习掌握那一整套作为君子的"为人之道"。宋代思想家陆九渊提出:"人之所喻,由其所习;所习,由其所志。志乎义,则所习者必在于义;所习在义,斯喻于义矣。志乎利,则所习者必在于利;所习在利,斯喻于利矣。"① 在现今的文化背景下,就要求党政领导干部恪守职责,以史为鉴,学习圣贤,从政者也应当自我反省,端正为官动机,做到"供其职,勤其事,心乎国,心乎民,而不为身计"。唯有如此,才能确保在社会主义道德风尚的文明进程中,让文化作为"无形"财富传承到"官道",以便在现实的公务员考试中,消除阻碍公务员考试权运行的各类消极因素,大大增强政府的工作效率。

(二)重构价值理念

中国改革开放 30 余载,经济、政治、社会、文化水平的发展都有了质的飞跃。公务员考试权的运行,从个人善走向集体善,在静态之中抉择,又在动态之中呈现。全社会应该形成与现代社会相适应的伦理观念和为人民服务的集体主义思想理念。全社会倡导良好诚信的价值观念,将公务员考试权的运行置于诚信的文化价值观念中,用外力推动公务员考试制度的建设。还应当在全社会形成一种正气,也是一种无形力量——诚信自律,《论语·子路》中,孔子有云"其身正,不令而行;其身不正,虽令不从"正是这个道理。对于政府而言,就是要提高公务员的道德水平和执法质量,如在公务员考试进程中,考试权依法行驶牵动着整个社会的关注。对于公民来说,牢固道德底线,坚持做人准则,能够明辨是非标准,同时可以作为日常的行为准则和捍卫个体权利的利器;对于企业而言,为了减少商品的交易成本,更大程度地提高经济效益,具备风险意识和诚信理念十分重要。总之,通过道德约束来形成一道天然

---

① 《陆九渊集》,中华书局 1980 年版。

屏障，形成有效的社会监督，有利于公务员考试权的良性运行。

（三）传承教育理念

《荀子·劝学》："故不积跬步，无以至千里；不积小流，无以成江海。骐骥一跃，不能十步；驽马十驾，功在不舍。"古训沿袭至今，依然有很强的教育意义，自古为学，皆因积小步而成大局，这也是社会发展至今的文化传承。我国市场经济起步较晚，考试中介机构发育不成熟，社会考试的管理体系建设处于初建阶段。无论是政府考试管理部门，还是社会考试中介机构和企业，都缺乏具有良好职业操守和考试管理专业知识的人才。面对这样的社会事实，国家应当秉承传统的积极教育理念，努力培养一大批考试管理人才，以此来促进考试的发展。政府应当认识到培养考试管理人才的重要性，将如何培养考试管理人才，由专门机构、专门人员来落实和跟进，通过将教育、培训和科研三项结合发展，充分发挥各自作用，为公务员考试权的良性运行积累要素，为推动我国公务员考试制度的发展打下坚实基础。

四 社会环境建设

中国特色的社会模型中，"熟人社会"与"关系社会"的根深蒂固，深刻影响着整个社会前进的轨迹。就公务员考试改革热潮而言，处理好全面与重点、增量与存量、效率与公平的关系，不仅要有政治勇气和胆识，还要有改革的智慧和科学的谋划。在社会运行的重点领域和关键环节，减少社会成本的消耗，有助于推动社会发展。

（一）传统风俗新功能

中国传统的"熟人社会"特征，使得我国社会呈现在"法理型"外表下裹着"传统型"内核的特征。熟人社会、关系人情、血缘、面子等，这些传统社会的内核特征深刻地影响着当前社会公众的思想与行为。要利用传统社会风俗的潜功能，使其向着有利于公务员考试权良性运行的方向发展。一是通透"熟人社会"的意义：要知道"熟人社会"的特征与思维不是一时半刻才出现的，而是中华民族几千年的历史沉淀下来的文化因素之一。因此，要深刻理解我国"熟人社会"的根源、特征以及熟人社会之下人们行为方式的特征，以此为基础和参照，明晰完善公务员考试制度的工作重点与方向。二是发挥传统风俗的新功能：通过强调社会风俗的重要性及社会意义，形成公务员考试制度完善的社会环境，为公务员考试权良性运行建设良好的社会环境。

（二）信息公开重监督

在公务员考试中，各级政府征集到的部门以及公务人员的诚信行为信息，可以为上级部门了解下级部门执法情况、加强监管以及提拔干部提供依据，还有利于社会对政府信用情况的了解和监督。有了政府及其工作人员的信用信息数据库，就等于给信用记录不好的部门和个人上了紧箍咒，对他们既是警示，又是约束。这样提高政府工作的透明度，加大社会监督的力度，形成一种看似无形却有形的威慑力量，可以有效提高考试管理者的办事效率，有效控制考试腐败行为的发生。在网络时代，政府不应用人民赋予的权力强制打消公众对体制的信任，导致公众走到体制的对立面，而应该树立起法制的权威，建立起良好的社会环境，推倒公务员考试权运行的障碍墙，这不仅是为了个人的发展和公务员考试制度的完善，更是为了推动社会的进步。

五　法制环境保障

在任何法治社会中，权力必须得到限制，西方思想家以及当代中国理论界已对此进行了较为充分的阐释。权力客观上存在着易腐性、扩张性及工具性，所以必须得到限制和约束。在依法治国的今天，以授予公民权利来制约行政权力，是重要的权力控制方式。因此，我国应该对公民的考试权利进行明确、充分地规定，以赋予公民考试权利来制约行政机关的考试权力，改变在考试领域中权力与权利的强弱不平衡、不对等的状态，使二者形成一种势能均衡状态。

（一）明确权利

考试权利是宪法和法律规定的政治权利、劳动权利、受教育权利等权利在现实中的延伸，宪政国家之要求，国家行使考试权必须以促进公民政治权利等宪法权利的实现为条件。人民是国家主人，为了实现人民主权，国家机关工作人员的选拔与任用必须通过考试或选举的形式加以确定，以确保公民平等参与竞争。由此可见，采用考试形式不仅仅是一项国家权能，同时也是公民通过平等竞争获得某种权利的必要渠道。

从法理学的一般理论来讲，公民权利总是伴随着社会的整体发展和进步而逐步扩大和增多，社会越发展、越进步，公民享有权利的范围、内容也就越广泛和丰富，我国的经济基础与上层建筑正处于快速发展时期，在这个过程中涌现出许多新的权利义务类型，但是即便在法制社会中，再完善、再健全的法律体系也不可能在一种新型权利出现时就立刻予以立法规定，一是由于主观条件不允许，二是因为法制技术达不到，因而对一种新型权利的立法总是会滞后于社会的需求，直到这种新型权利不断发展并趋于成熟与丰盈之际，才会有相应的法律予以确认。而目前，考试权利这个新的权利类型就处于这种境地之中，在经法律确认之前，它的理论与实践操作应用还需要不断地发展与充盈。

依照一种权利类型是否被现实法律确认及其在现实生活中的实现状况，权利可分为"应有权利""决定权利""现实权利"三种存在形态。所谓应有权利，是指没有被现实法律确认，而理论上认为应当在目前或将来被法律确认的权利。决定权利指由现实法律确认并依法保护的权利。决定权利在多大程度上能够体现应有权利的价值，取决于立法者的立法活动，正是由于考生知情权、公平竞争权、资源使用保障权介入，才使应有权利转化为决定权利。现实权利则是决定权利实现的结果或者状态，它强调权利的实践程度，现实权利是权利主体的实践行为。现实权利也可以作为一种重要的标志，用来衡量一个国家实现法治的水平和程度。显然，考试权利现在的状态属"应有权利"，即其虽未被现有法律予以规定，但基于人们普遍的需要，理性上认为其应在将来被法律确认。

具体言之，"考试权利"是指应试者依法参加国家考试的权利，是宪法中受教育权所派生出来的一项权利。"考试权利"的具体权能包括：报名参考权，即依照国家各类考试规定，不受性别、年龄、职业、种族等方面的歧视，报名参加相应考试的权利。知悉权，包括了解考试科目、考试时间安排、考试收费、考试地点等有关考试情况和信息的权利以及查询并知悉考试成绩的权利。要求公正评价考试结果的权利，即要求考试机构对考试结果进行公平、公正评价，有权申请对可能存在误差的考试成绩进行复核。申辩权、申诉权及经济赔偿请求权，即对考试机构的处理意见提出申辩、要求听证的权利，对考试机构的处理决定不服，向考试机构提出经济补偿，向有关机构或部门提出申诉、经济赔偿、申请复议或依法提起诉讼的权利。

（二）行政救济

在我国，无论是考试政策、规章的制定，考试的管理，还是具体的考试编制与实施，均是由国家行政机关承担的，考试领域的每一个环节都渗透着行政权力，这点与一些发达国家的考试制度有显著的不同。在美国，考试的编制与实施是由 ETS（美国教育测验服务中心）、ACT（美国大学考试中心）、GEP（一般教育发展考试中心）等民间机构承担，行政权力较少涉及教育领域。英国及其他许多欧洲国家的考试制度与美国类似，即这些国家将大量的考试实务交由社会组织和民间机构来执行，不同于我国考试权力强势地掌控着考试的一切过程和领域。一些学者目睹我国行政权力垄断于考试领域，曾论述到我国的考试制度是一种权力与利益制度，高度向行政权力机关倾斜,因此造成了考试权力机关权力不断扩张与利益不断扩大的局面,于是建议我国学习美英的考试制度,让行政权力退出考试领域。这些论述说明行政权力在考试领域极为强势的地位及其带来的一系列不合理的制度和问题,已被社会广泛关注并针对性地提出了一些解决方法。如果仅就让行政权力退出考试领域这种论断而言,这样解决问题的思维方式付诸实践还有较长一段路要走,但这并不意味着我们对于行政机关在考试领域的强势权力及由此带来的许多不合理的制度和问题没有方法予以改变和制约。

在任何法治社会中,权力必须被限制,西方思想家以及当代中国理论界已对此进行了较为充分的阐释。因为权力客观上存在着易腐性、扩张性及工具性,所以必须得到限制和约束,在我们依法治国的今天,以授予公民权利来制约行政权力,是重要的制约权力的方式。因此,我国应该对公民的考试权利进行明确的、充分的规定,以赋予公民考试权利来制约行政机关的考试权力,通过保障考生的申辩权、申诉权、申请经济赔偿权,改变在考试领域中权力与权利的不平衡、不对等的状态,使二者形成一种势能均衡态,以此制约考试权力。

(三) 司法救济

"救济是纠正、矫正或改正发生或业已造成伤害、危害、损失或损害的不当行为的手段。"① 有权利必有救济,无救济的权利是没有保障的权利。在国家考试领域中,法律关系主体(国家考试机构、考试机构工作人员及参考人员)在国家考试法律法规面前一律平等,均依法平等地享有权利并承担义务。由于参加考试的公民居于相对弱势的地位,国家考试法应当有力地保护公民参加国家考试和知晓考试结果的权利,在其考试权利受到侵害时,能得到方便、迅速、有效的法律救济。通过对国家考试实践的总结,并根据我国有关法律法规的规定,国家考试法律救济应当体现以人为本的立法

---

① 《牛津法律大词典》,光明日报出版社1958年版,第764页。

指导思想,即主要应当考虑维护参考人员的合法权益。就我国的实际情况而言,法律救济途径似应包括五个方面的内容:一是考试机构在对被处理人做出处理决定之前,应当告知被处理人做出处理决定的理由和根据,并听取其对事实的陈述和申辩;二是因考试机构或者其工作人员的故意或者过失行为导致参考人员的合法权利受到损害的,应当由造成损害的考试机构负责对受损害人进行补偿,如果被处理人认为受到严重损害,可以依照《国家赔偿法》申请经济赔偿;三是被处理人对考试机构做出的行政处分决定不服的,可以在接到处分决定书 15 天内,向做出处分决定的考试机构的上一级领导机关提出申诉,后者在接到申诉后 30 天内予以复议,并做出最终的复议决定;四是被处罚人对违反国家考试法受到的行政处罚决定不服,可以根据国家《行政复议法》和《行政诉讼法》的规定,申请行政复议或者提起行政诉讼;五是被处罚人对违反国家考试法和《刑法》的相关规定受到的刑事处罚决定不服,可以依据国家《刑事诉讼法》的相关规定提出上诉或者申诉。只有如此,考生的合法权益才能被有效救济。当前,我国考生已经通过正常渠道进行申诉,用合法手段来维护自己的合法权益(见案例 9—1)[1],与之不相称的是,我国关于考试的立法,关于公务员录用考试中考生权利救济的法律明显滞后,这成为我国公务员考试权力运行控制的当务之急。

案例 9—1 公务员考试第一名为何被以 "性格内向" 为由拒录[2]

在黄红通过笔试、面试和体检后,2012 年 3 月 13 日,青海保监局发出对黄红的考察公告。

黄红怎么也没想到,就在她即将踏入国家公务员队伍的时候,一句"性格内向"将她挡在大门外。"这个理由实在太荒唐了。"

---

[1] 案例资料来源陈国刚《"乙肝歧视案"能成为宪法司法化第二案吗?》,中国社会科学院网(http://www.cass.net.cn/file/2005102650459.html)。

[2] 辛明:《中国青年报》,2012 年 5 月 10 日第 1 版。

第九章 公务员考试权运行的环境保障

黄红很不解。

27岁的黄红毕业于中国人民大学保险专业，目前在北京某公司从事财务工作，她一直期望成为一名公务员。去年10月16日，中国保险监督管理委员会青海监管局（简称"青海保监局"）公开招录6名公务员。经过4个多月的努力，黄红通过了国家公务员考试、专业考试、面试和体检，面试成绩和总成绩排在该局"专业监管岗位"第一名。

就在她满心欢喜准备上岗的时候，接到了该局人事处的电话，"我被告知'岗位匹配度不够，理由是性格内向'，被取消录用。"

和她一样在最后关头被取消录用资格的还有两位：岳太杉和郭华东。

岳太杉告诉记者，他被电话通知的理由是"岗位匹配度不够，理由是协调能力弱"。郭华东表示，他被拒绝的理由是"岗位匹配度不够，理由是年龄太小、工作时间太短"。

三人无法接受这样的理由，多次向青海保监局索要拒绝录用理由的书面文件，但青海保监局拒绝出示。

记者致电青海保监局人事处，负责人王强表示：今年，该局最终的确只录用了三人。对于拒绝黄红等三名考生的理由，王强表示不方便透露，"这些事情不方便说。我们已经向中国保监会做了书面汇报。考察工作有保密原则，我们不能对外透露，这也是国家公务员局的规定。"

令岳太杉不解的还有一件事，在被通知不被录取后，王强曾表示可以由青海保监局党委出面推荐他"到青海的保险公司工作"。

据他们三人回忆，整个招考的过程很"蹊跷"，早在体检环节，就横生枝节。

体检阶段，三人"涉险"过关

2011年11月12日，青海保监局发布招考公务员的公告。黄红等三人向记者提供了保监局这次招考的岗位要求，其中明示：监管岗位招4人，综合岗位招2人。岗位要求共有四条，前三条为硬性指标，为职业属性、学历、英语成绩和专业要求；第四条为：具有较好的文字功底和良好的人际沟通能力，其他不限。

记者发现，该要求并未对"岗位匹配度"做出要求，也未提及性格、年龄和协调能力。这也是三名考生被拒绝后最不能理解的地方。

黄红等三人在2011年11月16日报名参考。2012年2月13日，青海保监局公布了成绩，包括黄红、郭华东和岳太杉在内的29名考生接到了面试通告。2012年2月18日，三人分别从北京、山东和吉林动身赶往西宁。

面试环节，三人顺利过关，其中黄红综合成绩排名监管岗位第一，岳太杉排名第三；郭华东的成绩在综合岗位排名第二。

据黄红等三人回忆，面试结束后，保监局人事处工作人员一再强调：青海省工资待遇低，气候恶劣，工作条件艰苦，经常要出差到海拔3000米以上的地区，让他们考虑清楚。三人均表示能够接受，能够适应，完全有心理准备。

进入体检环节，只剩下包括黄红等三人在内的6名考生。由于青海保监局此次计划招收6人，他们感觉已经"胜利在望"。

不料，2012年3月1日，他们被电话通知初检结果：黄红转氨酶高，郭华东血小板异常，岳太杉血压偏高。人事部门告知他们，如不复检，招录程序就此结束。

三人不甘心，又分别从北京、山东、吉林动身，赶到西宁市。在复检中，他们却全部顺利过关。

事后回忆起来，他们认为体检发生的事情有些"蹊跷"，"为什么第一次出了问题，而复检就能全部通过？"

青海保监局人事处负责人王强则认为，体检工作没有任何问题。

"这几个孩子胡乱找理由。"王强说，"体检的医院是公务员局指定的，第一次体检结果出来后，有4个考生分别有一项未达标，后来复检，他们不都过关了吗？青海是高原，很多内地人到这里都会有反应。我出生在西宁，要是到海拔高点的地方，都会有高原反应。"

考察环节，电话通知不被录用

通过体检之后，黄红等三人进入最终的考察环节。

3月13日，三人分别收到了青海保监局的考察公告，上面明文写着："经过笔试、面试、体检，现在进入政审考察环节，为全面了解该同志的政治思想、道德品质、能力素质、学习和工作表现、遵纪守法、廉洁自律等情况……"

青海保监局考察组分赴北京、吉林和山东，对黄红、岳太杉和郭华东进行摸底调查。

一切都看似很顺利，不料，3月20日，三人都接到了取消录用的电话通知。

黄红至今无法接受"性格内向"的理由。

记者在黄红目前工作的单位找到了她的领导、财务部经理孟爱丽。孟经理曾接待过青海保监局的考察组，她说，"我觉得'性格内向'这个理由就是找碴儿，根本就不切实际。"

"黄红都经过面试了，是否内向应该能看出来吧。就算是内向，也不至于不能工作吧。"孟经理说，"黄红在我们这里工作挺好的，我看不出她有什么性格问题。"

黄红向记者提供了她所在公司3月13日出具的"单位鉴定意见"，其中写着："该同志与单位同事相处和睦，交流融洽，善于取长补短，虚心好学，注重团队合作……"

针对黄红"性格内向"被拒绝录用，王强以"保密为由"没有做出正面答复。他说："我们招考的时候，要求很明确：要求有良好的人际沟通能力，他们在报考的时候没有认真看我们的条件。从我们考察的情况来看，有的考生性格内向，不太适应岗位要求。"

黄红曾多次提出疑问，如果真有性格问题，难道面试时无法发现吗？

对此，王强表示，面试不能反映考生的真实情况，"面试无法完全反映个人能力。有经验的考生只要花上一个月的时间，花点工夫做准备，再看网上破解的方法，应付面试是比较容易的。"

"我们在考察的时候，与他们公司的同事、领导进行了谈话，我们有谈话记录,有民主测评表,不是个人认为怎样就怎样,是别人对他的评价怎么样。"

王强说,"我们到目前为止,所做的所有事情没有违反国家公务员录用的规定,我们也愿意接受社会的监督。"

同样不服气的还有岳太杉,他认为自己被告知协调能力弱的理由根本站不住脚,"我本科毕业后先后从事大学辅导员、审计、会计、财务管理等工作,现在主要工作是会计审核,工作复杂,联系人员多,充分说明了我协调能力很好。"岳太杉说,"我还没去青海保监局进行试用期工作,怎么就说我协调能力弱呢?"

郭华东也难以接受"年龄太小"的理由。"为什么在考察环节才提出?报考初审时已经通过,资格审查也通过了,最后认为职位不匹配是否太荒谬?"郭东华回忆说,自己的面试成绩为82.5分,就已经表明他的相应能力得到了考官们的认定。更让郭华东难以接受的是,他接到不合格通知后,立即与考察组联系确认,得知考察组同志还在济南开会,并没有返回青海保监局,并且对不予录取的事情并不知情,而且郭华东综合鉴定尚未寄出。这让他怀疑,对方工作中存在违反公正性的地方。

对以上考生反映的问题,王强不愿作答。"对这三个学生的事情,我们不做更多解释。我们是针对岗位的需求和工作实际情况,对他们进行了客观的评判,我们的做法和评判是符合招录工作要求的。我认为,我们经得起监督。"

保监局曾向考生介绍工作

令岳太杉无法接受的,还有一件事情。就在他被电话通知取消录用之后,申请考察复核之前,3月21日上午10点,王强曾在电话里向他表示,可以由青海保监局党委出面推荐他去青海保险公司工作。

"这也太离奇了。"岳太杉说,"我们是奔着考公务员去的,怎么能介绍我们去保险公司呢?"

岳太杉说,王强曾在电话中提议:本着吸引人才、留住人才的原则,可以把你们推荐到青海省内比较好的保险公司,征求下你们的意见，不知道你愿不愿意？我们想征求你的意见，以青海保监局的名义，沟通相关子公司或者相关省内保险公司，估计相对可能性大一些。

记者向王强核实此事，他表示："岳太杉多次强调喜欢青海，希望到这里工作。我们只是表示愿意推荐。我们也想提供人性化服务。难道关心他，以人为本还错了吗？"

岳太杉选择了复核，最终的结果依然是维持原来的决定，岳太杉要求青海保监局提供书面的拒绝意见，但对方拒绝了。

岳太杉回忆，王强在与他的通话中表示：按照国家公务员局的程序和规定，我们对考核结果进行了回复和反馈，但是让我们出具证明，这就有点闹笑话了。

王强还曾鼓励岳太杉不要放弃：以后青海保监局可能要设置一些会计类的岗位，来年会对于你的情况给予更多的关注。你不要受影响，不要放弃，你的成绩非常好。这是一次非常宝贵的经验，千万别放弃。

黄红说，她也接到了关于介绍到青海保险公司工作的电话，对方鼓励她继续报考公务员，青海保监局会对她的情况给予更多的关注。

从3月31日开始，他们三人分别向国家公务员局等部门提交了申诉信件，至今，没有得到任何官方的正式回复。

三位考生心灰意冷，他们已经不指望去青海保监局当公务员，只想能得到一个官方出具的正式文件。

黄红甚至怀疑自己是否还有勇气再次报考公务员，"公务员考试是一件很严肃的事情，我的经历简直就是一场闹剧。性格不合适被取消录用资格，我无法找到依据。"

"用人单位想找理由不录取还不容易？全凭他们一句话。以后万一有人说我'皮肤不好、身材不好'，拒绝让我当公务员，我能有什么办法？"黄红有些气愤地说，"我不相信考试了，完全不信任，这次，我伤透了。"

六　信用环境保障

（一）优化考试系统自身的信用功能

公务员考试作为一个具有特定内在结构和功能的社会子系统，既有一般社会系统的普遍特性，又有其自身独特的结构要素、内外联系和运行机制。"考试系统是由考试主体、考试客体、考试中介三要素所组成的集合体。"① 公务员考试也不例外，作为一项以政府部门为考试主体、考试客体来源广泛的公共活动，其考试主体与考试客体对信用契约的履行就显得尤为重要。

提升公务员考试主体的信用。从长期效用来看，公务员考试制度属于诚信行为的激励机制，科学的考试制度可以为考试主体信用行为提供正激励；反之，则可能会提供负激励。在市场、政府、个人三者良性互动的统一体中，政府信用对市场信用、个人信用有导向和调整作用。作为以政府信用为基本保障的公务员考试，如果在实施过程中发生政府信用缺失或丧失的情况，那么无论多么好的市场信用、个人信用都将面临崩溃的局面。如果"政府的权力太大，对政府的约束不够，人们没法预测未来，就无所适从，当然就会不讲信誉，就不值得信任"。② 考试主体在公务员考试的实施过程中须在四个方面下功夫：一是要避免政府考试机构权力过大，造成垄断或政府寻租行为，破坏考试的竞争机制，影响人们对结果公平的预期，从而选择违约破坏信誉机制的行为。二是要对空缺职位认真分析，明确选拔标准，细化考试标准，真正做到为用而考、考以致用。三是要按照构建有效管用、简便易行的选人用人机制的要求，科学组配考试与测评的方式方法，真正做到分数代表能力、成绩代表水平，根除"简单以分数取人"的积弊。四是构建科学的公务员考试机制，积极探索公务员考试民主的有效实现途径，根除"简单

---

① 廖平胜：《考试学原理》，华中师范大学出版社 2003 年版。
② 周晓唯、张璐等：《我国个人信用制度体系的帕累托最优分析》，《陕西师范大学学报》2011 年第 2 期。

以票数取人"的积弊。

提升公务员考试客体的信用。公务员考试作为一项以政府为主导的活动，在考试发起阶段，支配权与主动权属于政府部门；但在公务员考试的执行阶段，支配权与主动权很大程度上由客体决定，考试客体对于考试的心理认可程度、对规则的默认和遵守程度，直接决定了公务员考试信用场域能否良性运转。当前，针对我国考试个人信用的问题，还存在惩罚机制不完善，惩罚不到位的情况。作为公务员考试客体的公众，如果在考试过程中不兑现信用，虽然会留下不良信用记录，但因为考众的不诚信存在有限度的曝光率，仍然会有许多人铤而走险。要提高公务员考试客体的信用，首先要建立完备的考试失信惩罚机制。通过责任的配置和对违规行为的惩罚规则的实施，诱导考试主体与客体选择自觉遵守心理契约，选择有益于公务员考试效用的行为，从根本上促进公务员考试信用机制的建立。惩罚制度设计针对的主要是以多元化的个体为主的考试客体，不仅形式上要完善，内容上也要创新。其次，对考试客体采取声誉控制机制。个人信用监管应考虑采取声誉模型控制机制，即让考试客体在失信获利与声誉受影响造成社会机会成本损失之间做出权衡。政府则需做出规制，公务员考试实践过程中则主要通过声誉机制引导相关主体实行自我履行，以此来减轻监管机构的监管成本，并提高个人考试信用系统运行效率。

（二）强化考试心理契约的信用机制

公务员考试心理契约实质是考生与政府考试主办方之间基于许诺、信任的期望集合和回应集合，这一集合包括感情、动机、需要、态度、价值观。这种心理契约的履行几乎完全诉求于"当事人"的自我约束、自我规范。心理契约一经建立，考试主体和考试客体之间达成了非书面的承诺和期望，要求心理契约双方必须恪守公开、民主、竞争、择优的选拔底线。如果以博弈论的理论来分析公务员考试主客体双方在遵守信用过程中的利益平衡关系，主客体双方只有基于共赢的理念，从长期合作的视角出发，自发维护公务员考试信用契约，公务员考试的信用效用才能达到最大化。

（三）完善考试制度契约的信用机制

在传统官僚制中，人民习惯于无条件相信政府，政府与民众的信用关系基本是单向的。随着社会民主化的发展，政府与民众的信用关系由单向信用向双向信用发展，公务员考试是人事制度发展的产物，作为以政府为主导的特殊的公共服务物品，其主要表现形式是考试竞争，特别要符合社会公众对实现公平和效率的诉求。公务员空缺岗位因为其数量有限而形成公务员考试场域中的稀缺资源，而如何在稀缺资源的配置中达到公平与效率的平衡，是达到配置帕累托最优状态关键。公务员考试制度作为资源配置的一种手段，制度是根本，信用是保障。建立政府与民众双向信任的信用机制，是公务员考试的社会效用达到帕累托最优的主要途径。目前，我国的公务员考试信用制度在运行的广度和深度上还没有达到理想状态，制度缺陷导致作为契约双方的考试主客体行为难以得到有效约束。尤其是在官本位价值导向驱动、法制尚不健全、监督效用亟待提高的情势下，要从职位分析与选拔标准设置、选拔程序优化、考试与测评方式方法改革、规章制度建设等方面完善公务员考试的信用机制；"坚持善治公共服务理念，通过协同和整合的方式为公务员成长提供无缝隙的服务"，[①] 真正实现公务员考试工作坚持民主推荐与防止"简单以票取人"、坚持公务员考试与提高选人的信度效度的有机统一。

（四）提升考试社会契约的信用机制

在公务员考试工作中，高等院校、科研院所对公务员考试在理论和技术等方面都进行了认真探索，出现了一批以第三部门的身份为政府考试提供服务的组织，对长期以来政府考试部门隶属的考试

---

① 王文成：《竞争性选拔的效率分析，基于交易成本的观点》，《郑州大学学报》（哲学社会科学版）2014年第2期。

中心作为考试技术服务的单一主体形成了业务压力。作为参与公共活动的第三部门，受政府委托以其自身的业务优势为公务员考试提供专业技术服务，把握公务员考试的科学性和有效性就是考试中心义不容辞的义务和责任。这些第三部门在公务员考试中，一方面以科学规范的操作方式负责考试的过程规范有序、测试合理科学、选拔结果符合社会对于公务员考试的预期；另一方面，因为公务员考试活动独特的政治属性，考试中心既要担负起承担这一公共活动的权利和责任，又要在这个过程中做到"去政治化"，以科学的手段和严格的标准运行，防止因政府部门权力的膨胀损害公务员考试权运行的公正性。这样，考试中心才能真正发挥出其在公务员考试中的功能，形成良好的社会公信力，促进公务员考试信用场域的良性发展。

基本结论

公务员考试权的运行,是作为权力主体的政府按照既定标准对考生进行测度、甄别和评价的活动过程,是国家为公务员队伍选拔优秀人才而行使考试决定权、执行权和监督权的逻辑过程,是考试命题权、实施权、评分权和结果处理权序次推进的运行过程,也是严格控制公务员考试无关因素干扰、确保考试权规范运行的控制过程。本书秉承放眼宏观、着手微观的研究原则,从政府治理能力现代化的宏观背景出发,以当前我国公务员考试权在报考条件设定、试题命制、考试实施、阅卷评分、面试等环节运行失范的典型案例为样本,剖析了公务员考试制度的现状及考试权运行的制度缺陷,并对其成因进行制度分析和社会环境因素考察,最后提出了公务员考试权运行的体制模式和控制路径。根据对本书的分析,得出以下结论。

1. 公务员考试权属于国家权力,公务员考试主要由政府负责组织。公务员考试主体系统包括考试决定系统、执行系统和监督系统,相应地,考试主体的权能大致可以划分为考试决定权、考试执行权和考试监督权,政府考试机构代表国家对公务员考试所进行的计划、组织、指挥、监督和协调,保证在公开、公平、公正的程序下,依据规定的标准对应试者进行科学的测度、甄别和评价,实现为国家机构选拔优秀人才的目的。权威性、公正性和程序性,是我国当代公务员考试权的显著特征。考试权是考试主体依法拥有的实施国家考试活动的资格及其权能。在考试权运行过程中,考试的决定权由公务员考试的政府主管部门行使,在考试权运行中处于核心地位；考试执行权由不同的业务承担组织行使，考试监督权一般由纪检监察、政府主管部门和相关方面的代表行使。建构在公平公正基础之上的公务员考试权，具有强化国家意志、促进社会公正，优化人员结构、提高行政效能，控制用人质量、严防徇私腐败，促进社会流动、维护社会稳定的价值和功能。中国当代公务员考试权的确立，是诸多因素综合作用的结果：中国长达1300年历史的科举考试制度及其考试权力，是我国当代公务员考试权确立的历史基因；对孙中山考试权独立思想的批判与继承，是我国当代公务员考试权确立的政治基础；对西方文官考试制度合理成分的借鉴与创新，是我国当代公务员考试权确立的外部启示；改革开放以来我国干部选拔制度变迁和考选实践，是我国当代公务员考试权确立的现实条件。我国公务员考试权的确立，经过了萌芽期、探索期、成长期和完善发展期，《公务员法》的颁布实施，标志着我国当代公务员考试权得以完全确立并进入发展、完善的新时期。

2. 政府是公务员考试权的主要行使主体，政府行为是公务员考试权运行的内在逻辑。自我国公务员考试制度建立以来，公务员考试在法制化、规范化、科学化和现代化等方面取得了巨大的成绩，但也存在诸多问题，在考试权的运行上存在制度缺陷，行使主体混乱、权责范围不清、技术规范不一和法律责任不严是其突出表现。我国公务员考试制度是调整政府和考生考试关系的规则和规范，标示着国家和考生个体参加考试活动的各自功能与价值；政府既是我国公务员考试权行使的主体，又是公务员录用考试制度的提供者。因此，对当代中国公务员考试权运行的内在逻辑考察，必须从制度分析入手，从政府的行为开始：一是政府职能二重性的内在紧张，导致公务员考试重程序公平轻内容科学。政府负有政治统治、社会管理与服务的双重职能，但维护统治者的利益就成为统治集团的首要目标和根本利益所在。在与公共利益发生冲突时，其结果往往是不惜牺牲公共利益。政府职能二重性的内在紧张，造成公务员考试对程序公平性的现实诉求要超过对考试内容科学性的内在追求，致使我国公务员录用考试模式单一，笔试和面试的试题质量缺乏监控,考试权的功能难以充分发挥。二是政府行为的内部性、政府行为自利性与公共性的冲突,导致公务员考试权行使主体混乱、权责界限模糊。政府的自利性是指政府偏离公共效用最大化的目标、追求自身效用最大化的行为属性。政府作为相对独立的行为主体,追求政府内部效用最大化和本级政府利益最大化的努力,导致其行为偏离整个国家的公共效用最大化轨道。政府作为公务员考试权力主体,其行为的自利性主要体现为报考条件和资格设置随意,主考、办考主体权责不清,以考试保密为名剥夺考生知情权、侵犯考试合法权益,滥收考试费用、考试费用使用去向不明等问题,甚至会出现主考单位舞弊的丑闻。三是政府的委托—代理问题,导致公务员考试的权力运行无控、考试质量不高。政府的委托—代理问题,主要表现在委托与代理双方信息严重失衡造成权力失控和角色与地位的双重倒置。受考试自身特点影响,考试命题、阅卷、面试等工作必须处于保密状态,这加剧了公务员考试权力主体对信息的超垄断地位,无形中又为考试主体与考生之间的信息失衡提供了合理的制度屏障。由此造成了考试命题质量不高、考试方式单一、考试科目设置欠合理、考试内容的选择亟待改进等问题。四是政府主考能力的缺位,导致公务员考试权力主体法律责任不严。受全能型思维的影响,政府垄断了公务员考试从设计、执行到监督的所有权力,相对于公务员考试的专业化、技术化、现代化的现实需求而言,行政办考的模式难以满足;扼杀了市场机制下社会化考试服务机构的成长,致使公务员考试业务开展无法形成充分竞争,造成公务员考试水平的提高缺乏外在压力机制。在执行过程中,考试的决策、执行和监督三大权力主体之间的权责划分不清,造成公务员考试权良性运行的低效率。

3. 良好社会环境的支持是公务员考试权良性运行的外部逻辑。一定的社会环境和自然环境,是考试权运行的前提条件。因而,由与考试活动相关的社会和自然环境要素所构成的考试环境,同时对考试活动的运行与发展具有制约作用。公务员考试权的运行,离不开一定的社会环境;而其赖以存在的社会环境,又给公务员考试权的运行以制约。在经济环境的影响下，市场经济使考试关系发生了嬗变，作为考试主体的政府与考生之间原本是管理与服务关系，却嬗变成了经济利益关系，考试成了人们追求经济效益的国家手段，这些严重影响了"公开平等，竞争择优"原则的贯彻，导致了公务员考试目的的异化。同时，公务员职位成了商品，职位选择受到了供求关系的作用，对进入公务员队伍个体的效标作为，或然会引发方向性偏误。在政治环境中，二元制体制下的家族主义、血缘关系，为公务员考试录用中的腐败行为提供了现实基础，在传统官本位政治思想的影响下，公务员考录中的不正之风和腐败现象，在某些地区不断蔓延。文化环境对公务员考试权的影响，体现在三个方面：一是"学而优则仕"思想所孕育的公务员考试冲动，使报考动机处于"非理性"状态，影响了公务员考试的选拔标准；二是高等教育大众化所造成的就业压力，掀起了高校毕业生强烈的公务员考试狂潮，在个人"理性选择"支配下的考试行为，动摇了所选公务员的政治思想根基，考生个人的"理性选择"与国家举办公务员考试的"理想选择"发生了强烈的冲突；三是文化质态的公务员考试教材良莠不齐，割裂了公务员考试大纲的本质精神，对考生造成了备考误导，影响了公务员考试权运行的效率和效益。在法治环境中，公务员考试的法治思想缺位、立法缺位、执法缺位和管理主义支配下的立法积弊，在我国熟人社会的消解中，动摇了公务员考试以法治考的法制基础，使考试权的运行失去了有效的法治保障。

4. 体制重构与分权控制是公务员考试权的运行的行政逻辑。行政逻辑需要以政治逻辑为框架。对公务员考试权力的控制，必须着眼于考试主体的政治逻辑，深化考试管理体制改革，为公务员考试权的规范运行，构建一个与政府治理能力现代化相适应的政治制度框架，即按照有限政府的要求，实现公务员考试权力主体的合理分置；按照法治政府的要求，为以法治考提供制度保障；按照民主政府的要求，构建考试权力约束的理性机制；按照责任政府的要求，明晰考试主体之间的责任。但是，公务员考试权的控制仅靠宏观政治制度框架的约束和基本原理的指导是远远不够的，还需要在管理体制上进行创新，不断强化对考试主体的权力约束机制。站在中国当前实际和借镜西方发达国家公务员考试经验的角度，保证我国公务员考试权的规范运行，必须重构运行体制，控制公务员考试的设计权、实施权和评分权，并对考生的权利进行有效救济。在体制重构上，要转换公务员考试主管部门的职能，改变长期以来公务员考试主考、办考由组织人事部门独门独占的模式，实现政府"掌舵"与"划桨"职能的体制性脱钩，实现主考权和办考权的分离。从组织建构上讲，两权分离的实现必须正确处理公务员考试主管部门与所属考试中心的关系，引入第三部门理论，按照"多中心主义"的思想培育社会性考试业务组织，形成充分、良性竞争的市场格局，推动考试质量的不断提高。在分权体制的基础上，优化公务员考试权的运行机制，力控考试设计权、考试施测权和考试评分权，使公务员考试权在各个环节顺畅运行，保证整个考试过程避免无关因素干扰，减少考试误差。

5. 对考生权利的多元救济是公务员考试权运行的法治逻辑。在法治社会中，对权利的保障和救济，是控制权力的有效变量。公务员考生的"考试权利"是指应试者依法参加公务员考试的权利，是宪法中政治权利和受教育权所派生出来的一项权利，包括报名参加考试权、知悉权、平等应试权、得到公正评价权、申辩权、申诉权及经济赔偿请求权。明确考生的上述权利只是第一步，其权利的保障必须在制度层面付诸行政救济和法律救济的有效实施，从考生权利救济的视角实现对公务员考试权运行的全面控制。

公务员考试权的运行与控制是项系统工程，在政府治理转型期更是如此。本书所论只是对此问题一个阶段性思考，做深入研究则是笔者今后主要的努力方向。

参考文献

（一）著作类

[1] 郭秉文：《中国教育制度沿革史》，商务印书馆 2014 年版。

[2] 蒋国宏主编：《国家公务员制度》，首都经济贸易大学出版社 2014 年版。

[3] 张春梅、周芳主编：《国家公务员制度概论》，山东大学出版社 2014 年版。

[4] 关键、陈永章：《中国公务员考录制度改革研究》，东北大学出版社 2014 年版。

[5] 蒋国宏主编：《现代公务员制度》，首都经济贸易大学出版社 2014 年版。

[6] 廖平胜：《考试学原理》，华中师范大学出版社 2003 年版。

[7] 刘学民、王文成：《竞争性选拔基本模式研究》，人民出版社 2013 年版。

[8] 廖平胜：《考试是一门科学》，华中师范大学出版社 2003 年版。

[9] 廖平胜等：《考试管理学》，华中师范大学出版社 1996 年版。

[10] 梁其健等：《考试管理的理论与技术》，华中师范大学出版社 2003 年版。

[11] 杨学为等：《考试社会学问题研究》，华中师范大学出版社 2003 年版。

[12] 刘嘉林编：《国家公务员考试录用教程》，中国商业出版社 1995 年版。

[13] 邱霈恩：《现代领导测评》，中国财政经济出版社 2002 年版。
[14] [美] 罗德等：《心理测验分数的统计理论》，叶佩华等译，福建教育出版社 1992 年版。
[15] 戴海崎等：《心理与教育测量》，暨南大学出版社 2002 年版。
[16] 高力、陈宿建、武经伟等：《公共伦理学》，高等教育出版社 2002 年版。
[17] 杨志明等：《测评的概化理论及其应用》，教育科学出版社 2003 年版。
[18] 漆书青：《现代测量理论在考试中的应用》，华中师范大学出版社 2003 年版。
[19] 郭志刚：《社会统计分析方法——SPSS 软件应用》，中国人民大学出版社 1999 年版。
[20] 凌云：《考试统计学》，华中师范大学出版社 2003 年版。
[21] 周三多等：《管理学——原理与方法》，复旦大学出版社 1999 年版。
[22] 杨学为：《中国考试改革研究》，北京大学出版社 2001 年版。
[23] 杨学为编：《中国考试史文献集成》，高等教育出版社 2003 年版。
[24] 初尊贤：《公务员管理入门》，经济日报出版社 1994 年版。
[25] 陈庆云：《公共政策分析》，中国经济出版社 2000 年版。
[26] 邓嗣禹：《中国考试制度史》，台湾商务印书馆 1936 年版。
[27] 张红梅主编：《考试学硕士学位论文集》，华中师范大学考试科学研究中心 2003 年印制。
[28] 廖平胜主持：《公开选拔党政领导干部笔试研究》成果汇编，中组部特别委托科研项目，2005 年。
[29] 朱起儒：《国家公务员录用考试概述》，东北大学出版社 1994 年版。
[30] 华中师范大学"两岸四地考试与社会发展"学术研讨会筹委会：《两岸四地考试与社会发展学术研讨会论文集》，2004 年印制。

[31] 高兆明：《制度公正论》，上海文艺出版社 2001 年版。

[32] 朱庆芳：《公务员考试录用实务》，中国人民大学出版社 1994 年版。

[33] 人事部公务员录用司：《国家公务员录用考试——面试考官入门》，商业出版社 1998 年版。

[34] 人事部公务员管理司：《国家公务员录用考试公共科目全国指定用书》，中国铁道出版社 1999 年版。

[35] 陈振明：《国家公务员制度》，福建人民出版社 2001 年版。

[36] 钱再见、陈辉、许开轶：《公务员制度创新与实施》，广东人民出版社 2002 年版。

[37] 徐振寰、王晓初：《世界各国公务员制度比较》，中国人事出版社 1998 年版。

[38] 仝志敏：《国家公务员管理——高层次人力资源开发》，百花文艺出版社 1994 年版。

[39] 周志忍：《当代国外行政改革比较研究》，国家行政学院出版社 1999 年版。

[40] 孙柏瑛、祁光华：《公共部门人力资源管理》，中国人民大学出版社 1999 年版。

[41] 田炎培：《公务员制度的理论与实践》，中国社会科学出版社 1993 年版。

[42] 李德志：《当代中国公共部门人力资源管理与开发》，科学出版社 2004 年版。

[43] 徐颂陶：《中国人才战略与人力资源开发》，中国人事出版社 1998 年版。

[44] 陈新民主编：《新人力资源管理》，中央编译出版社 2002 年版。

[45] 苏祖勤、徐军华：《行政法治》，中国国际广播出版社 2002 年版。

[46] 张成福、党秀云：《公共管理学》，中国人民大学出版社 2001 年版。

[47] 杨柏华、仝志敏:《外国人事制度》,劳动人事出版社 1999 年版。

[48] 李如海、赵长红等:《中国公务员管理概论》,中共中央党校出版社 2001 年版。

[49] 徐银华、杨勇萍、石佑启:《公务员法要论》,北京大学出版社 2004 年版。

[50] [美] 罗伯特·林、格林兰德·诺曼:《教学中的测验与评价》,国家基础教育改革"促进教师发展与学生成长的评价"项目组译,中国轻工业出版社 2003 年版。

[51] 顾丽梅:《信息社会的政府治理》,天津人民出版社 2003 年版。

[52] 许崇德:《中华法学大辞典·宪法学卷》,中国检察出版社 1995 年版。

[53] 俞可平:《治理与善治》,社会科学文献出版社 2000 年版。

[54] [古罗马] 西塞罗:《论共和国 论法律》,王焕生译,中国政法大学出版社 1997 年版。

[55] [美] 道格拉斯·诺思:《制度、制度变迁与经济绩效》,刘守英译,上海人民出版社 1994 年版。

[56] 喻中:《法律文化视野中的权利》,山东人民出版社 2004 年版。

[57] [英] 迈克儿·曼:《社会权力的来源》,陈海宏译,上海人民出版社 2015 年版。

[58] 谭鑫田等:《西方哲学辞典》,山东人民出版社 1991 年版。

[59] [法] 托克维尔:《论美国的民主》(上卷),董果良译,商务印书馆 1988 年版。

[60] 徐有守:《中外考试制度之比较》,台湾"中央"文物供应社 1984 年版。

[61] 苏廷林等:《社会主义市场经济与公务员制度》,中国物资出版社 1993 年版。

[62] 黄达强等:《各国公务员制度比较研究》,中国人民大学出版

社 1990 年版。

[63] 胡汉民编:《总理全集》第 1 集,上海民智书局 1930 年版。

[64] [英] 洛克:《政府论》,瞿菊农、叶启芳译,商务印书馆 1996 年版。

[65] [美] 罗尔斯:《正义论》,何怀宏等译,中国社会科学出版社 1988 年版。

[66] [美] 保罗·A. 萨缪尔森:《经济学》(第十二版),高鸿业等译,中国发展出版社 1992 年版。

[67] [法] 卢梭:《社会契约论》,何兆武译,商务印书馆 1996 年版。

[68] [美] 亨廷顿:《第三波——20 世纪后期民主化浪潮》,刘军宁译,上海三联书店 1998 年版。

[69] [美] 布坎南:《自由、市场与国家》,吴良建等译,上海三联书店 1989 年版。

[70] 王绍光、胡鞍钢:《中国国家能力报告》,辽宁人民出版社 1993 年版。

[71] [法] 贡斯当:《古代人的自由与现代人的自由》,阎克文、刘满贯译,商务印书馆 1999 年版。

[72] 刘海峰:《科举考试的教育视角》,湖北教育出版社 1996 年版。

[73] 《马克思恩格斯选集》第 1—4 卷,人民出版社 1995 年版。

[74] 《孙中山全集》第 10 卷,中华书局 1986 年版。

[75] 《毛泽东选集》第 1—4 卷,人民出版社 1991 年版。

[76] 《邓小平文选》第 3 卷,人民出版社 1993 年版。

[77] 《江泽民文选》第 1—3 卷,人民出版社 1991 年版。

[78] Walker G. de Q., *The Rule of Law: Foundation of Constitutional Democracy*, Melbourne University Press, 1998.

[79] Max Weber, *The Theory of Social and Economic Organization*. translated by M. Weber, A. M. Henderson, T. Parsons, NewYork, Oxford University Press, 1917.

［80］Sehults, David A., and Robert Maranto, *The Polities of Civil Serviee Reform*, NewYork: PeterLang Publishingine, 1998.

［81］Eugene Mekenna Nie Beeeh, *Human Resouree Management*, Prentiee HallIne, 1997.

［82］R. R. Ne1sonedited, *National Lnnovation System: A Comparative Analysis*, Oxford University Press, 1993.

［83］Ewan Ferlie, *The New Publie Managerment In Action*, Oxford University Press, 1996.

［84］David Farnhanete, *New Publie Managerin Europe*, Maemillan Press Ltd., 1996.

［85］Garry Dessler, *Human Resoure Management*, Prentiee Hall Luternational, Inc., 1997.

（二）论文类

［1］刘启川：《行政权的法治模式及其当代图景——以交通警察权为例的展开》，《中国行政管理》2016年第2期。

［2］王文成：《竞争性选拔考试的信用契约理论探索》，《学术论坛》2014年第8期。

［3］刘晓琴：《严复与晚清留学生归国考试研究》，《南开学报》（哲学社会科学版）2014年第1期。

［4］顾爱华、吴子靖：《论台湾的公务员考试制度》，《新视野》2016年第2期。

［5］李晔：《公务员的B面生活》，《解放日报》2016年7月第425期。

［6］杨平、张恩岱、黎陆昕：《公务员领导力现状及影响因素探析——基于以青年公务员为主体的调查》，《青年探索》2015年第2期。

［7］刘强：《公务员工资制度改革的回顾与建议》，《宏观经济管理》2014年第7期。

［8］陈辉：《公务员考录制度实证研究——基于江苏的分析》，《江

苏大学学报》（社会科学版）2013年第1期。

[9] 申卓：《美国公务员人力资本弹力管理研究——以文官改革法为基础》，《财政监督》2015年第6期。

[10] 刘俊生：《论政府责任的实现机制》，《行政科学论坛》2015年第2期。

[11] 韩志明：《纪律空间中的权力表演——基于行政服务中心的解读》，《湘潭大学学报》（哲学社会科学版）2015年第2期。

[12] 张璋：《复合官僚制：中国政府治理的微观基础》，《公共管理与政策评论》2015年第4期。

[13] 胡晓东：《"领导"在领导学与管理学中的差异性研究》，《领导科学》2015年第4中期。

[14] 郝春禄：《领导干部"为官不为"问题的调查与思考》，《党政干部学刊》2015年第1期。

[15] 袁柏顺：《内地与香港廉政建设责任制比较研究》，《广州大学学报》（社会科学版）2015年第6期。

[16] 朱迪俭：《公共行政中的三维责任体系：理论与实践》，《深圳大学学报》（人文社会科学版）2014年第5期。

[17] 程又中：《社会主义制度与资本主义制度 互动的由来和历史特点》，《当代世界与社会主义》2002年第6期。

[18] 徐勇：《现代国家建构中的非均衡性和自主性分析》，《华中师范大学学报》2003年第5期。

[19] 唐鸣：《政治学的对象：国家、权力抑或政策》，《政治学》2000年第3期。

[20] 董泽芳、王彦斌：《社会流动与教育选择》，《教育研究与实验》2007年第1期。

[21] 江畅：《论教育考试公正的内涵与实质》，《湖北招生考试》（理论版）2007年第20期。

[22] 陈社育：《公选考试应重视开发领导实务题》，《领导科学》2002年第15期。

[23] 谭功荣、伍俊臣：《公务员考试录用制度：价值分析》，《西南民族学院学报》1998年第3期。

[24] 陈社育：《江苏省录用国家公务员部分面试结果研究报告》，《南京师大学报》1998年第4期。

[25] 徐中奇：《浅议我国公务员考试录用中存在的问题》，《天津行政学院学报》1999年第3期。

[26] 刘润璞：《中英公务员考录制度比较》，《社会科学战线》1998年第1期。

[27] 黄石卫：《国家公务员考试面试评分者信度的研究》，《安徽教育学院学报》1998年第3期。

[28] 陈社育：《国家公务员公共基础知识考试的信度和效度研究》，《东南大学学报》2002年第1期。

[29] 何颖：《科学化：完善公务员考试录用制度的关键》，《学术交流》2001年第1期。

[30] 程又中、陈伟东：《国家与农民：公共产品供给角色与功能定位》，《新华文摘》2006年第12期。

[31] 王文成：《中国古代成文法规考试制度的形成与文化科技发展的关系》，《信阳师范学院学报》2007年第3期。

[32] 王文成：《试论生产力内在矛盾运动对考试活动的必然选择》，《信阳师范学院学报》2004年第6期。

[33] 王文成：《笔试主观性试题评分误差及其控制研究》，硕士学位论文，华中师范大学，2005年。

[34] 刘昕：《考试误差与考试公平》，《中国考试》2004年第1期。

[35] 魏登云：《主观评分误差的非参数处理方法》，《中国体育科技》2001年第3期。

[36] 刘芃：《论试题的合理性》，《中国考试》2002年第6期。

[37] 张厚粲、刘远我：《概化理论在作文评分中的应用研究》，《心理学报》1998年第4期。

[38] 张厚粲、刘远我：《面试评分中的误差分析研究》，《心理科

学》1999 年第 5 期。

[39] 何薇:《公开选拔领导干部结构化面试的测评功能研究》,硕士学位论文,华中师范大学,2004 年。

[40] 王保礼、刘德牛:《对一起因"查卷"引发的行政诉讼案的评析》,《法学》1999 年第 5 期。

[41] 徐建和、刘中元:《公民受教育权的法律保障及实现机制》,《教育理论与实践》2004 年第 24 卷。

[42] 张海泉:《关于"依法治考"的思考》,《中国考试》2005 年第 4 期。

[43] 毕洪海:《"依法治考"与教育考试立法》,《湖北招生考试》2004 年第 12 期。

[44] 樊小杰:《科举制度的兴衰对我国公务员考试的启示》,《理工高教研究》2007 年第 3 期。

[45] 汪进元、冯家亮:《国家教育考试法:落实考试权的宪法保护》,《湖北招生考试》2004 年第 12 期。

[46] 尚武:《试权的法律解读》,《中国考试》2007 年第 3 期。

[47] 王强、周建国:《论我国录用公务员考试体系》,《理论学刊》2005 年第 4 期。

[48] 吴宏:《考试法:是"管理法"还是"控权法"》,《检察日报》2007 年 11 月 30 日。

[49] 闫建、黄登攀:《西方各国公务员录用制度之比较》,《行政论坛》2004 年第 3 期。

[50] 张生:《晚清以来中国文官考试制度述略——从科举制到公务员考试录用制度》,《山东行政学院山东省经济管理干部学院学报》2003 年第 6 期。

[51] 蒋纯焦:《制度公平与社会公平——科举考试的伦理学分析》,《考试研究(天津)》2004 年第二辑。

[52] 费业泰:《误差理论的研究与进展》,《计量技术》1998 年第 8 期。

[53] 费业泰:《现代误差理论及基本问题》,《宇航计测技术》

1996年第4期。

[54] 伍林等：《测量误差及相关问题》，《云南教育学院学报》1999年第4期。

[55] 刘湘玉：《我国推行公务员考试录用制度探析》，《南都学坛》1998年第2期。

[56] 金太军：《政府能力引论》，《宁夏社会科学》1998年第6期。

[57] 王名：《中国非政府公共部门》（下），《中国行政管理》2001年第6期。

[58] 沈传亮、王伟：《公务员群体的职业地位分析》，《国家行政学院学报》2006年第1期。

[59] 丁新霞：《制度与人的存在和发展》，《江海纵横》2007年第3期。

[60] John Critchlow & Robert Coe, "Serious Flaws Arising from the use of the Median in Calulating Vale – Added Measures For UK School Performance Tables."

[61] Joint Committee on Testing Practices, "Code of Fair Testing Practices in Education."

（三）政策法规类

[1] 中共中央、国务院：《关于进一步加强人才工作的决定》，2003年。

[2] 中共中央：《党政领导干部选拔任用工作条例》，2014年。

[3] 《中华人民共和国公务员法》，2005年。

[4] 《中华人民共和国公务员法》释义，中国人事出版社、党建读物出版社2005年版。

[5] 《坚定不移沿着中国特色社会主义道路前进　为全面建成小康社会而奋斗——在中国共产党第十八次全国代表大会上的报告》，2012年。

[6] 《中共中央关于全面深化改革若干重大问题的决定》（2013年

11月12日中国共产党第十八届中央委员会第三次全体会议通过），2013年。

[7] 《中共中央关于全面推进依法治国若干重大问题的决定》（2014年10月23日中国共产党第十八届中央委员会第四次全体会议通过），2014年。

[8] 中共中央：《关于深化人才发展体制机制改革的意见》，2016年。

[9] 中共中央办公厅：《关于进一步加强党管人才工作的意见》，2012年。

[10] 中共中央、国务院：《国家中长期人才发展规划纲要（2010—2020年）》，2010年。

[11] 中共中央：《中国共产党地方委员会工作条例》，2015年。

[12] 中共中央组织部：《党政领导干部公开选拔和竞争上岗考试大纲》，2009年。

[13] 中共中央组织部、人力资源和社会保障部、国家公务员局：《公务员录用面试组织管理办法（试行）》，2015年。

[14] 中共中央组织部、人力资源和社会保障部、国家公务员局：《公务员公开遴选办法（试行）》，2013年。

[15] 人力资源和社会保障部、卫生部：《关于修订〈公务员录用体检通用标准（试行）〉及〈公务员录用体检操作手册（试行）〉的通知》，2010年。

[16] 中共中央组织部、人力资源和社会保障部：《公务员录用考试违纪违规行为处理办法（试行）》，2009年。

[17] 中组部、人事部：《2006—2009年中央机关及其直属机构考试录用公务员公告》。

[18] 中央办公厅：《党政机关竞争上岗工作暂行规定》，2004年。

[19] 中央办公厅：《党政领导干部辞职暂行规定》，2004年。

[20] 中央办公厅：《地方党委全委会对下一级党政正职拟任人选和推荐人选表决办法》，2004年。

[21] 中央办公厅：《公开选拔党政领导干部工作暂行规定》，

2004年。
[22] 人事部：《公务员录用规定（试行）》，2007年。
[23] 人事部：《国家公务员录用面试暂行办法》，2001年。
[24] 人事部：《国务院工作部门面试考官资格管理暂行细则》，2001年。
[25] 广东省公开选拔领导干部工作办公室编：《与时俱进 创新干部选拔制度》，广东人民出版社2002年版。
[26] 广东省公开选拔领导干部工作办公室编：《跨世纪公选》，广东人民出版社2001年版。
[27] 中共深圳市委干部人事制度改革试点工作领导小组编：《2000年深圳市公开选拔局级领导干部和处级干部竞争上岗材料汇编》。